21세기

창조적 공학인을 위한 글쓰기

>>> 21세기 창조적 공학인을 위한 글쓰기

>>> **신선경**

서울대학교 국어국문학 박사
(현) 한국기술교육대학교 교양학부 교수
한국기술교육대학교 공학교육혁신센터 부센터장

>>> **임주영**

국민대학교 국어국문학 박사
(현) 한국기술교육대학교 교양학부 시간강사
국민대학교 국어국문학과 시간강사

인쇄일 : 2011년 8월 25일
발행일 : 2011년 8월 30일

저자와의
협의하에
인지생략

저 자 : 신선경 · 임주영
발행인 : 김기영
발행처 : 도서출판 한산
등 록 : 제10-1745호

주 소 : 서울시 서대문구 수색로6길 43번지 105-602호
전화번호 : 02-304-3504
팩스번호 : 02-304-3505

ISBN : 978-89-89215-68-4 93500

가격 : 18,000원

21세기

창조적 공학인을 위한 글쓰기

신선경 · 임주영 공저

| 머리말 |

이 책은 생각하는 손을 가진 창조적 공학인을 꿈꾸는 대학 새내기들의 사고와 표현 교육을 위해 만들어진 글쓰기 교재이다. 생각하는 손을 가진 창조적 공학인이란 현장에서 활용할 수 있는 실천적 전공 지식을 이용하여 맡은 일을 잘 처리하는 숙련된 직업인인 동시에, 자신이 현재 수행하고 있는 작업이 사회에 어떠한 변화를 가져올 수 있는가를 스스로 고민하며 긍정적 변화와 새로운 가치 창출을 위해 창조적 능력을 발휘할 수 있는 공학인을 말한다. 이 책은 다음의 몇 가지 점에서 기존의 글쓰기 교재들과 차이점을 갖는다.

첫째, 이 책은 공학 그리고 공학인의 특성을 고려하여 개발되었다. 이제까지 공학인을 위한 글쓰기는 이공계를 위한 글쓰기라는 이름 아래 자연과학을 전공하는 과학도와 공학을 전공하는 공학도를 구별하지 않고 자연과학의 글쓰기 방식을 바탕으로 구성되었고, 공학도를 위한 글쓰기로 특화된 교재도 주로 실험보고서나 제품설명서 등 기술보고서 작성을 주된 내용으로 다루는 경우가 대부분이었다. 그러나 자연과학과 공학은 학문의 목적과 방법에 있어 전혀 다른 특성을 갖는다. 자연과학이 자연 현상을 대상으로 새로운 사실을 발견하는 학문이라면 공학은 사람을 대상으로 사람들의 필요를 채우기 위해 새로운 것을 창조하는 학문이다. 따라서 이 책은 공학도를 위해 특화된 내용을 바탕으로 미래의 공학자가 갖추어야 할 사고 능력과 글쓰기 능력 신장을 목적으로 개발되었다.

둘째, 이 책은 교수자가 아닌 학습자 중심의 교육을 염두에 두고 개발되었다. 이 책은 교육의 대상이 되는 학생들의 정체성을 3가지 측면으로 고려하면서 교육의 내용과 방법을 학습자 중심으로 구성하였다. 첫째는, 세계화 시대를 살아가야 하는 지구촌 시민으로서의 정체성이다. 교육의 대상이 되는 학생들은 자기 자신의 의지와는 상관없이 세계화 시대를 맞아 지구촌 시민으로서의 권리와 책임을 감당해야 하는 상황에 놓여 있다. 둘째는, 인터넷을 비롯한 새로운 정보 전달 매체의 발달에 노출되어 있는 지식기반사회의 일원으로서의 정체성이다. 정보의 홍수 속에서 정보의 소비자인 동시에 정보의 생산자로서의 역할을 감당해야 하는 존재인 것이다. 셋째는 신자유주의적 경쟁 논리의 확산으로 늘 경쟁 관계에 대한 강박관념과 불안에 시달리고 있는 경쟁자로서의 정체성이다. 그들의 불안이 근거 있는 것이든 허상에 가까운 것이든 현실적으로 대부분의 학생들은 새내기 시절부터 불안에 시달리고 있다. 이러한 상황에서 어디로, 어떻게, 왜, 가야 할지에 대해 고민하고 있는 대학 새내기에게 현실적으로 가장 필요한 것은 스스로 생각하는 능력과 이를 타인과 소통 가능한 말과 글로 표현할 수 있는 능력이라는 것이 우리들의 인식이다.

셋째, 이 책은 새로운 지식 전달보다는 지식의 발견과 재구성이라는 관점으로 구성되었다. 대학에 입학한 학생들은 정보의 양적 측면에서는 이미 필요 이상의 지식을 주입 받은 반면, 그것을 실제적으로 활용하고 자기화하는 경험은 매우 부족한 상태이다. 따라서 이 책의 활동은 글쓰기 지식의 습득보다는 기존의 알고 있는 지식을 학습자가 능동적으로 자기화하는 과정에 중점을 두고 있다. 즉, 학습자 스스로 자기 자신과 자신이 하고자 하는 일에 대한 깊은 이해와 비전을 가지고, 자신이 살고 있는 세계와 그 세계를 함께 살아가는 사람들에 대한 이해와 애정을 바탕으로 세계의 다양한 모습들을 살펴 문제점을 찾고, 자신의 전공지식을 이용해 문제에 대한 창의적 해결 방안을 찾는 과정으로 마무리되는 것이다. 이에 덧붙여, 이러한 모든 과정을 공유 가능한 정보 형태로 정리하고 소통하는 능력도 함께 훈련한다.

이러한 맥락에서, 이 책은 내용적으로는 21세기 현대 사회의 다양한 이슈들을 다루면서, 형식적으로는 자기 이해에서 출발해 세계에 대한 이해를 거쳐 창의적 문제 해결로 나아가는 전개 방식을 보이고 있다. 한편, 학습자의 학습 활동을 위해서는 읽기 자료 제시를 통해 사회의 여러 문제에 대해 생각해 보고, 발표와 토론을 통해 이를 자기화한 후 글로 정리해 보는 통합적 의사소통 방식이 사용되고 있다. 이 책에서 인용하고 있는 읽기 자료들은 흠잡을 데 없는 명문들이라기보다는 다소 거칠고 완성도가 떨어지더라도 학생들에게 생각할 거리를 제공하여 그 생각을 완성해 나가도록 문제를 제기하는 글들로, 문장이나 내용면에서 미완성된 텍스트들도 다수 실려 있다.

이 책은 크게 4부로 구성되어 있다. Ⅰ부는 '나'에 대한 이해로, 대학 새내기로서 대학 생활과 대학에서의 학문 활동, 그리고 자신이 전공하고자 하는 공학과 공학인의 정체성에 대해 생각해 볼 수 있는 읽을거리를 제시하였다. 이어서 이를 바탕으로 자기소개서와 학습 포트폴리오를 작성해 보도록 구성하였다. 자신이 앞으로 4년 동안의 대학생활에서 무엇을 해야 할지, 그리고 무엇을 할 수 있을지를 이해하는 것은 학생들의 학습 활동에 강한 동기를 부여한다.

다음으로 Ⅱ부에서는 자기에 대한 이해를 바탕으로 21세기 지구촌 사회의 여러 가지 문제들에 대해 생각해 보고, 이에 대한 해결 방안을 모색해 보도록 구성하였다. 급속히 이루어지고 있는 세계화의 명암을 조명하고, 매체 발달을 통해 빨라진 정보의 생산과 유통 그리고 이를 합리적으로 수행하기 위해 해결되어야 할 문제에 대해 생각해 볼 수 있는 내용을 넣었다. 이와 함께 학문 분야 간의 벽이 허물어지고 통합적 사고와 연대를 새롭게 요구하는 통섭의 시대에 대한 이해, 고도의 산업화에 따른 환경 파괴와 자원 고갈 문제를 고려하면서 지속 가능한 발전을 꾀하는 전 지구적 노력에 대한 이해, 개인의 욕망과 물질적 이윤 추구를 기반으로 발달해 온 자본주의를 발전적으로 수정·보완하여 다 함께 잘 사는 사회를 건설하고자 하는 다양한 담론들이 Ⅱ부에서 다루어진다.

Ⅲ부에서는 공학인들이 써야 하는 실용문 작성의 기초 원리에 대해 다룬다. Ⅲ부의 내용들은 수업에서 별도로 다루어도 좋지만 Ⅰ부, Ⅱ부, Ⅳ부의 학습자 활동과 연계해 읽기나 말하기, 쓰기의 통합적 활동으로 다루는 것이 보다 바람직할 것으로 생각된다.

마지막으로 Ⅳ부는 자신과 타인에 대해 이해를 마친 학생들이 지구촌 사회의 다양한 문제들을 공학적으로 풀어나가기 위해 창조적으로 새로운 제품을 개발하고, 다른 사람들에게 결과물과 개발 과정을 알기 쉽게 설명할 수 있는 방법을 학습하는 장이다. 현실 세계에서 공학적으로 해결 가능한 문제를 찾고 정의하는 과정에서 사용자와 사용자를 둘러싼 사회적 상황에 대한 깊은 이해가 가능해진다. 또한, 다른 사람들에게 고안한 제품을 알기 쉽게 설명하고 제품의 필요성을 설득하는 연습을 통해 소통능력을 기를 수 있다. 창의적 사고와 소통능력은 공학인이라면 누구나 갖추어야 할 능력이므로 Ⅳ부의 활동들은 공학 전공자라면 반드시 다루어 보기를 권한다.

이 책은 한 학기 15주 수업을 기준으로 구성되었다. 중간고사 및 기말고사를 제외한 기간 동안 Ⅲ부를 제외한 Ⅰ, Ⅱ, Ⅳ부의 각 장을 한 주에 하나씩 다루며 수업을 진행할 수 있도록 하였다. 그러나 Ⅰ부에서 Ⅳ부까지의 각 부는 전후 연관 없이 독립적으로 구성되어 있기 때문에 교수자에 따라서는 책의 한 부분을 선별하여 집중적으로 다루어도 무방할 것으로 보인다. 대학생으로서의 좀 더 넓고 깊이 있는 사고 능력을 기르는 것에 중점을 두는 교수자는 Ⅰ, Ⅱ부를 중심으로 수업을 진행할 수 있다. 반면 공학인의 글쓰기 능력 배양을 집중적으로 다루고자 하는 교수자는 Ⅲ부만을 중점적으로 다룰 수 있으며, 공학설계와 연관하여 창의적 설계와 의사소통 능력을 중점적으로 교육하고자 하는 교수자는 Ⅳ부를 중심으로 수업을 구성할 수 있다.

마지막으로, 이 책의 구상과 초안 집필은 한국기술교육대학교 공학교육혁신센터의 지원을 받아 이루어졌으며 이 책에서 다루고 있는 내용은 한국기술교육대학교 학생들과의 수업을 통해 다듬어졌음을 밝힌다. 지칠 줄 모르는 열의와 성실로 수업에 참여해 준 학생들에게 사랑과 감사의 마음을 보낸다.

2011년 8월
저자 일동

Contents

I '나'에 대한 이해

II 21세기 '글로벌 사회'에 대한 이해

III 바른 글쓰기의 기초

IV 창조적 사고, 명료한 설명

I. '나'에 대한 이해

01. 대학 생활과 학문 활동

군자가 학문하는 목적은 영화를 누리며 살기 위해서가 아니고, 어려운 처지에서도 곤혹스러워 하지 않고, 우환을 겪으면서도 의지가 꺾이지 않으며, 화와 복의 시작과 끝을 알아 마음이 미혹되지 않기 위해서이다.
(君子之學, 非爲通也, 爲窮而不困, 憂而意不衰也, 知禍福終始而心不惑也)

– 순자 유좌(筍子 宥坐)

진리에 대한 탐색이 시작되는 곳에서 항상 인생은 시작된다. 진리에 대한 탐색이 중단된다면 인생도 거기서 끊어지고 만다

– 존 러스킨

학 | 습 | 목 | 표

1. 변화하는 사회와 대학의 역할에 대해 이해한다.
2. 21세기 예비 지식인으로서 대학생의 위치와 역할을 이해한다.
3. 포트폴리오 작성법에 따라 스스로 자신의 대학생활을 설계한다.

사회가 변화함에 따라 대학과 대학생에 대한 사회적 위상이나 요구도 변화하고 있다. 지난 20세기에 대학과 대학생은 사회적인 문제에 능동적으로 참여하고 적극적으로 행동하는 모습을 보여주며 사회가 발전하는 데 중추적인 역할을 담당해 왔다. 그 결과 대학생은 학문을 연구하는 학생인 동시에 부조리한 사회 문제에 주체적으로 참여하는 비판적 지식인으로서의 위상도 부여받았다.

하지만 21세기에 접어들면서 대학생들에게 부여되는 수식어에 변화가 일어나고 있다. 이제 대학생들은 '고4(고등학교 4학년)', '이태백(20대 태반이 백수)' 혹은 '88만원 세대'라 불리고 있다. 이는 경제적 위기로 인해 현실적인 취업 문제가 대학생들의 주관심사로 떠오르면서 갖게 된 이름으로 대학생의 관심사가 진리 탐구나 사회적인 문제에서 개인적인 문제로 변화되고 있음을 보여주는 것이다. 이에 따라 대학도 '지성의 상아탑'이란 위치에서 '대학주식회사'란 수식어를 얻으며 변화하고 있다.

사회가 변화하면 그에 속한 것들에도 변화가 나타나는 것은 당연한 일이다. 그럼에도 불구하고, 대학이나 대학생의 변화에 대해서 우려의 목소리가 크다. 이는 사회를 발전시키는 주체자로서의 대학생에 대한 사회의 기대가 여전히 존재한다는 것을 반영하는 것이다.

따라서 이 장에서는 변화하는 사회에 대응하기 위한 대학과 대학생의 노력과 더불어, 미래사회 리더로서 대학생이 지녀야 할 자세와 역량에 대해서 생각해 보기로 한다.

읽으면서 생각하기

읽을거리 1 Reading

오늘 나는 대학을 그만둔다, 아니 거부한다

김예슬, 고려대학교 경영학과를 자퇴하며, 2010. 3. 10.

오늘 나는 대학을 그만둔다. G세대로 '빛나거나' 88만원 세대로 '빚내거나', 그 양극화의 틈새에서 불안한 줄타기를 하는 20대. 그저 무언가 잘못된 것 같지만 어쩔 수 없다는 불안과 좌절감에 앞만 보고 달려야 하는 20대. 그 20대의 한가운데에서 다른 길은 이것밖에 없다는 마지막 남은 믿음으로.

이제 나의 이야기를 시작하겠다.

이것은 나의 이야기이지만 나만의 이야기는 아닐 것이다. 나는 25년 동안 경주마처럼 길고 긴 트랙을 질주해왔다. 우수한 경주마로, 함께 트랙을 질주하는 무수한 친구들을 제치고 넘어뜨린 것을 기뻐하면서. 나를 앞질러 달려가는 친구들 때문에 불안해하면서. 그렇게 소위 '명문대 입학'이라는 첫 관문을 통과했다.

그런데 이상하다. 더 거세게 나를 채찍질해 봐도 다리 힘이 빠지고 심장이 뛰지 않는다. 지금 나는 멈춰 서서 이 경주 트랙을 바라보고 있다. 저 끝에는 무엇이 있을까? '취업'이라는 두 번째 관문을 통과시켜 줄 자격증 꾸러미가 보인다. 너의 자격증 앞에 나의 자격증이 우월하고 또 다른 너의 자격증 앞에 나의 자격증이 무력하고, 그리하여 새로운 자격증을 향한 경쟁 질주가 다시 시작될 것이다. 이제서야 나는 알아차렸다. 내가 달리고 있는 곳이 끝이 없는 트랙임을. 앞서 간다 해도 영원히 초원으로는 도달할 수 없는 트랙임을.

이제 나의 적들의 이야기를 시작하겠다.

이 또한 나의 적이지만 나만의 적은 아닐 것이다. 이름만 남은 '자격증 장사 브로커'가 된 대학, 그것이 이 시대 대학의 진실임을 마주하고 있다. 대학은 글로벌 자본과 대기업에 가장 효율적으로 '부품'을 공급하는 하청업체가 되어 내 이마에 바코드를 새긴다. 국가는 다시 대학의 하청업체가 되어, 의무교육이라는 이름으로

12년간 규격화된 인간제품을 만들어 올려 보낸다.

기업은 더 비싼 가격표를 가진 자만이 피라미드 위쪽에 접근할 수 있도록 온갖 새로운 자격증을 요구한다. 이 변화 빠른 시대에 10년을 채 써먹을 수 없어 낡아 버려지는 우리들은 또 대학원에, 유학에, 전문 과정에 돌입한다. 고비용 저수익의 악순환은 영영 끝나지 않는다. '세계를 무대로 너의 능력만큼 자유하리라'는 세계화, 민주화, 개인화의 넘치는 자유의 시대는 곧 자격증의 시대가 되어버렸다.

졸업장도 없는 인생이 무엇을 할 수 있는가? 자격증도 없는 인생이 무엇을 할 수 있는가? 학습된 두려움과 불안은 다시 우리를 그 앞에 무릎 꿇린다. 생각할 틈도, 돌아볼 틈도 주지 않겠다는 듯이 또 다른 거짓 희망이 날아든다. 교육이 문제다, 대학이 문제다라고 말하는 생각 있는 이들조차 우리에게 이렇게 말한다.

"성공해서 세상을 바꾸는 '룰러'가 되어라."
"네가 하고 싶은 것을 해. 나는 너를 응원한다."
"너희의 권리를 주장해. 짱돌이라도 들고 나서!"
그리고 칼날처럼 덧붙여지는 한 줄, "그래도 대학은 나와야지."

그 결과가 무엇인지는 모두가 알고 있으면서도. 큰 배움도 큰 물음도 없는 '대학(大學)' 없는 대학에서, 나는 누구인지, 왜 사는지, 무엇이 진리인지 물을 수 없었다. 우정도 낭만도 사제 간의 믿음도 찾을 수 없었다. 가장 순수한 시절 불의에 대한 저항도 꿈꿀 수 없었다. 아니, 이런 건 잊은 지 오래여도 좋다.

그런데 이 모두를 포기하고 바쳐 돌아온 결과는 정말 무엇이었는가. 우리들 20대는 끝없는 투자 대비 수익이 나오지 않는 '적자세대'가 되어 부모 앞에 죄송하다.

젊은 놈이 제 손으로 자기 밥을 벌지 못해 무력하다. 스무 살이 되어서도 내가 뭘 하고 싶은지 모르고 꿈을 찾는 게 꿈이어서 억울하다. 이대로 언제까지 좇아가야 하는지 불안하기만 한 우리 젊음이 서글프다. 나는 대학과 기업과 국가, 그리고 대학에서 답을 찾으라는 그들의 큰 탓을 묻는다. 깊은 분노로. 그러나 동시에 그들의 유지자가 되었던 내 작은 탓을 묻는다. 깊은 슬픔으로. '공부만 잘하면' 모든 것을 용서받고, 경쟁에서 이기는 능력만을 키우며 나를 값비싼 상품으로 가공해온 내가 체제를 떠받치고 있었음을 고백할 수밖에 없다. 이 시대에 가장 위악한 것 중에 하나가 졸업장 인생인 나, 나 자신임을 고백할 수밖에 없다.

그리하여 오늘 나는 대학을 그만둔다. 아니, 거부한다.

더 많이 쌓기만 하다가 내 삶이 한번 다 꽃피지도 못하고 시들어 버리기 전에. 쓸모 있는 상품으로 '간택'되지 않고 쓸모없는 인간의 길을 '선택'하기 위해. 이제 나에게는 이것들을 가질 자유보다는 이것들로부터의 자유가 더 필요하다. 자유의 대가로 나는 길을 잃을 것이고 도전에 부딪힐 것이고 상처 받을 것이다. 그러나 그것만이 삶이기에, 삶의 목적인 삶 그 자체를 지금 바로 살기 위해 나는 탈주하고 저항하련다.

생각한 대로 말하고, 말한 대로 행동하고, 행동한 대로 살아내겠다는 용기를 내련다. 학비 마련을 위해 고된 노동을 하고 계신 부모님이 눈앞을 가린다. '죄송합니다, 이때를 잃어버리면 평생 나를 찾지 못하고 살 것만 같습니다.' 많은 말들을 눈물로 삼키며 봄이 오는 하늘을 향해 깊고 크게 숨을 쉰다.

이제 대학과 자본의 이 거대한 탑에서 내 몫의 돌멩이 하나가 빠진다. 탑은 끄떡없을 것이다. 그러나 작지만 균열은 시작되었다. 동시에 대학을 버리고 진정한 大學生의 첫발을 내딛는 한 인간이 태어난다. 이제 내가 거부한 것들과의 다음 싸움을 앞에 두고 나는 말한다.

그래, "누가 더 강한지는 두고 볼 일이다."

읽을거리 2 Reading

대학의 이념

칼 야스퍼스, 『대학의 이념』, 이수동 역, 학지사, 1997, pp.17-20.

대학도 학교이기는 하지만 아주 독특한 유형의 학교이다. 대학은 강의를 제공하고, 학생들로 하여금 연구에 참여하게 한다. 학생들은 이러한 과정을 통해서 대학생활에 필요한 지적 수단을 갖추게 된다. 또한 학생들은 대학의 이념을 이해하고, 자율적으로 책임을 인식하며, 교수들을 비판적으로 추종하는 연구가들이다. 이렇게 학생들은 그들만의 고유한 배움의 자유를 가지고 있다.

대학은 그 사회와 국가가 필요로 하는 그 시대의 가장 바람직한 의식을 형성한다. 학생과 교수들은 모두 인간적 공동체를 형성하고, 오직 진리만을 탐구하는 것을 직업으로 삼는다. 인간이 인간으로서 어디서든지 어떠한 조건도 없이 진리를 탐구한다는 것은 인간의 당연한 권리이다.

그러나 그와 동시에 국가 권력은 대학을 보호해야 한다. 왜냐하면 대학이 국가를 이끌어가는 데 필요한 지식과 지적 수양을 제공하기 때문이다. 진리 탐구가 국정을 이끌어가는 직접적 역할을 수행하는 데 중요한 바탕이 된다는 것은 부인할 수 없는 사실이다. 이러한 진리 탐구는 학문의 성과일 뿐만 아니라, 대학인의 지적 교육을 통해서 얻어진다. 그러나 그것이 불확실할지라도, 인간의 근본 의지는 어떠한 대가를 치를지라도 진리 탐구를 지향할 것이다. 우리의 경험에서 볼 때 오직 이러한 의지만이 정상에 오르는 것을 가능하게 한다. 이렇게 대학은 모든 현실을 초월할 수 있는 정신의 함양을 중요한 목적으로 삼는다. 그렇게 되면 우리가 추구하는 목적은 더욱더 명백하고 확고해지며 오류가 없게 된다.

진리가 무엇이며 그것을 어떻게 터득하는가에 대해서 쉽게 말할 수는 없다. 그에 대한 해답은 대학생활을 통해서 얻어질 수 있는 것이기는 하지만, 결코 완전한 것일 수는 없다. 우선 다음과 같은 문제를 생각해 보자.

대학의 목적은 근원적인 지적 욕구를 실현하는 데 있다. 이 지적 욕구의 궁극적 목적은 우리가 무엇인가를 알고자 하며 그 앎을 통해서 우리가 어떻게 되는가를 발견하는 데 있다. 이러한 알고자 하는 욕구는 관찰을 통해서, 체계적 사고를 통해서, 그리고 객관화에 대한 훈련으로서 자기비판을 통해서 실현된다. 또한 지적 욕구는 우리들에게 능력의 한계를 인식하게 하고, 자신의 무지를 경험적으로 깨우치게 하며, 지적 탐구에 따르기 마련인 위험을 정신력으로 극복하게 해 준다.

우리의 지적 욕구의 본질은 지식의 통합과 전체성을 추구하는 데 있다. 이 지적 욕구가 항상 전문 영역에서 실현되는 것이기는 하지만, 그 지식은 바로 전체를 구성하고 있는 부분들에 불과하다. 보편적 세계관을 형성하는 것뿐만이 아니라, 신학이나 철학에 이르기까지 이 모든 것은 다양한 학문의 원리들이 통합되어 가는 과정에서 실현된다. 실로 이 전체 체계는 자기 극복의 투쟁과 상호배타적 대립으로 끊임없이 떨어져 나가고자 하는 양극성의 상태에 있다. 하지만 모든 학문의 통합은 연구 대상의 무한한 다양성과 문제에도 불구하고 모든 학자들을 근본적으로 연결시켜주는 학문적 견해에 의해서 가능하다.

대학은 학문을 통해서 진리를 추구할 뿐만 아니라 그것을 전수하는 것을 직업으로 삼는 사람들을 조직적으로 통합시킨다. 진리는 학문의 탐구를 통해서 추구된다. 그렇게 본다면 연구는 대학의 제일 중요한 과제이다. 그러나 진리는 학문 이상의 것이다. 우리는 인간을 둘러싸고 있는 존재들인 정신, 존재, 이성을 연구함으로써 그 진리를 터득하고자 한다. 그래서 훌륭한 대학인을 유치하는 것은 대학의 발전 조건이다.

진리는 전수되어야 한다. 따라서 가르친다는 것은 진리 추구 다음으로 중요한 대학의 과제이다. 그러나 단순히 지식이나 기술을 전달하는 것만으로서는 진리를 터득하는 데는 부족하다. 왜냐하면 진리는 그보다 훨씬 더 심오한 인간의 정신을 형성하기 때문이다. 이것이 바로 연구와 가르침이 가지는 중요한 의미이며, 넓은 의미의 교육을 뜻한다.

읽을거리 3 Reading

知의 기법

학문의 주체

대학에서는 개별 학문과 지식을 배우기보다는 오히려 보편성 쪽으로 자신의 언어를 발전시켜 나가는 방법이나 작법을 몸에 익히는 것이 훨씬 더 중요합니다. 다시 말하면, 어떤 대상에 관한 지식을 얼마만큼 얻든지 간에 그것이 보편성으로 향한 표현 절차와 연결되어 있지 않으면, 대학에서는 지(知)의 행위로 보지 않습니다. 요컨대 대학은 전문 지식의 전달 장소라기보다는 (보편적인 방향으로 개방되어 있다는 의미에서) 개별적인 지(知)의 행위 주체가 되는 방법을 훈련하는 곳입니다.

고바야시 야스오 외, 『知의 기법』, 오상현 역, 경당, 1996, pp.15~16.

그러나 이 주체는 보편성의 기준에 맞추어진 것이기 때문에 감정과 감각과 개인의 특이성으로 충족된 생생한 주체가 아니라, 오히려 형식적으로 기술적(技術的)으로 가설되어 추정된 주체, 또는 그렇기 때문에 학습할 수 있는 주체입니다. 결국 누구에게나 있을 법하지만 그 누구도 아닌 그러한 주체입니다.

일반적으로 학문적인 가설 혹은 과학적인 언어를 습득함으로써 우리들은 주체가 되는 방법을 스스로 배우게 됩니다. 이에 대한 가장 명료한 예는 자연과학에서 수식을 이용한 언어입니다. 미분방정식으로 대표되는 수학적 언어를 배움으로써 우리들은 자연히 형식적이고 보편적인 언어 구사법을 몸에 익힐 수 있습니다.

그리고 그 용어를 사용하여 같은 지(知)의 공동체에 속하는 누구와도 커뮤니케이션을 할 수 있습니다. 수식이라는 보편적인 언어를 통해 보편적인 주체가 보증되는 것입니다. 말하자면 이과 계통 학문 운영이 모두 그것에 환원되는 것은 아니지만, 그러한 보편적인 언어가 확고하게 존재하기 때문에 자연과학은 학문적인 지(知)의 가장 이상적인 형태를 제시해 주고 있는 것처럼 생각됩니다.

읽고 나서 해 보기

1. 읽을거리 1에서 글쓴이가 지적한 문제점을 정리하고 그에 대한 자신의 입장을 말해 봅시다.

2. 읽을거리 2-3을 참조하여 대학의 목적과 대학 교육을 통해 배워야 할 것이 무엇인지 이야기해 봅시다.

3. 자신이 생각하는 대학의 목적과 읽을거리 2-3에서 말하고 있는 대학의 목적이 일치하는지, 혹시 일치하지 않는다면 어떤 점에서 그런지 이야기해 봅시다.

4. 이어지는 「좀 더 생각하기」의 읽을거리를 참고하여, 21세기 대학과 대학생은 어떤 목적을 가져야 하는지 800자 내외로 작성하여 봅시다.

좀 더 생각하기

읽을거리 1 Reading

통섭의 시대를 위한 대학교육

최재천, 통섭의 시대를 위한 대학교육, 한국대학신문, 칼럼, 2006. 10. 2. 〈http://www.unn.net/news/detail.asp?nsCode=98〉, 2011. 2. 10.

우리가 하는 모든 학문은 다 진리를 추구하는 인간의 활동이다. 그런데 야속하게도 진리의 행보는 우리가 엄격하게 그어 놓은 학문의 경계를 존중해 주지 않는다. 학문의 구획은 자연에 실재하는 것이 아니다. 학문이란 진리의 궤적을 추적하기 위해 우리 인간이 편의대로 만든 것이다.

진리는 때로 직선으로 또 때로 완만한 곡선을 그리며 학문의 경계를 넘나드는데 우리는 우리 스스로 쳐놓은 학문의 울타리 안에 안주하면서 잠깐 들렀다 가버리는 진리의 그림자를 붙들고 평생 씨름하고 있다. 이제는 진리의 행보를 따라 과감히 그리고 자유롭게 학문의 국경을 넘나들 때가 되었다.

학문의 국경을 넘을 때마다 여권을 검사하는 불편한 과정을 생략하자. 생물학에서 출발한 문제가 경제학과 심리학을 거쳐 물리학과 수학에 정착하기도 하고, 사회학의 문제인 줄로만 알았는데 알고 보니 행정학과 법학은 물론 기상학과 화학 그리고 음악의 영역까지 이어지는 게 요즘 세상이다.

나는 최근 하버드 대학의 윌슨(Edward Wilson)의 명저 『Consilience(1988)』를 <통섭-지식의 대통합>이라는 제목으로 번역해 내놓았다. 『Consilience』는 19세기 영국의 자연철학자 휴얼(William Whewell)이 소개한 것을 무려 한 세기 반 후에 윌슨 교수가 새롭게 부활시킨 개념이다. 나는 그걸 '통섭(統攝)'이라는 그릇에 담았다. 통섭은 한마디로 말해 다양한 학문 분야들을 가로지르며 사실과 그 사실에 기초한 이론들을 한데 묶어 공통된 하나의 설명체계를 이끌어내는 것을 의미한다.

대학생들에게는 누구에게나 전공이 있다. 그리고 대부분은 그것이 절대로 바뀔 수 없는, 하늘이 정해준 또는 유전자에 각인된 운명인 줄 알고 신주단지처럼 떠받들고 산다. 그 운명에 순응해 착실하게 준비만 하면 평생이 보장되는가 하고 열심히 공부하는 학생들도 있다. 하지만 대학에서 전공했던 분야에서 평생 종사하는 사람은 실제로 극소수에 지나지 않는다. 대학교육 4년으로 보장 받기에는 우리 인생이 너무 길기 때문이다. 더구나 이제는 우리 인간의 수명이 놀랍도록 길어져 한 가지 일만 하고 살기가 점점 어려워지고 있다. 우리 사회는 이미 '사오정'이다 '오륙도'다 하며 이 같은 현상을 뼈저리게 경험하고 있다. 그런데도 대학은, 좀 더 직접적으로 말하면, 대학생들은 여전히 안일하게 미래를 준비하고 있다.

나는 금년 초 10년 넘어 몸담았던 서울대의 안락함을 박차고 이화여대로 자리를 옮겼다. 학문의 통섭을 추구하기 위해서 이 나라 대부분의 사람들이 고개를 갸우뚱거릴 일을 저질렀다. 내가 하는 생물학인 행동학과 생태학은 특별히 통섭적인 접근을 요하는 학문이다. 생명이란 워낙 복합적인 현상이라 여러 분야가 한데 모여 통섭적으로 연구하지 않으면 도저히 이해할 수 없기 때문이다.

나는 "크고, 깊고, 느린 생물학"을 하기 위해 이화여대에 왔다. 이러한 구상의 구체적인 실현으로 2007년 3월부터 이화여대 대학원에는 우리나라 최초로 에코과학부가 신설된다. 우리의 생태환경을 보전하고 삶의 질을 향상시키는 연구와 활동에 몸담고 싶은 대학생들에게 미래를 설계할 수 있는 통섭적인 교육기관이 만들어지는 것이다. 더불어 내 연구실 한 구석에는 '통섭원(統攝苑)'이라는 일종의 사랑방 같은 공간을 마련했다. 여러 학문에 종사하는 분들이 한데 모여 자유분방한 학문의 굿판을 벌일 수 있는 공간으로 키워갈 생각이다.

통섭의 시대를 맞이하게 될 우리 대학생들에게 예전처럼 하나의 학문을 전공하며 안심해서는 안 된다고 강조하고 싶다. 21세기의 대학은 통섭의 시대를 준비하는 학생들에게 그에 걸맞은 교육을 제공해야 한다. 어설픈 복수전공제도 정도가 아니라 철저하게 여러 학문을 넘나들 수 있도록 이제 대학의 변신은 '필요'가 아니라 '필수'이다. 대학생 각자의 변신도 절대 예외일 수 없지만.

읽을거리 2 Reading

21세기형 창조성을 되묻다

정재승·진중권, 「크로스」, 웅진 지식하우스, 2010, pp. 28-33.

대학은 요즘 '21세기형 창조적 리더'를 키우기 위한 고등교육을 어떻게 해야 할지 고민이 많다. 지난 30년 간 한국은 선진국의 과학기술을 빨리 따라잡을 수 있는 산업 인력을 키우고자 노력해 왔지만, 새로운 아이디어가 세상을 선도하고 가치를 만들어내는 '지식정보화시대'를 20세기형 리더로는 헤쳐 나갈 수 없기 때문이다.

세분화된 영역의 전문가가 아니라 여러 분야를 두루 아우를 수 있는 통합형 인재, 새로운 아이디어와 지식을 스스로 만들어낼 수 있는 창조적 인재, 과학의 시대에 테크놀로지에 대한 이해가 깊으면서도 인문학과 사회과학, 그리고 예술을 넘나들 수 있는 르네상스형 인재를 키워야 한다는 데는 모두 동의하지만, 그 방법에 대해서는 마땅한 대안이 없는 형편이다. 20세기형 인재들끼리 모여 앉아 궁리하고 있으니 대안이 없을 수밖에.

해외에서 그 역할 모델을 찾자니 단연 돋보이는 인물이 바로 실리콘밸리와 할리우드를 모두 장악한 '디지털시대의 테크노 구루(Guru)' 스티브 잡스다. 아이콘 클릭만으로 프로그램을 여는 컴퓨터 혁명을 이끌어낸 매킨토시를 만들었고, 세계 최초 3D 애니메이션 <토이스토리>와 디즈니의 상상력을 잇는 걸작 <니모를 찾아서>, <인크레더블>로 영화산업을 뒤흔들어 놓은 디지털 시대의 최고 흥행사. 매력적인 디자인과 편리한 기능 혁신의 아이팟으로 'mp3 파일로 음악을 듣는 새로운 문화'를 창조하고 최초의 인터넷 음악 공급 프로그램 아이튠즈(iTunes)를 만들어낸 하이테크계의 예술가. 스티브 잡스만큼 과학과 예술을 행복하게 결합한 인물이 또 있을까? 그만큼 사회적 트렌드를 제대로 꿰뚫어본 과학기술자가 있을까?

그러나 불행하게도 스티브 잡스와 같은 인재를 키우고자 마땅히 제도권 교육이 할 수 있는 일은 많지 않다. 그가 살아온 삶은 분명 그의 창조성에 영향을 미쳤겠지만, 우리가 따라할 수 있는 성질의 것은 아니기 때문이다.

1955년 2월 24일 미국 캘리포니아 샌프란시스코에서 태어난 그는 부모가 아기의 법적 양육권을 포기하자 폴과 클라라 부부에게 입양됐다. 고아출신이었던 스티브 잡스는 어린 시절부터 자신을 증명해 보여야 하는 도전정신으로 무장되어 있었다고 친구들은 술회한다. 그는 명석한 학생이었지만, 과잉행동장애를 앓는 산만한 소년이었고 독불장군에 외톨이였다. 누구도 범접할 수 없는 카리스마를 가졌지만, 함께 일해 온 동료들을 애플에 대한 충성심이 부족하다는 이유로 애플 주식 공개 상장에서 배제할 정도로 편협했고, 화이트보드를 가로챘다는 사소한 이유로 픽사(Pixar)의 공동창업자에게 소리를 지르며 벌컥 화를 내기도 했던 유치한 독설가였다. 자신의 사사로운 이익을 위해 사기를 친 적도 있었고, 잘 나가는 사람들에 대한 비아냥거림과 험담을 입에 달고 살았다.

그래서 대학생들에게 『iCon 스티브 잡스』 같은 평전을 읽히면 감상평은 대부분 부정적이다. "훌륭한 사람인 줄 알았는데, 우리랑 비슷한 사람이라는 데 놀랐어요." "성공했다는 것 외에는 딱히 본받을 게 없는 사람 같아요." KAIST 기숙사에서는 스티브 잡스와 비슷한 유년기를 보낸 녀석들을 종종 발견할 수 있다는 얘기와 함께.

그럼에도 어떻게 그는 미국 대학생들이 가장 가고 싶어 하는 회사의 CEO가 되어 '지상에서 가장 뛰어난 인재들과 함께 일하는' 행복을 누리게 됐을까? 왜 사람들은 그를 닮고 싶어 하고 그를 만나고 싶어 할까? 그의 성공은 어디에서 온 것일까?

가장 큰 이유는 다른 사람에게는 없는 '전 우주적 스케일의 꿈'이 그에게는 있었다는 것이다. 세상을 송두리째 바꿔놓겠다는 비전과 우주에 거대한 영향을 미치고 싶다는 야심찬 꿈 말이다. 그래서 애플 컴퓨터의 모토도 한때 "우주를 놀라게 하자(Make a Dent in the Universe)"가 아니었던가! 사람들은 원대한 꿈과 비전을 가진 지도자에게 매료된다.

하지만 그것만으로는 부족하다. 그를 '우리 시대에 가장 우뚝 선 몽상가'라고 칭하지만, 그가 단지 몽상가였다면 오늘날과 같은 업적을 이루진 못했을 것이며 그를 따르는 애플 컬트(열렬한 지지자)와 아이팟 컬트가 만들어지진 않았을 것이다. 그에겐 꿈과 비전을 '현실화'하는 놀라운 재능이 있었다. 그 중 나 같은 신경과학자의 눈에 띄며 흥미를 유발하는 것은 그가 가진 '창조성의 본질'이다.

창조적인 사람을 정의할 때, 20세기 심리학자들은 '남들이 생각해내지 못하는 엉뚱한 아이디어를 쏟아내는 사람'으로 생각했다. 창의력 테스트가 대부분 "'둥글다'라는 단어가 들어간 문장을 만들어 보시오."라는 과제를 주고 몇 개의 문장을 만들어내는지 센다거나, "신문지로 할 수 있는 것이 무엇인지 나열하시오"라는 과제를 주고 행동을 관찰하는 정도였던 것도 바로 그 때문이다.

그런데 21세기, 새로운 시대에 주목받는 창조적 능력은 남들이 생각해내지 못하는 해결책을 제시하는 능력만이 아니라 '개성적인 통찰력'을 요구한다. 복잡한 현실에서 '문제의 본질'이 무엇인지 명확하게 파악하는 능력, 문제의 본질을 남들과 다르게 새롭게 정의하는 능력, 그리고 황당한 아이디어를 현실 가능한 아이디어가 되도록 구체화할 수 있는 능력 등이다.

픽사는 스티브 잡스가 처음 만든 회사가 아니라 조지 루카스(George Lucas)가 이미 가지고 있던 기업이었고, 아이팟이 나오기 전에도 mp3 플레이어는 여럿 있었다. 그런데 왜 그들은 성공하지 못했을까? 실사영화의 특수효과만 담당하는 것이 아니라 컴퓨터그래픽만으로 영화를 만들어낼 수 있다는 창조적 아이디어는 스티브 잡스만의 생각이었고, 그것이 단번에 픽사를 영화산업에서 가장 성공한 기업으로 만들었다. 인터넷 비평가는 아이팟을 'Idiots Price Our Device(멍청한 놈들이 가격을 매긴 물건)'의 약자라고 조롱했지만, 스티브 잡스는 갖고 싶은 디자인과 편리하게 음악 파일을 들을 수 있도록만 해 주면 CD 대신 mp3 파일을 들을 것이라고 믿었다. 그는 문제의 핵심을 남들과 다르게 바라본 것이다. "다르게 생각하라(Think different)"는 사실 애플의 모토가 아니라 스티브 잡스의 '삶의 철학'이었던 것이다.

이마 바로 뒤인 '전전두엽'에서 담당한다고 알려진 이 21세기형 창조적 기능들은 '사회화가 많이 될수록 또 일찍 될수록' 오히려 줄어드는 능력으로 알려져 있다. 그러니 스티브 잡스의 대학 중퇴는 그에겐 '독이 아니라 약'이었을 수도 있다는 얘기다. 어찌 이런 사람을 대학이 키울 수 있느냔 말이다! 아이러니다.

다르게 생각하려고 최선을 다한 사람은 세상을 요동치게 한다. 스티브 잡스와 일하는 사람들이 디자인을 매우 중요하게 생각하는 과학기술자들로 거듭 태어난 것도 히피문화를 방불케 하는 애플의 독특한 기업 문화 때문일지도 모른다.

그가 한 강연에서 했던 말은 분석의 틀에만 매몰된 합리적인 (척하는) 현대인들에게 새로운 양식의 삶을 전해준다.

"시장조사는 하지 않았다. 그레이엄 벨(Graham Bell)이 전화를 발명할 때 시장조사를 했느냔 말이다! 천만의 말씀. 내가 바라는 것은 오직 혁신이다."

이제 책상 위에 '디지털 시대의 구루' 스티브 잡스를 올려놓고 '과학적 사고', '창의적 사고'라는 단어를 다시 정의할 때다.

읽고 나서 해 보기

1. 21세기에 새롭게 요구되는 인재상은 무엇인지 이야기해 봅시다.

2. '통섭' 혹은 '융합'이 무엇을 의미하는지 개념을 정의하고, 통섭의 시대에 융합적 사고 능력을 기르기 위해 할 수 있는 일은 무엇인지 이야기해 봅시다.

3. 진정한 '창의성'이란 무엇인지 정의하고 그에 입각하여, 자신의 전공 분야에서 발휘될 수 있는 창의성이란 무엇이며 창의성을 기르기 위해 할 수 있는 일이 무엇인지 이야기해 봅시다.

포트폴리오 작성하기

– 과학기술자로서의 자기 설계 –

1) 자기 설명력을 갖춘 과학기술자

현재 대학에 다니는 학생들, 특히 공과대학생들은 열심히 바쁘게 산다. 정규 교과 과정에서 다루는 지식의 양이나 과제의 양이 적지 않으며 자기 계발을 위한 동아리 활동, 각종 특강 및 과외 활동 등을 위해 쏟는 노력도 적지 않다. 그럼에도 불구하고 학생들에게 자신이 무엇을, 왜, 어떻게 하고 있는가에 대해 물으면 그에 대한 대답을 제대로 하는 학생은 많지 않다. 무엇이든 열심히 많이 하면 무엇이 돼도 되겠지 하는 생각은 미래에 대한 불안감을 진정시키는 효과는 있겠지만 정말 능력 있는 과학기술자로 활동하고 인정받기에는 충분치 않은 생각이다. 능력 있는 과학기술자는 전공에 대한 기초 소양은 물론이고 자신이 무엇을 알고 있고, 무엇을 하고 있으며, 무엇을 할 수 있는지에 대해 다른 사람에게 설명할 수 있는 자기 설명력을 갖춘 사람이어야 한다. 이러한 능력을 갖추기 위해서는 스스로 정리된 생각이 있어야 하며, 정리된 생각을 갖기 위해서는 자신이 한 일, 하는 일, 할 일을 누구나 한눈에 알아볼 수 있는 방법으로 정리하고 이를 다른 사람에게 설명하고 전달하는 훈련이 필요하다. 학생 포트폴리오 작성은 이러한 과학기술자의 자기 설명력을 훈련하는 좋은 도구가 된다.

2) 학생 포트폴리오에 대한 이해

학생 포트폴리오란 대학 전 과정을 통해 달성한 학생 자신의 교육적 성과, 학생 개개인의 교육 활동과 성과물을 모아 놓은 서류철을 말한다.(A portfolio is a purposeful and selective collection of the student work showing reflection and progress of achievement over time) (Montgomery, 2001).

학생 포트폴리오를 작성하면, 1)자신이 한 일에 대한 체계적 관리 능력과 전달 능력을 기를 수 있으며, 2)취업, 진학, 유학 시에 자신의 능력을 효과적으로 표현할 수 있고 3)자신의 능력과 성취를 점검하고 평가하는 능력을 기를 수 있다.

포트폴리오는 단순한 서류철이 아니므로 학생들이 동일한 교육 과정을 이수하고 동일한 일을 했어도 포트폴리오는 달라질 수 있으며, 각자의 목표와 취향에 따라 포트폴리오 작성은 자신에 대한 정보를 구축, 발전시켜나가는 과정으로 활용 가능하고 자신에 대한 정보를 다른 사람과 공유하고 여러 가지 목적으로 활용할 수 있는 기초 자료가 된다.

3) 학생 포트폴리오의 3요소 : 자기 성찰, 체계적 정리, 효과적 전달

먼저, 학생 포트폴리오 첫 부분은 자기 성찰(reflection)로 시작된다. 자기 이력을 정리하고 자신 능력에 대해 분석한 후, 앞으로의 계획과 그것을 위해 할 일 등을 정리하는 부분이다. 이것을 통해 무엇을 위해, 무엇을, 얼마나, 어떻게 해야 하는가에 대한 선택과 집중이 가능해지고 각 단계별로 자신의 학업과 삶에 대한 평가와 점검을 위한 기준을 세우는 능력이 향상된다. 자기가 하는 일에 대해 나름대로의 기준을 가지고 생각하고 그것을 발전시키는 과학기술자로 훈련되는 것이다.

다음으로, 학생 포트폴리오는 일종의 문서철이다. 자신에 대한 개인적 정보와 자신이 수행한 학업의 내용, 그 과정에서 만들어진 결과물들을 정리하는 과정은 의미 있는 정보와 그렇지 않은 것을 선별하고 이를 체계적으로 정리하는 문서화(documentation) 능력을 기르는 효과적인 교육 과정이다. 공적 분야에서 행해지는 모든 인증 행위는 문서를 중심으로 이루어진다는 것을 감안할 때, 자신의 능력을 인정받기 위한 기초 작업으로서 자신이 수행한 일을 문서화하는 능력은 매우 중요하다.

마지막으로, 학생 포트폴리오는 학생 자신의 능력과 가치를 다른 사람들에게 효과적으로 전달하는(communication) 능력을 기를 수 있는 좋은 도구가 될 수 있다. 뚜렷한 소신과 방향성을 가지고 자신이 한 일을 체계적으로 정리하였다고 하더라도 이것이 다른 사람에 의해 가치 있는 정보로 인정되기 위해서는 소통 가능한 정보, 매력적인 정보로 가공되어야 한다. 취업이나 진학에 활용 가능한 포트폴리오를 염두에 두고 학생들이 이를 작성할 경우, 이를 보게 될 타인에 대한 이해와 배려, 그리고 이를 효과적으로 전달할 수 있는 방법에 대한 고려의 과정을 거치게 될 것이며, 이러한 과정을 통해 소통 능력을 갖춘 과학기술자로 훈련될 수 있는 것이다.

4) 학생 포트폴리오의 구성

① 개인정보

ㄱ. 학생 신상 정보: 이력서, 자기소개서

ㄴ. 장학금 및 수상 경력

ㄷ. 지도교수 / 교수와의 상담 내용
ㄹ. 학업 계획서 / 미래 계획
ㅁ. 본인의 강점과 약점 분석
ㅂ. 자기 계발 관점에서의 자기 평가 등

② 교과 과정
ㄱ. 교과목 이수 내역 및 성적
ㄴ. 설계 포트폴리오
ㄷ. 실험 실습 / 현장 실습 / 인턴 및 현장 교육 등
ㄹ. 졸업 논문, 국내외 학술 행사, 학술지 발표 논문 등

③ 수업 이외의 활동 및 경력
ㄱ. 실험실 연구 보조
ㄴ. 동아리, 학생회, 학회, 봉사 활동
ㄷ. 교환학생, 어학연수 등
ㄹ. 외국어, 컴퓨터 활용 능력
ㅁ. 자격증, 면허
ㅂ. 주장이나 의견: 직업윤리, 시사에 관한 글
ㅇ. 기타 활동 및 경험 내용

5) 학생 포트폴리오의 작성 요령

① 포트폴리오의 기본 요소를 반영한다.
Reflection : 자기에 대한 충분한 이해
Documentation : 체계적 구성
Communication : 쉽고 보기 좋은 구성

② 컴퓨터 파일 관리와 바인더 관리를 병행한다.
- 모든 자료는 디지털 자료화한다.
- 핵심 자료는 출력, 복사하여 바인더에 보관한다.
- 가능하면 온라인 e-portfolio를 만들어 활용한다.

③ 목차를 작성한다.
- 신상 정보, 주요 실적물의 요약 자료 위주로 먼저 작성하고 증빙 자료는 부

록으로 첨부한다.
- 실적 자료는 요약본과 함께 제시한다.
- 요약본은 표 형태로 작성하는 것이 바람직하다.
- 대학 생활을 통해 갖추게 된 능력 및 인성 위주로 작성한다.

④ 이력서 및 자기소개서를 적절한 방식으로 작성한다.

ㄱ. 이력서
- 정해진 양식에 따라 작성한다.

ㄴ. 자기소개서
- 사회진출 시 요구되는 학습 능력, 인성을 갖추고 있음과 이를 위한 노력 위주로 작성한다.
- 포트폴리오 내용과 일관성을 유지한다.
- 자신의 SWOT(강점, 약점, 기회, 위기) 분석 및 향후 목표 달성을 위한 방안을 생각해 본다.

⑤ 교과목 이수 내용 작성
- 전공 교과 과정표 및 이수체계 자료를 활용한다.
- 학업 목표와 이에 따른 교과목 이수성과를 도표나 그림을 사용하여 한눈에 알아볼 수 있게 제시한다.

⑥ 실험 실습, 설계 교과목 과제 결과물 제시
- 전체 목록과 내용을 도표로 정리한다.
- 증명 자료를 한 쪽 분량으로 요약하고 관련 자료나 사진을 첨부한다.

⑦ 수업 외 활동 및 경력
- 기본 소양 / 자기 관리 능력
- 타인과 협력하는 능력 / 리더십
- 효과적인 의사소통 능력 / 정보 기술
- 통계의 활용과 해석 능력
- 숙련된 기술 사용 능력
- 균형 잡힌 삶
- 이상과 관련된 활동 경력 사항을 요약, 정리

배우고 나서 써 보기

1. 자신의 SWOT(강점, 약점, 기회, 위기)를 분석하고, 4년간의 대학 생활을 통해 개발, 개선, 활용, 극복해야 할 것들을 아래의 표를 참조해 정리해 봅시다.

① SWOT

강점(strength)	약점(weakness)
기회(opportunity)	**위기(threat)**

② 대학 생활 중 할 일(Action Plan)

	개발, 발전시킬 것	개선할 것
학업 활동		
자기 개발		
과외 활동		
기타		
	활용, 시도해 볼 것	**극복할 것**
학업		
자기 개발		
과외 활동		
기타		

2. 위의 표를 참고하여, 성공적인 대학생활을 위한 구체적인 계획을 세우고 이를 한 편의 글로 작성해 봅시다.

02. 21세기 과학기술자의 자기 이해

과학자는 있는 그대로의 세계를 탐구하지만 엔지니어는 이전에는 결코 존재하지 않았던 세계를 창조한다.

– 데오도르 폰 카르멘

학 | 습 | 목 | 표

1. 과학기술자란 무엇이며 이제까지 어떤 일들을 해 왔는지 이해한다.
2. 21세기 과학기술의 방향과 과학기술자가 갖추어야 할 역량에 대해 이해한다.
3. 과학기술자들이 함께 풀어야 할 전 지구적 문제에 대해 이해한다.
4. 자기를 돌아보고 미래의 자신 모습을 상상하며 10년 후 자기소개서를 쓴다.

21세기의 인류가 현재의 모습으로 살게 되기까지 과학기술자[1])들은 중요한 역할을 담당해 왔다.

과학기술자에 의해 발명된 전기는 인류로 하여금 어둠을 극복하고 빛의 세상을 갖게 해 주었고, 과학기술자들에 의해 건설된 상하수도 시설을 통해 100년 전 31세에 그쳤던 인간의 평균 수명은 80세까지 연장되었다. 라디오와 텔레비전, 컴퓨터의 발명과 고속도로 및 철도의 발명은 시간과 공간의 장벽에 갇혀 있던 인간에게 시간과 공간을 뛰어넘는 소통과 교류의 무한한 가능성을 열어 주었으며 과학기술자들의 농업 기계의 개발은 인류를 기아와 빈곤에서 벗어나게 만들었다. 의료 기술의 발달로 인간은 질병의 고통에서 벗어나 생명 연장의 꿈을 꾸게 되었으며 과학기술자들에 의해 이루어진 석유화학의 발달은 아스피린에서 플라스틱 제품까지 인간의 삶에 필요한 다양한 제품의 생산을 가능하게 하였다. 과학기술자들은 유형과 무형의 다양한 물질과 고안품들을 개발하고 발명하면서 세상을 바꾸어 왔으며 이러한 변화를 통해 인류는 다양한 혜택을 누리고 있다.

그럼에도 불구하고, 이와 같이 인류 발전에 크나큰 영향력을 미친 과학기술자 자신은 자신들이 해 왔고, 하고 있으며, 해 나갈 일에 대해 생각하고 그것에 새로운 가치를 부여하는 일에 큰 관심을 기울이지도 않으며 이에 대한 성찰과 설명에도 별다른 능력을 갖고 있지 못한 것으로 보인다. 본 장에서는 과학기술자의 길로 막 들어선 예비 과학기술자들 스스로가 과학기술자의 과거, 현재, 미래에 대해 생각하고 과학기술자로서 어떤 일을, 왜, 어떻게 해 나갈지에 대해 생각하며 과학기술자를 위한 사고와 표현 훈련을 시작해 보자.

---

1) 이 책에서는 공학인과 엔지니어, 과학기술자라는 용어는 동일한 의미로 쓰인다.

읽으면서 생각하기

읽을거리 1 Reading

과학기술자는 누구인가?

과학자와 엔지니어의 차이

김도연, 『우리시대 기술혁명』, 생각의 나무, 2004, pp. 27-28

우리가 흔히 '과학기술'이라는 말로 뭉뚱그려 이야기하지만 이 분야에 종사하는 사람은 크게 과학자와 기술자로 나눌 수 있다. 사람들은 기술자라는 표현에서 비교적 단순 작업에 숙련된 기능인을 연상하는 경향이 있으므로, 이 글에서는 기술자 대신 과학기술자 혹은 엔지니어라는 표현을 쓰기로 하겠다.

과학과 공학은 실과 바늘처럼 대단히 밀접한 분야면서도 그 역할이 서로 다르다. 잘 알다시피 과학이란 자연현상을 탐구하는 학문이다. 혹은 탐구해 얻은 지식을 체계적으로 쌓아놓은 것 자체를 과학이라 부르기도 한다. 결국 과학자가 하는 일은 자연에 대한 정보를 조직적으로 얻거나 수집하는 것으로, 그 과정은 어떤 자연현상을 면밀히 관찰하고 그것이 일어나는 이유에 대해 가정을 세우며 다시 이 가정이 맞는지를 실험을 통해 검토함으로써 과학법칙을 수립하는 것이다.

예를 들어 우리가 지구에 처음으로 발을 디딘 외계인이라면, 24시간이 지나면서 밤과 낮이 교차한다는 사실을 관찰하게 될 것이고 더 시간이 지나면 봄 여름 가을 겨울의 사계절을 알게 될 것이다. 과학은 이와 같은 일이 왜 반복되는가 하는 의문에서 시작된다. 우리는 이미 이러한 일이 지구의 자전과 공전 때문임을 잘 알고 있지만, 이를 알아내기 위해 인류는 적어도 100만 년 이상을 고민했다. 지구의 자전과 공전은 이제 여러 실험을 통해 검증된 과학법칙이다.

철학자나 신학자가 인간의 삶이 무엇이며 도대체 어디서 왔다 어디로 가는지를 고민하는 사람들이라면, 과학자는 여러 자연현상에 대해 궁금해 하고 고민하는 사람들이다. 모든 자연현상에 대해 우리는 호기심을 지니고 있으며, 이 호기심을 풀기 위해 인생을 바치기도 한다. 과학자는 이 호기심이 충족됐을 때의 희열을 사랑하는 사람이다.

그러면 엔지니어란 무엇인가? 엔지니어는 과학자와 전혀 다른 직업이다. 엔지니어는 과학자들이 풀어낸 지식에 기초를 두고 인간의 현실적 문제를 해결하면서,

그 과정에서 이윤을 추구하는 직업이다. 예를 들어 '사계절'이라는 과학적 지식을 기초로 하여, 여름에 미리 두꺼운 옷을 준비해 두었다가 겨울에 판매함으로써 사회구성원들에게 도움을 주고 돈을 버는 것도 엔지니어의 영역이다. 즉, 엔지니어는 과학적 지식을 기반으로 하는 것이 사실이지만 그의 목표는 생산한 제품을 판매함으로써 본인의 이득은 물론 전체 사회구성원의 삶의 질을 높이는 데 기여하는 것이다. 부자가 되길 꿈꾸는 과학자가 바로 엔지니어라고 할 수 있다.

이런 이유로 생산 엔지니어는 물론이고 판매 엔지니어, 기획 엔지니어도 있으며, 과학 쪽에 가까운 연구 엔지니어도 있다. 부자가 되면서 다른 사람의 삶까지 윤택하게 할 수 있다면 이보다 더 좋은 일은 없을 것이다. 어느 직업이나 마찬가지겠지만 엔지니어에게도 윤리의식은 매우 중요하다. 예를 들어 필로폰과 같은 마약을 제조하는 것은 과학적 지식이 동원되며 이에 대한 시장도 있어 많은 돈을 벌 수 있지만, 사회에 기여하는 일이 아니므로 엔지니어가 해서는 안 될 일이다. 아울러 엔지니어의 제품은 예술작품과 달리 다량 생산되어야 한다는 특징을 지니고 있다. 조각이나 미술품은 희소가치가 있지만 공산품은 가능한 한 싼값으로 많은 사람이 혜택을 받을 수 있을 때 가치 있다.

한마디로 과학자는 상대성이론을 창안한 아인슈타인 같은 사람이고 엔지니어는 1093개의 특허를 받은 에디슨 같은 사람이다. 아인슈타인에게는 노벨상이라는 명예가 따랐지만, 에디슨은 GE라는 회사를 얻었다. 그런데 왜 엔지니어에게는 노벨상이 주어지지 않을까? 노벨의 유언은 "인류 복지에 구체적으로 가장 큰 공헌을 한 사람에게 상을 주도록 하라."는 것이었다. 따라서 엔지니어를 제외하는 것은 당연히 노벨의 뜻이 아니었다. 화약을 발명한 노벨이야말로 전형적인 엔지니어였는데 그가 인류 복지에 구체적으로 공헌한 자기와 같은 엔지니어의 역할을 무시했을 리 만무하다. 하지만 노벨상의 시행 초기, 엔지니어에 비해 사회적 영향력이 컸던 스웨덴과학아카데미 사람들이 유언집행인 역할을 하면서 공학업적을 기리려던 노벨의 뜻은 왜곡되고 말았다.

에디슨은 1915년 노벨물리학상의 후보자로 추천됐지만 수상을 거부했다. 노벨보다 자기가 더 훌륭한 업적을 많이 갖고 있다고 자부했기에 이를 거절했다는 이야기도 있고, 평생의 경쟁자인 테슬라와 공동으로 수상한다는 점이 맘에 안 들어 거절했다는 이야기도 있지만, 그 속내는 알 수 없는 일이다. 여하튼 에디슨이 노벨상을 받았더라면 이를 계기로 후배 엔지니어 수상자들이 배출되었을지도 모른다.

읽을거리 2 Reading

21세기 과학기술자에게 필요한 역량

미래 과학기술자의 특성

(1) 창의성과 다양성

김도연, "21세기 지식기반사회의 공학교육", 2007 대한민국 과학기술 연차대회 자료집, 2007, kstam.kofst.or.kr/file/session3/3.pdf

지난날 엔지니어의 주요 역할은 산업 현장에서 주어진 공학적 문제를 해석하고 이에 대한 최적의 답을 제시하는 한정적인 것이었다 하지만 단절적 혁신(disruptive innovation)이 이루어질 미래사회는 주어진 문제만을 해결하는 것이 아니라 오히려 새로운 문제를 제기할 수 있는 엔지니어를 요구하고 있다. 따라서 우리 사회는 사회 여러 분야를 이해하고 새로운 시각에서 문제를 재조명하며 관행 준수보다 실험정신이 가득한 새로운 유형의 인재를 필요로 한다. 창의성은 바로 이러한 능력을 종합하는 의미이다.

기술발전의 속도가 느리고 산업간 경계가 비교적 분명했던 과거에는 한 기술 분야를 학습해서 한 직종에서 일하다가 퇴직하는 것이 일반적이었다. 그러나 과학기술의 융·복합화가 일어나면서 초기에 학습했던 한 기술 분야만을 평생 유지하는 것은 불가능해졌다. 뿐만 아니라 엔지니어는 생산 현장에서 경영에 이르기까지 다양한 직무수행을 요구받고 있다. 실제로 공과대학 졸업생들의 초기 진출분야는 이미 많이 다양해졌다. 미래 엔지니어의 사회진출패턴은 (i)공학적인 문제를 제기하고 해결하는 연구지향형 (ii)산업현장에서 리더로서의 역할을 담당하는 산업지향형, 그리고 (iii)사회의 일반적인 문제를 제기하고 해결하는 사회지향형으로 분류할 수 있을 것이다 특히 미래에는 연구로 경력을 시작하는 엔지니어들 중에서도 많은 수가 그들의 경험을 기반으로 기업가, 공공사회의 의사결정자, 사회적 문제해결자 등으로 경력을 바꾸어 나갈 전망이다. 이러한 경향들은 사회의 변화에 따라 자연스럽게 나타나는 현상이며 이에 대응하여 엔지니어 교육은 이제 한 우물을 파는 사람만이 아니라 여러 우물을 팔 수 있는 인재육성에도 노력을 경주해야 한다.

(2) 엔지니어에게 요구되는 필수 역량

미래사회에서 엔지니어가 i)연구지향형 ii)산업지향형 iii)사회지향형으로 나뉜다고 할 때 각 유형별로 필요한 역량 역시 다를 수밖에 없다. 미국의 공학한림원(National Academy of Engineering)이 2004년 발간한 보고서 "ENGINEER OF 2020"에 따르면 미래의 엔지니어가 갖추어야할 중요 역량으로 분석 능력, 창의력, 의사소통능력, 경영적 사고, 리더십, 도덕성, 전문가 정신, 유연성 그리고 평생학습능력 등이 제시된 바 있다. 또한 서울대학교 공학연구소는 2004년 이공계 대학 교육의 혁신 방안을 제시하면서 엔지니어에게 요구되는 핵심 역량을 수학 및 과학 등 기초지식, 전공 분야의 전공 지식, 의사소통능력, 외국어능력, 창의력 등으로 요약한 바 있다. 그리고 우리나라의 전국 경제인 연합회는 2003년 기업이 대학에서 중점적으로 교육하기 원하는 분야로 업무 관련 기본 지식, 기본 인성, 기업 경영 기초, 외국어, 정보 기술, 기초 전공 지식 등을 제시한 바 있다.

읽을거리 3 Reading

21세기 과학기술의 전망

최성우, "21세기 과학기술의 전망", 필사이언스, 2003. http://blog.naver.com/pilest/100003614189, 2010. 2.1.

지난 20세기는 과학기술에 있어서도 비약적인 발전과 커다란 변화가 진행되었던 시기였다. 이제 21세기의 과학은 우리에게 어떠한 모습으로 다가올 것인가? 과거와 마찬가지로 지속적으로 발전하리라는 것은 분명하지만, 몇 가지 새로운 모습을 보이게 될 것으로 예측된다.

첫째, 자연의 궁극을 밝히려는 환원주의적 경향의 과학 연구보다는, 실용적인 응용과 관련된 분야가 더욱 활기를 띨 전망이다. 1993년 미국 의회가 우주와 물질의 근원을 밝혀줄 수 있을 것으로 기대를 모았던 '초전도 슈퍼입자가속기(SSC)' 건설 계획은 중도 폐기 결정을 내린 반면, 생명과학, 의학 등에 획기적인 발전을 가져올 것으로 보이는 인간게놈프로젝트는 계속 진행되어 2001년 초에 인간게놈 초안의 완성을 본 것은 미래 과학의 발전 방향에 있어서 시사하는 바가 크다. 이로 인하여, 20세기가 양자역학과 상대성이론으로 대표되는 '환원주의적 물리학'이 대세를 이룬 시대였다면, 이러한 조류는 갈수록 쇠퇴하고 21세기는 생명과학의 시대가 되지 않겠느냐는 예측이 나왔던 것도 이 때문이다. 물론 물리학 중에서도 실제적인 응용에 더욱 가까운 신소재, 초전도체, 카오스이론 등의 분야는 더욱 발전할 것으로 기대된다. 우리나라 정부에서도 정보통신(IT), 생명과학(BT), 나노과학기술(NT) 등 몇 개의 중점육성분야를 결정한 것 역시 비슷한 맥락에서 볼 수 있을 것이다.

둘째, 기초과학과 응용공학, 기술의 경계가 갈수록 엷어지고 구분이 어려워질 뿐 아니라, 여러 분야가 융합되는 '학문 분야 간 연구(Interdisciplinary Study)'가 일상적인 연구의 형태로서 자리를 잡을 것이다. 학문 분야 간 연구는 과거의 역사적 사례들을 보더라도, 오토 한-리제 마이트너-슈트라스만 팀의 핵분열 원리의 발견, DNA의 이중나선 구조의 발견 등에서 이미 커다란 위력을 발휘하였지만, 앞으로는 새로운 과학적 발견과 과학기술의 발전에 거의 필수적으로 요청되지 않을까 생각된다. 각광받는 미래의 과학기술로 떠오르는 몇 가지 분야를 살펴보더라도 더욱 그러하다. 나노과학기술은 물리학, 화학, 생물학, 전자공학 등 거의 모든 과학기술 분야에서 공통적으로 크게 주목을 받고 있으며, 장차 활용 가능성이 크게 기대되는 뇌과학은 자연과학과 공학뿐 아니라 심리학, 언어학, 철학 등의 인문사회과학 분야까지도 포괄하는 공동연구가 필요하다. 새롭게 떠오르는 생물정보학 역시 과거에는 크게 관련을 맺기 힘들었던 생물학과 수학, 컴퓨터공학의 만남으로 탄생하였다.

셋째, 남달리 탁월한 과학기술자들의 뛰어난 활약은 여전히 지속되겠지만, 과거 뉴턴이나 아인슈타인과 같은 몇몇 천재적인 '슈퍼스타'들에 의해 과학 전체가 좌우되는 모습은 아마도 보기 힘들게 되지 않을까 싶다. 이와 관련해서 어떤 사람들은 이미 "과학계에서 영웅시대의 종언"을 예측하기도 한다. 따라서, 국가나 민간자본 등의 지원 및 수십, 수백 명의 과학기술자들이 참여하는 대규모의 연구 개발 형태가 이미 빈번하게 된 이상, 과학기술자 개개인의 능력 못지않게 전체적인 팀워크와 시너지 효과가 앞으로도 크게 중요한 요소로 작용할 것이다. 아울러, 과학기술 내부의 모습뿐 아니라 과학기술과 사회가 관련을 맺는 형태 역시 상당한 변화를 보이게 될 것이다. 사회 전체에서 과학기술이 지니는 비중이 대단한 만큼 이미 많은 나라들이 과학기술을 국가의 발전과 산업경쟁력 확보를 위한 핵심적 요소로 인식하고 지원하고 있으나, 앞으로는 적절한 과학기술정책과 아울러 과학기술과 법률제도, 과학과 윤리, 과학과 문화 등의 바람직한 관계 정립에 대해서도 큰 관심과 노력을 쏟지 않으면 안 될 것으로 보인다. 인터넷이라는 새로운 매체가 사회의 여러 분야에 걸쳐서 이미 획기적인 변화를 이끌어내고 있고, 생명과학의 발달에 의한 인간 복제의 우려 등 여러 윤리적 문제들이 제기된 것을 보면 잘 이해할 수 있을 것이다.

새로운 시대를 맞이하여, 과학기술자들 역시 자신의 연구 분야에서 역량을 쌓고 능력을 크게 발휘하는 것과 아울러, 새로운 상황에 능동적으로 대처해 나아가는 자세 또한 요구된다 하겠다.

읽고 나서 해 보기

1. 앞의 읽을거리 1-3을 읽고, 21세기 과학기술자의 역할과 이를 위해 갖추어야 할 자질에 대해 이야기해 봅시다.

2. 흔히들 산업사회의 과학기술자가 '어떻게(How)'에 관심을 집중하였던 것에 반해 지식기반사회의 과학기술자는 '무엇을(What)'과 '왜(why)'에 집중하며 이에 대한 답을 찾을 수 있어야 한다고 말합니다. 이 말을 통해 생각할 수 있는 산업사회의 과학기술자와 지식기반사회의 과학기술자의 차이에 대해 실제적인 예를 들어 설명해 봅시다.

3. 이상의 논의를 바탕으로 〈21세기 지식기반사회의 과학기술자〉이라는 제목으로 1500자 분량의 글을 완성해 봅시다.

좀 더 생각하기

읽을거리 1 Reading

세계화 시대 과학기술자와 지역 이해의 필요성

실시간으로 인터넷을 통해 이루어지는 의사소통과 월드와이드웹 체계 등은 지구촌 전역에서 똑같은 물건을 만들고 유통시키는 것을 용이하게 만들어 주는 동시에, 제품의 개발, 생산, 유통, 사후 서비스 등 전 단계에 걸쳐 경제 사회적 상황이나 문화가 전혀 다른 낯선 지역의 소비자에 대한 고려를 불가피하게 만들었다. 경쟁력 있는 제품을 만들어내기 위해 과학기술자는 세계 어느 곳에서나 쉽게 적용할 수 있는 세계 표준에 맞는 제품을 설계해야 하는 동시에, 그 지역의 언어, 문화, 기술적 요구에 맞는 제품을 디자인해야 하며 이를 위해 각 지역 특유의 영향 요소들을 고려해야만 한다. 제품의 제조에 있어서도 사정은 마찬가지이다. 환경 보호법과 같은 법률이나 노동자의 임금 체계 같은 경제적 조건, 재료나 기기 구입의 용의성과 같은 기술적 조건 등 다양한 지역적 특성에 대한 고려가 반드시 이루어져야 하는 것이다. 따라서 제품 자체뿐 아니라 제품의 생산도 지역화되어야 하며, 특히 기술 이전 프로젝트의 경우는 모든 과정이 지역의 필요와 사정에 적절한 것이어야 한다.

세계화 초기에 많은 학자들은 세계화를 세계의 다양한 문화가 하나의 문화로 통일되는 문화 단일화로 이해하는 경향이 강하여 세계 시장을 형성하기 위해서 공통된 단일 기준을 마련하고 세계 어디에서나 통용될 수 있는 단순한 제품 디자인과 개발에 대해 관심을 집중하였다. 예를 들어, 코카콜라나 맥도날드 등이 이러한 것을 통해 성공한 예라고 할 수 있다. 그러나 세계화가 진행되면서 생산자들은 서로 다른 문화와 환경에 놓인 소비자 개개인의 취향과 선호도가 제품의 디자인과 생산에 큰 영향을 미친다는 것을 새롭게 깨닫게 되었다. 맥도날드는 세계 각지에 있지만 각 나라의 맥도날드에서는 그 지역 특성과 사람들의 입맛에 맞는 특별한 아이템과 메뉴를 새롭게 제공하고 있는 것이 그러한 예 중의 하나이다. 따라서 지역화는 세계화와 서로 반대의 개념처럼 보이지만 사실상 이 두 개념은 분리될 수 없는 상호보완적 관계에 있는 것이다.

경제활동에 있어서도 세계화는 개별 국가 단위의 국경을 없애고, 하나의 단일 시장으로 형성되는 계기를 제공하고 있다. 이러한 경쟁구조 하에서 기업들은 각국의 개별 소비자들의 마음을 사로잡는 동시에, 현지에서도 지속 가능한 기업으로 성장하기 위해 세방화(Glocalization) 전략을 펼치고 있다. 예를 들어, 기업 성장을 위한 외국 자본의 유치, 지역 시장 확장 및 생산비 절감을 위한 현지 법인 및 현지 공장 설립 등 다양한 활동을 한다. 이러한 기업의 움직임은 과학기술자들의 직업 활동과 직업 활동을 위해 요구되는 전문 역량에 큰 영향을 준다. 세계화 상황에서 제품의 설계, 생산, 설치, 관리를 담당하는 과학기술자들은 자신이 현지에 가서 일을 하게 될 때는 물론이고 자국에서 일을 할 때도 외국인 근로자와 협력해야 할 일이 많아지므로, 다양한 인종과 다양한 문화를 가진 동료들과 협력하여 다른 나라에 다른 문화를 가진 소비자를 만족시키기 위해 노력해야 한다. 따라서 성공적 과학기술자로 활동하기 위해서는 전공 기술에 대한 깊이 있는 지식은 물론 자신이 거주하는 지역이나 국가를 넘어서서 자신의 기술이 활용되는 지구촌의 다양한 지역의 문화와 정치 경제적 여건에 대해 이해하고 각 지역에 맞는 제품을 설계 생산하고 유통 관리할 수 있는 능력, 그리고 현지인들과 협력하고 소통할 수 있는 능력이 요구된다.

과학기술자의 지역 이해는 단지 이윤 창출을 위한 기업 활동을 위해서만 필요한 것은 아니다. 공학 활동과 관련하여 세계화는 크게 두 가지 측면에서의 이해할 수 있다. 첫째는 앞서 논의한 경제적 이익 창출이라는 측면이며, 두 번째는 지구촌의 균형 발전과 공생의 측면이다. 경제적 측면에서 세계화는 국가 단위를 넘어서는 판매 시장의 확대와 자원 및 노동력 확보를 통한 생산비 절감 등 판매와 생산에 있어서의 이윤 창출을 위한 경제 활동의 새로운 방법과 내용 추구를 불가피하게 하는 요소로 받아들여지는 한편, 지구촌의 공생이라는 측면에서 세계화는 자원 및 기술의 분배, 국가 간 빈부 격차 해소, 지구 환경 보존 및 지속 가능한 발전, 개도국의 정치적·사회적 안정 등 전 지구의 지속적 공생과 발전을 위한 협력을 불가피하게 하는 요소로 받아들여진다. 그리고 이들 두 측면에서 가장 중요한 요소 중 하나가 과학기술이다. 경제적 이익 창출은 전적으로 과학기술의 발전에 달려 있고 세계의 빈부 격차, 환경 문제 해결, 지속 가능한 발전 등 지구촌의 지속적 공생과 발전을 위한 문제 해결의 실마리도 과학기술에서 찾을 수밖에 없기 때문이다.

최근 개도국의 빈곤 퇴치 및 지속 가능한 발전에의 과학기술 활용과 관련하여 적정 기술(appropriate Technology)에 대한 논의가 활발히 이루어지고 있다. 적정 기술이란 한 사회의 환경, 윤리, 문화, 사회, 환경적인 측면을 모두 고려하여 특별히 고안된 기술로, 적은 자원으로 제품을 제작할 수 있고 유지 관리가 쉬우며 환경 친화적인 기술을 말한다. 제3세계 사회의 환경은 매우 다양하며, 어떤 국가 혹은 사회적 조건에 맞는 적절함은 다른 곳에서 그렇지 않을 수도 있다. 따라서 특정한 의도 혹은 상황에 맞는 상대적 적합성에 따라 기술을 적용할 수 있는 능력이 과학기술자에게 필요하며 그러기 위해서는 각 지역의 사회적·기술적 상황을 총체적으로 이해하고 최상의 기술적 선택을 할 수 있는 총체적 안목이 필요하다.

경제적 이윤 추구를 위한 것이든 전 지구적 공생과 발전을 위한 것이든 과학기술이 쓰이는 곳이면 어디든 그것을 주도하는 과학기술자의 활동이 예상되며 활동을 주도하는 과학기술자의 세계화 역량의 정도는 과학기술을 중심으로 한 활동의 성공과 실패를 결정하는 중요한 요소가 된다.

읽을거리 2 Reading

국경을 넘는 과학기술자들

적정 기술과 소외된 90%를 위한 과학기술

근대 이후 인류의 역사를 돌아보면 과학기술의 바탕 위에 경제적 안정이, 경제적 안정의 기반 위에 민주주의와 문화·예술의 발전이 가능했으며 민주주의의 발달은 다시 선진사회 건설의 기초가 되었다. 이런 의미에서 지금 우리가 누리는 정치적·사회적·문화적 발전은 공학자들의 노력에 기초하고 있음을 부인할 수 없다.

그러나 21세기를 10년이나 넘긴 이 시점에서 한 가지 안타까운 것은 이와 같은 과학기술의 발달을 통한 경제적 안정, 민주주의와 문화의 발달, 선진화에 대한 희망찬 전망 등이 북반구의 몇몇 나라에게만 주어진 선택적 혜택이라는 사실이다. 지구의 남반구에 위치한 소위 제3세계에 살고 있는 사람들의 수는 선진국의 세 배가 넘지만 그들의 평균 소득은 선진국의 10분의 1에도 미치지 못하며 평균 수명 또한 선진국의 절반밖에 되지 않는다. 2009년 현재 세계의 빈곤자는 10억을 넘었고 매해 5살 이하의 어린이 6백만 명이 영양실조로 죽어가고 있으며, 1200만 명이 물 부족으로 사망하고 하루에 1달러 미만의 돈으로 살아가는 사람이 12만 명, 2달러 이하로 살아가는 사람이 세계 인구의 절반 이상이 된다. 10억 명이 안전한 물을 공급받지 못하고 있으며 24억 명은 하수시설에 접근하지 못하고 있다. 이러한 일은 지구의 남반구, 제3세계의 나라들에서 집중적으로 일어나고 있으며 이러한 현상은 과학기술의 눈부신 발전과 그로 인한 선진화 사회의 밝은 미래와 큰 대비를 이루며 지구촌의 시민으로서 불편한 마음을 갖게 한다.

물론 지난 수십 년에 걸쳐 북반구의 선진국들은 돈, 식량 또는 보급품을 지원하고 선진국형 공장을 건설하고 임시 기술 전문가를 파견하는 등 다양한 방식으로 빈곤국을 원조해 왔다. 그러나 그러한 원조들은 이제까지 실효를 거두지 못하고 있다. 사실상 도움을 강력히 요청하고 있는 가난한 나라들은 물질적으로 매우 풍족하다. 그 나라들의 대부분은 풍부한 천연자원과 대체 에너지원을 가지고 있다. 적도 남쪽은 태양, 지열 발전, 바이오매스 전환, 다양한 대체 연료의 보고이다. 사막지역은 밤낮의 온도 변화에 따른 차이가 40도가 넘기 때문에 열 교환을 기반으로 하는 발전에 있어 가장 큰 가능성을 가지고 있다. 여기에서 우리는 지구촌의 문제들이 단순히 돈이나 식량 등의 물질적 문제가 아닌 의식과 지식의 활용과 관련된 좀 더 근본적 문제라는 것을 발견하게 된다. 그리고 그러한 근본적 문제 해결의 한 방법으로서의 과학기술의 역할에 대해 생각하게 된다. 미개한 사회에서 선진화 사회로 인류가 발전해 온 전 과정에서 한결같이 중요한 역할을 해 왔던 것이 바로 과학기술이었기 때문이다. 이런 의미에서 빈부 격차 해소, 환경 문제 해결, 지속 가능한 발전 등 지구촌의 지속적 공생과 발전을 위한 문제 해결의 실마리도 과학기술의 공평한 분배와 활용에서 찾을 수 있다.

우리는 앞의 글에서 지구촌의 빈곤 퇴치와 지속 가능한 발전의 한 방안으로서 적정 기술의 개념에 대해 생각해 보았다. 적정 기술에 대한 이해는 현실적 문제를 해결하는 문제 해결자로서의 역할을 담당하는 과학기술자에게는 매우 중요한 개념이며 미래의 과학기술자인 공학 전공자들이 반드시 이해하고 염두에 두어야 할 개념이기도 하다. 과학기술자들의 적정 기술과 소외된 90%를 위한 과학기술에 대한 인식은 국내외 과학기술자들의 실제적 활동으로 구체화되고 있다. 최근 우리나라에서도 <나눔과 기술>, <국경 없는 과학기술 연구회> 등과 같은 과학기술자들의 모임이 결성되었고 연구와 교육 봉사 등 다양한 측면에서의 활동이 시도되고 있다.

적정 기술에 대한 이해는 예비 공학자들에게 각 지역의 사회적, 기술적 상황을 총체적으로 이해하고 자신이 개발하고 사용할 기술의 최종 수혜자에게 필요한 것은 무엇이며 가장 적은 비용으로 지속가능한 최적의 기술을 제공하기 위해 가장 적절한 기술적 선택을 할 수 있는 총체적 안목을 길러준다는 면에서 교육적으로도 중요한 의미를 갖는다. 적정 기술과 소외된 90%를 위한 공학 설계 교육은 국내외 여러 대학에서 이미 정규 교육 과정에서 다루어지고 있다. MIT 대학의 학부생을 위한 D-lab 과목이나 스탠포드대학의 대학원 과목을 비롯하여 미국의 여러 공과대학에서 적정 기술에 대한 교육은 정규 교육 과정에서 시행되고 있으며 우리나라의 경우도 한동대의 Global Engineering Project, 한밭대의 Global Capstone Design Program 등 대학의 교육 과정에 반영되는 한편, 전국의 공과대학 학생을 대상으로 하는 <소외된 90%를 위한 공학설계 아카데미>, <소외된 90%를 위한 공학설계 경

진대회>가 매해 개최되고 있다. 이를 통해 공학교육 담당자들이 적정 기술에 대해 좀 더 깊이 이해하고 전 지구적 문제를 과학기술을 통해 적극적으로 해결하고자 하는 움직임이 더욱 활발해지기를 기대해 본다.

읽을거리 3 Reading

놀이 펌프, 자전거 세탁기, 요요 발전기 …
'없는 이들'을 위한 착한 제품

적정 기술(appropriate technology)을 아십니까. 편리하고 화려한 최신 기술과는 조금 다른 개념입니다. 세련되고 고급스러운 첨단 기술과 제품이 소비 욕구를 자극하지만 살 수도 없고 있어도 못 쓰는 사람이 이 세상에 많습니다. 이들에겐 가격도 싸고 고치기도 쉬워야 합니다. 바로 적정 기술입니다. 첨단이란 기준에서 보면 느리고 구식이고 불편하지만 어렵고 소외된 사람들의 삶을 바꾸는 소중한 선물입니다.

주기중·김종문 기자. Special Knowledge 〈7〉 적정 기술. 중앙일보. 뉴스클립. 2009. 3. 25. 〈http://article.joinsmsn.com/news/article/article.asp?total_id=3543691〉. 2011. 1. 10.

① 플레이 펌프(play pump)

어린이 놀이기구와 수동식 펌프를 결합한 장치입니다. 쇠바퀴를 돌려 지하의 물을 끌어올린 뒤 물탱크에 저장하는 간단한 원리입니다. 그러나 '가난하고 힘든 사람들을 돕는 착한 기술'로 인해 아프리카의 아이들은 새로운 놀거리와 깨끗한 물을 얻었습니다. 주민들도 물을 찾아 먼 곳까지 위험하게 돌아다닐 필요가 없습니다. 최대 지하 100m에서 끌어올린 물은 78만L짜리 대형 탱크에 저장돼 언제나 편하게 쓸 수 있습니다.

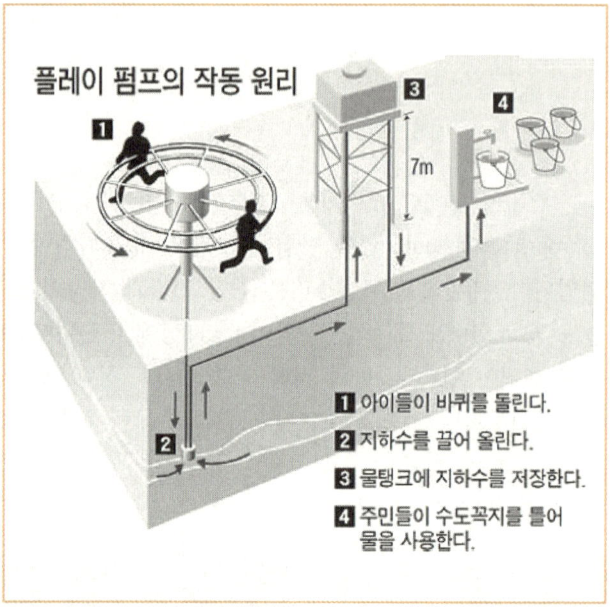

남아프리카공화국의 '라운더아웃 아웃도어'사가 만든 것으로 물 부족으로 질병과 죽음 앞에 놓인 사람을 살려내는 일을 합니다. 물탱크에는 후천성면역결핍증(AIDS) 예방용 대형 포스터 등을 붙여 주민들을 교육하는 효과도 있습니다. 지금까지 아프리카 지역에 1000대가 설치돼 100만여 명이 혜택을 받았다고 합니다. 이 펌프를 보급하는 미국의 민간단체 '플레이 펌프 인터내셔널'에는 아프리카 곳곳에서 감사 편지가 쏟아집니다. 모잠비크 인타카의 한 초등학교에선 "우리 동네에 설치된 플레이 펌프를 통해 긴 어둠의 터널 속에서 한 줄기 빛을 발견했다"고 보내왔습니다. 성공 사례가 이어지면서 이를 지원하려는 각계 움직임도 활발합니다. 2006년 당시 미국 대통령의 영부인인 로라 부시 여사는 대규모 정부-민간 기금을 만들겠다고 약속했습니다. 플레이 펌프 인터내셔널에 1640만 달러(약 230억 원)에 이르는 기금을 지원해 2010년까지 아프리카 전역에 4000대를 추가로 설치한다는 계획입니다.

② 머니 메이커

1991년 아프리카를 여행하다 열악한 생활환경에 충격을 받은 미국인 엔지니어 마틴 피셔가 개발한 수동 펌프입니다. 전기나 연료를 사용하지 않고 발로 레버를 밟아서 작동합니다. 반경 200m 내에 강이나 연못·우물이 있으면 이 펌프를 이용해 쉽게 농업용수를 끌어올 수 있습니다. 물을 퍼 올릴 수 있는 최대 높이도 14m에 이릅니다. 피셔는 펌프의 이름을 머니 메이커(money maker)라고 붙였습니다. 아프리카의 가난한 농부들이 편리하게 농사를 지어 빈곤에서 벗어나기를 바라는 그의 마음을 담았습니다. 대당 가격이 10~35달러로 지금까지 11만 5000여 대가 판매됐습니다.

피셔는 2005년 킥스타트(kickstart) 재단을 세워 낙후 지역에 대한 기술 개발과 지원 활동을 벌이고 있습니다. 재단에 따르면 적정 기술로 인해 91년 이후 7만여 개의 일자리가 새로 생겼다고 합니다. 피셔는 이런 공로를 인정받아 빈곤 퇴치를 위한 전 세계 NGO 네트워크인 원 월드 네트워크(oneworld.net)의 ‘2008 올해의 인물’에 선정되기도 했습니다.

③ 자전거 세탁기

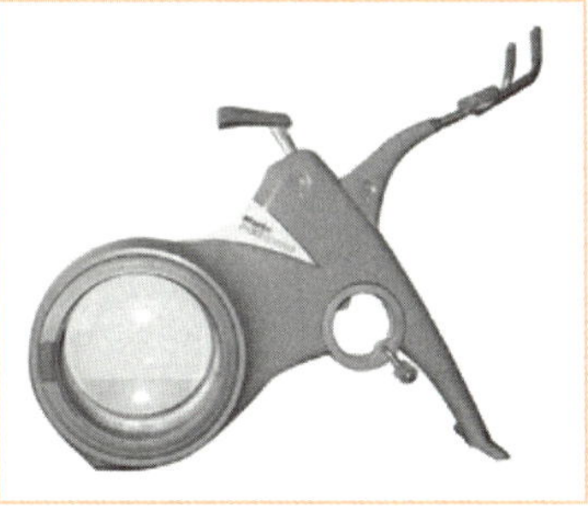

자전거 차체와 드럼통을 결합한 세탁기입니다. 저개발 국가 여성이나 아이들이 빨래하는 데 들이는 수고를 덜어주기 위해 만들어졌습니다. 전기가 들어오지 않는 산간 벽지 마을의 특성을 감안해 자전거를 동력원으로 썼습니다. 자전거는 비교적 부품을 구하기도 쉽고 수리도 간단하다는 장점이 있습니다. 자전거에 달린 기어를 이용하면 변속이 가능해 세탁물의 양이 많더라도 힘을 덜 들이고 쉽게 빨래를 할 수 있습니다.

자전거 세탁기는 미국의 대표적인 명문 대학인 매사추세츠 공대(MIT) 학생들의 작품입니다. 2005년 MIT 학생들이 개발한 이 세탁기는 같은 해 이 대학의 혁신 아이디어 경연대회에서 1등상을 받기도 했습니다. 정식 명칭은 스페인어로 자전거와 세탁기를 합성한 ‘바이슬아바도라’입니다.

④ 라이프라인

영국의 프리플레이(freeplay) 재단이 2002년 유엔개발계획(UNDP) 등과 함께 개발한 수동 충전 라디오입니다. 몸통에 붙은 손잡이를 돌려 내장된 배터리를 충전해 작동하는 방식입니다. 1분 동안 빠르게 손잡이를 돌리면 1시간 동안 라디오를 들을 수 있는 전기가 만들어집니다.

이 라디오는 많은 역할을 합니다. 학교 교육도 대신하고 질병 예방 안내도 합니다. 오지에 사는 사람은 라디오를 통해 세상 소식을 알게 되고, 일기 예보를 듣습니다. 프리플레이 재단은 이 라디오를 내전이 치열했던 아프리카 니제르에 먼저 보급했습니다. 수천 명의 사람이 숨겨 놓았던 총을 들고 와 라디오로 바꿔 갈 정도로 선풍적인 인기를 끌었습니다.

⑤ 프리차지 웨자

발로 밟아 사용하는 수동 발전기입니다. 프리플레이 재단이 만든 제품으로 발광 다이오드(LED) 전구를 이용해 전기가 없는 오지의 밤을 밝힙니다. 전 세계에서 해마다 4,000여 명의 어린이가 등유 램프를 사용하다가 화상을 입는다고 합니다. 작은 발전기 하나가 세상을 밝히는 일 이상으로 큰일을 하고 있습니다.

⑥ 요요 발전기

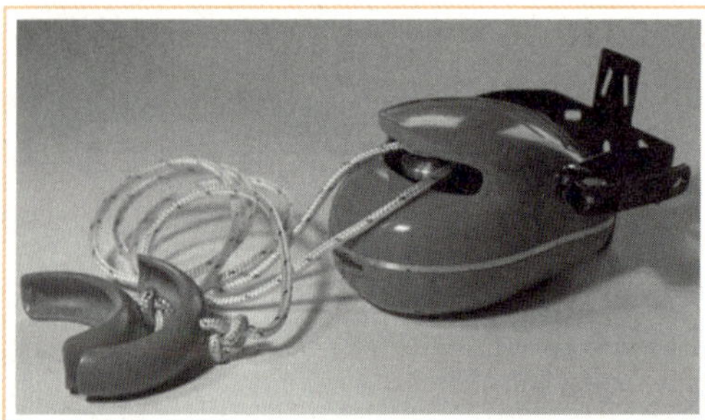

어린이 장난감 요요를 닮았다고 해서 '요요 발전기'로 불리는 자가 발전기입니다. 정식 명칭은 '줄을 당기는 충전기'라는 의미로 PCG(pull cord generator)라고 합니다. 줄을 당기면 모터가 돌면서 전기를 생산합니다. 1분간 줄을 당기면 휴대전화는 20분,

LED 전구는 30분 정도 쓸 전기가 만들어집니다.

MIT 출신의 브라이언 워쇼스키가 세운 미국의 벤처기업 포텐코의 제품으로 휴대용과 고정식 2종류가 있습니다. 휴대용은 무게가 453g에 불과해 한 손에 쏙 들어옵니다. 요요 발전기는 저개발 국가의 어린이들에게 노트북 컴퓨터를 나눠주자는 'OLPC(one laptop per child)' 운동을 지원하고 있습니다.

⑦ 잠바로

디자인 웹진 '야코 디자인'에서 발표한 잠바로(jaambaaro)는 페달을 이용해 달리는 2인승 자전거 구급차입니다. 운전석 옆에는 환자를 눕힐 수 있는 들것이 장착돼 있고 지붕에는 태양에너지를 이용하도록 태양광 패널이 덮여 있습니다. 디자이너인 베누아 앙지보는 "자동차가 없는 산골 마을에서 응급환자가 생겼을 때를 감안해 디자인했다"고 말합니다.

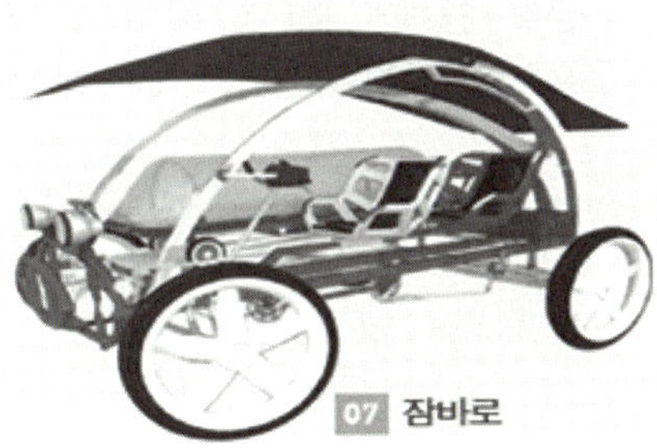

07 잠바로

읽고 나서 해 보기

1. 세방화(glocalization), 적정 기술(appropriate technology), 지속 가능한 발전(sustainable development) 등의 개념에 대해 알아보고 세계화 시대의 과학기술자가 특정 나라나 특정 지역의 문화와 정치·사회·경제에 대해 이해하는 것이 왜 중요한지 이야기해 봅시다.

2. 기술의 개발 및 판매에 있어 지역화에 성공한 사례와 그렇지 않은 사례를 찾아 그 원인과 결과를 분석해 봅시다.

3. 아프리카, 동남아시아, 남아메리카 지역의 한 지역을 선택하여 그 지역의 정치·문화·경제에 대해 조사하고 그 지역의 문제 중 과학기술을 통해 해결할 수 있는 문제와 그 해결 방안에 대해 정리해 봅시다.

자기소개서 쓰기

– 남에게 '나'를 설명하기 –

남에게 자신에 대해 설명하는 것은 매우 쉽고도 어려운 일이다. 나에 대해 글을 쓰는 것은 새롭게 공부를 하거나 자료를 수집하지 않고도 무엇인가 쓰기 시작할 수 있다는 면에서 쉽게 시작할 수 있다. 그러나 막상 글쓰기를 시작하려고 하면 몇 가지 어려움에 봉착하게 되어 쓰기가 쉽지 않다는 것을 깨닫게 된다. 먼저, 자신이 과연 어떤 사람인지, 무엇을 하고 싶어 하며 어떤 것을 가치 있다고 생각하는지에 대해 정리된 내용이 생각나지 않아 어려움을 겪는다. 다음으로, 쓸 내용이 정리된 후에도 그 내용을 내 입장이 아닌 상대방의 입장에서 상대방의 관심에 맞추어 상대방이 이해하기 쉽게, 독자 중심적으로 써야 한다는 면에서 또 다시 어려움을 겪게 되는 것이다. 따라서 자기에 대해 다른 사람에게 설명하는 글을 쓰기 위해서는 먼저, '나는 누구인가?' '무엇을 할 수 있고 무엇을 하고자 하는가?' 그리고 '다른 사람은 나에게 무엇을 원하고 있는가?' 등과 같은 질문을 통해 자신을 객관적으로 이해하고 이를 다른 사람이 원하는 방식대로 설명할 수 있는 방법이 무엇인지에 대해 생각하는 훈련이 필요하다.

1.2.1. 한눈에 들어오는 자기소개서

(1) 자신만의 이야기가 있는 소개서

어느 조직이나 조직이 잘 운영되기 위해서는 다양한 인재가 필요하다. 창의적인 사람, 성실한 사람, 큰 그림을 그리는 사람, 꼼꼼하게 따지는 사람, 나서기 좋아하는 사람, 뒤에서 일하기 좋아하는 사람. 이 모든 사람이 다 소중한 인재가 될 수 있다. 그러므로 다른 사람과는 다른 자신만의 특성이 무엇인지 찾고, 이것으로 자신만의 이야기를 만들어 나가도록 한다.

(2) 자기 성찰과 진실성이 보이는 소개서

자신만의 특성을 파악하고 이것으로 이야기를 만들어 나가기 위해서는 자신의 과거와 현재, 미래에 대한 깊은 성찰이 필요하다. 자신은 누구이며 무엇을 가치 있다고 생각하며 무엇을 할 수 있고 무엇을 하고 싶은지 자신의 현재와 미래의 비전은 무엇인지에 대해 생각하고 이것을 진솔하게 글에 표현한다.

(3) 한눈에 내용을 파악할 수 있는 구성

자신에 대한 성찰을 통해 자신만의 진솔한 이야기를 만들어냈다고 해도 이를 한눈에 볼 수 있게 쓰지 못한다면 좋은 글로 완성될 수 없다. 자기소개서를 읽게 될 독자를 위해 한눈에 글의 내용을 파악할 수 있고 어려움 없이 쉽고 편안하게 내용을 파악할 수 있도록 글을 구성한다.

(4) 이력서의 내용과 일치하는 자기소개서

자기소개서를 이력서와 함께 작성할 경우 이력서에 쓴 내용과 관련을 맺으면서 거기에 제시된 내용과 일치하는 내용으로 작성한다.

1.2.2. 자기소개서를 쓰기 전에 생각할 것

(1) 글의 목적과 내용

- 누구를 위해, 무엇을 쓸 것인가?

자기소개서는 나를 위해 나에 대해 쓰는 글이 아니다. 자기소개서는 읽을 사람을 위해 그가 원하는 나에 대한 정보를 제공하기 위해 쓰는 글이다.

- 내가 원하는 것, 내가 할 수 있는 것, 내가 한 것은 무엇인가?

무엇인가 그럴 듯해 보이는 내용을 쓰려고 하기 전에 내가 했던 것, 내가 할 수 있는 것, 내가 하고자 하는 것이 무엇인지 정확히 정리한다. 훌륭한 자기소개서와 이력서의 기본은 철저한 자기 분석과 자기 이해에서 시작된다.

- 나에 대해 꼭 강조하고 싶은 한 가지는?

이것저것 자랑거리를 늘어놓기보다는 이것만은 꼭 강조하고 싶은 한 가지 메시지를 정하고 이를 통해 깊은 인상을 주도록 시도한다.

- 써야 할 내용과 쓰지 말아야 할 내용은?

자신이 지원하는 회사 혹은 학교, 하고자 하는 일에 초점을 맞추고 그것과 관련이 없는 내용은 과감히 삭제한다. 단, 관련된 내용은 좀 더 구체적으로 상세히 기술한다.

(2) 독자에 대한 이해

- 독자는 시간이 없다.

누군가 다른 사람의 자기소개서를 읽는 상황은 대부분 짧은 시간 안에 수천 수백 개의 이력서와 자기소개서를 읽고 선별해야 하는 상황이다. 따라서 읽는 사람의 이러한 상황을 고려한다면 한눈에 중요한 정보를 파악할 수 있게 간결하고 한눈에 들어오도록 작성해야 한다.

- 독자는 무엇인가를 결정해야 한다.

자기소개서를 읽는 사람은 짧은 시간 안에 누군가를 선택하고 누군가는 탈락시킬 것인지를 결정해야 한다. 따라서 독자로 하여금 반드시 자신의 이력서와 자기소개서를 선택해야만 할 조건과 이유를 한눈에 보여줄 수 있도록 작성해야 한다.

- 독자는 나에 대해 나만큼 알지 못한다.

독자가 가진 정보는 이력서나 자기소개서에 쓰인 내용뿐 다른 것에 대해서는 전혀 알지 못한다. 따라서 그가 꼭 알고 싶어 하는 것, 알아주었으면 하는 내용은 상세히, 알리고 싶은 않은 내용은 과감히 생략하여 나에 대한 의미 있는 정보 위주로 작성해야 한다.

- 독자는 자기 중심적으로 생각한다.

작성자의 개인적 사정이나 입장에 대해 독자는 전혀 배려하지 않으며 철저히 자신의 목적에 맞추어 서류가 작성되어 있기를 기대한다. 작은 실수에 대해서도 인내심이나 이해심을 갖지 않는다는 것을 명심하고 완성도 높은 글로 완성한다.

- 독자는 의심하는 마음으로 읽는다.

아무리 좋은 내용을 나열한다고 해도 제시된 내용을 무조건적으로 믿지 않는다. 따라서 자신의 경력과 주장에 대해서는 반드시 자세한 설명과 근거를 제시하고 이력서에 제시한 내용에 대해서는 자기소개서에 일관성 있고 상세하게 작성하여 신뢰감 있는 이력서와 자기소개서가 되도록 한다.

- 독자는 무난하면서도 특별한 것을 원한다.

독자는 대부분 같은 조직 안에서 같은 목적을 가지고 창조적 일을 함께 할 사람을 원한다. 따라서 다른 사람과 함께 어울리고 협력할 수 있는 원만한 성격을 가지고 있으면서도, 무엇인가 다른 사람과는 구별되는 특별한 면을 함께 갖춘 사람을 원한다. 자기소개서를 작성할 때는 이러한 독자의 바람을 만족시킬 만한 내용이 들어가도록 작성한다.

1.3.3. 자기소개서 쓰기

(1) 내용 쓰기 : 한 가지 핵심 메시지에 초점을 맞춘 one point message 쓰기

나를 한마디로 소개한다면? 짧은 시간에 나에 대해 깊은 인상을 줄 수 있는 메시지는 무엇일까? 나에 대한 많은 이야기 중 가장 핵심이 되는 메시지 하나를 선택하고, 나머지 내용은 이것을 중심으로 전개하여 나간다. 독자가 자기 소개서를 읽고 났을 때, "000는 이런 사람이다"라는 한 가지 명확한 메시지가 떠오르도록 쓰는 것이 중요하다.

(2) 형식 갖추기 : 한눈에 들어오는 메시지 구성

짧은 시간 안에 많은 글을 읽어야 하는 독자가 자기소개서의 내용을 한눈에 파악할 수 있게 하기 위해서는 아래와 같은 방식으로 글을 쓰는 것이 바람직하다.

① 자기소개서의 내용을 한마디로 나타낼 수 있는 제목을 단다.
② 문단을 적절하게 나누고 각 문단에 소제목을 단다.
③ 문장은 가능하면 짧게, 단어는 정확하게 사용한다.
④ 글씨체는 명조체나 고딕체와 같은 일반적 서체를 쓴다.
⑤ 간격이나 여백을 충분히 주어 읽기 편하도록 편집한다.

(3) 작성 요령

① 스티커 메시지의 6요소(단순성, 의외성, 구체성, 신뢰성, 감성, 스토리)를 고려하여 내용을 구성한다.
② 이력서의 내용과 자기소개서의 내용이 일치하도록 한다.
③ 읽는 사람의 상황을 고려하여 읽는 사람의 입장에서 작성한다.
④ 구체적 목표를 정한 후 그에 맞는 내용으로 작성한다.
- 지원하는 곳과 목적에 따라 이력서와 자기소개서 내용이 달라져야 한다.
⑤ 쓰기 전에 "내가 가진 장점을 한마디로 말하자면?"에 대한 답이 제목이 되는

글을 완성한다.

⑥ 지원자의 지원 동기와 회사의 발전 방향이 서로 일치하도록 지원 동기를 쓴다.

⑦ 지원하는 업무와 관련하여 중요한 정보 위주로, 회사 입장에서 일관된 주제를 중심으로 쓴다. 업무와 관련 없는 능력, 자기 자신의 단점, 지원자 중심의 지원 동기 등은 가급적 쓰지 않는다.

⑧ 평서문, 직설법 문장으로 쓰고 의문문, 감탄문, 명령문을 사용하지 않는다.

⑨ 화제가 바뀔 때마다 문단을 나누고 적절한 여백을 주어 읽기 편하게 구성한다.

⑩ 맞춤법, 어법, 어휘 선택에 오류가 보이지 않도록 여러 번 검토한다.

읽고 나서 해 보기

1. 이제까지의 삶을 돌아보고 1800자 내외로 실패 이력서를 써 봅시다.
   - 실패와 포기의 차이점에 유의하여 작성할 것(실패는 도전을 전제로 한다.)
   - 실패의 원인과 그에 대한 자신의 생각이 드러나게 작성할 것

2. 자신이 작성한 실패 이력서와 앞의 수업 내용을 참조하여 미래 이력서 및 자기소개서를 써 봅시다.

3. 다음에 소개된 학생들의 자기소개서를 보고 읽는 사람 입장에서 어떤 점이 좋고 어떤 점이 부족한지 이야기해 보고 정리된 내용을 참고하여 자신이 쓴 미래 이력서와 자기소개서를 수정해 봅시다.

학생글 1)

세상을 바꾸는 엔지니어

최고보다는 최선을!

최고보다는 최선을 다하자! 이것이 제 삶의 모토입니다. 수능시험을 보고 난 뒤 웨딩홀 뷔페에서 한 달 정도 아르바이트를 한 적이 있었습니다. 태어나서 처음 하는 아르바이트라 두렵기도 하고 한편으로는 내 손으로 처음 돈을 벌어본다는 생각에 설레기도 했습니다. 일을 시작하고 처음에는 많이 낯설고 일이 익숙하지 않아 애를 먹었습니다. 이때 저는 '오늘 걷는다면 내일은 뛰어야 한다.'는 말이 떠올라 '다른 사람들이 80만큼 일한다면 나는 85만큼만, 아주 조금만이라도 좀 더 일해 보자.'라는 생각으로 일을 했습니다. 그 결과 저는 일을 시작한 지 2주일 만에 신입 아르바이트생을 교육시키는 직책을 맡았고, 한 달 뒤에는 과장님께 일 잘한다는 칭찬과 함께 아르바이트 비와는 별도로 보너스까지 받게 되었습니다.

이렇듯 최선을 다하는 마음가짐이 얼마나 중요한지를 경험으로 깨우쳤고 지금까지도 이를 실천하고 있습니다.

웃음 그리고 긍정적 사고

늘 웃음이 가득한 가정에서 자란 탓에 어떤 일에 있어서도 항상 긍정적인 사고를 갖게 되었고 쉽사리 좌절하지 않는 성격을 갖게 되었습니다. 이러한 성격 때문에 제 주변엔 좋은 친구들이 많고 일을 배우고 학습하는 것도 빠릅니다. 또한 긍정적인 사고가 가져다주는 '포기란 없다', '할 수 있다'라는 정신을 기반으로 불가능해 보이는 일이라도 한번 도전해 보는 마음가짐을 갖고 안 되거나 힘든 점을 찾아내어 문제를 해결하고 기필코 그 문제를 내 것으로 만듭니다.

빛나는 조연

저는 성격이 소심한 편이고 낯가림이 있어서 리더로서의 능력은 다소 부족하지 않나 생각합니다. 하지만 리더를 서포트해서 조직이 목표를 달성하도록 같이 끌어나가는 데에는 재능이 있다고 생각합니다. 또한 책임감이 강해 맡은 바 임무를 충실해 해낼 뿐만 아니라 마음에 드는 결과가 나올 때까지 꼼꼼하고 정확하게 일을 처리하려 노력합니다. 따라서 조직 내에서도 업무를 이행하는 데 큰 도움이 될 수 있다고 생각합니다.

영화에서 조연배우가 주연배우를 돋보이게끔 도와주듯이 저 또한 활동적이고 능동적으로 조직목표에 대응하여 조직의 목표달성을 위해 희생할 준비가 되어 있습니다.

창의적 사고와 현실화

저의 가장 큰 장점이라고 생각하는 것이 바로 이 창의적인 사고입니다. 저는 또래들에 비해 풍부한 상식과 식견을 갖추었다고 자부합니다. 어릴 때 레고라는 블록 장난감을 많이 가지고 놀았습니다. 친구들은 그 장난감에 동봉된 설명서대로 만드는 반면 저는 설명서대로 만드는 것을 좋아하지 않았습니다. 그것이 원래 집을 만드는 레고였다면 저는 그것을 가지고 비행기나 로봇 등을 만들었습니다.

이 밖에도 대학에서 조별로 아이디어를 토의하는 수업에서도 저는 조의 아이디어 뱅크였습니다. 저의 창의적 사고와 할 수 있다는 긍정적 마인드, 반드시 해내고야 마는 책임감이 어우러져 새로운 것을 생각하고 그것을 현실화하는 능력에 있어서만큼은 자신이 있습니다. 아니 넘쳐납니다. 제가 이런 능력을 펼칠 수 있도록 기회를 주십시오.

귀사에서 날개를 달다

사회생활을 시작하는 데 있어서 가장 중요한 것이 자신의 적성에 맞는 직무라고 생각합니다. 이 직무가 자신에게 잘 맞고 일을 잘 해낼 수 있는가? 라는 질문에 저는 망설임 없이 YES라고 대답할 수 있습니다. 저는 그만큼 준비된 사람이기 때문입니다. 귀사가 저에게 날개를 달아 주었으면 좋겠습니다. 조직의 구성원이 되어 함께 하늘을 날아 보는 것이 지금 저의 단기 목표입니다. 길게는 이 분야의 최고의 엔지니어가 되어 세계의 흐름을 주도하는 지식리더가 되고 싶습니다. 항상 배우며 노력하겠습니다. 쓰러지면 일어나겠습니다. 남들이 걸을 때 저는 달리겠습니다. 이러한 자세로 모든 일에 열과 성의를 다하겠습니다.

“밭에 투자하면 이익이 열 배가 되고, 보석에 투자하면 이익이 백 배가 되지만 사람에 투자하면 그 이익이 무한대가 된다.”라는 말이 있습니다. 저는 귀사를 위해 제 젊음을 투자하겠습니다. 저는 무엇이든지 열심히 할 준비가 되어 있는 사람입니다. 어려서부터 이 직업을 꿈꾸어 왔고, 지금 제 눈앞에 그 꿈이 있습니다. 이제 귀사에서 저의 손을 잡아 끌어주었으면 좋겠습니다.

학생글 2)

1. 본인의 인간관계에 대해 기술하시오.

가족 – 지친 당신을 위한 쉼터

사람들은 모두들 자기가 해야 할 일이 있습니다. 그 '할 일'을 위해 새벽에 나가 저녁에 숨이 죽은 배추가 된 채 들어 옵니다. 숨이 죽은 배추는 다시 되돌릴 수 없지만, 숨죽은 배추 같이 된 사람은 가족을 통해 다시 싱싱해질 수 있다고 생각합니다.

중·고등학생 시절, 고등학교 입시와 대학교 입시 준비로 인해 저녁 늦게 집에 들어올 때마다 가족들의 격려는 큰 힘이 되었습니다. 아버지께서는 조금만 더 고생하면 빛이 보일 것이라고 위로해 주셨고, 어머니께서는 한 글자 더 공부할 때, 더 나은 미래가 기다리고 있다며 격려해 주셨습니다. 이러한 가족의 사랑은 입시와 군생활을 무사히 마칠 수 있도록 만들었습니다.

2. 봉사활동, 대학·동아리 활동 등을 통해 배운 점을 기술하시오.

KT IT 서포터즈 – IT강국이라는 미명 아래 소외된 계층이 있음을 기억하게 해준 활동

2009년 07월 20일부터 동년 동월 29일까지 대학교 1학년 여름방학 기간을 이용하여 KT에서 주관하는 IT 서포터즈 대학생 봉사단 프로그램에 참여하였습니다. IT 서포터즈라는 이름에서 알 수 있듯이, 노인, 장애인, 다문화 가정 등 IT 소외계층에게 새로운 세상을 만나게 해 주는 봉사활동입니다.

첫 활동으로 다문화 가정 복지 센터에 갔었습니다. 그 곳에는 베트남 등지에서 오신 분들이 있었는데 누구나 다 할 줄 알 것이라고 생각하였던 마우스 다루는 방법에 익숙하지 않아 헤매시는 분들이 많았습니다. 이러한 분들을 보니 그동안 자기 실력 쌓기에만 열중하면서 어려운 이웃들은 돌아보지 않았다는 것을 느꼈습니다.

이들에게 IT를 접하게 해준다는 것은 그들 스스로에게 편리함을 가져다 주고 더 넓은 세상과 소통을 할 수 있게 해 주는 동시에, 그들도 IT업계의 잠재적인 고객이 될 수 있다는 의미를 넘어서 국가 경쟁력을 높일 수 있을 것이라 생각합니다.

3. 지원 업무를 위해 준비해 온 과정과 자격증을 기술하시오.

① 기본부터 차근차근

고등학교 졸업 후, 대학 생활과 앞으로의 취업을 위해 무엇을 해야 할까 고민했습니다. 먼저 대학교의 교육 과정을 알아 보았으며, 교육 과정에 따라 필요한 내용을 복습하였습니다. 그 결과 대학생활에 좀 더 쉽게 적응할 수 있었습니다.

② 꼭 해야 하는 거라면, 최대한 활용

대학교 1학년은 빨리 흘러갔고, 어느덧 군 입대를 해야 할 시기가 왔습니다. 군대란 반드시 가야 하는 곳이었기에 기왕 가는 거 자기 계발에 될 수 있도록 정보통신과 관련된 보직에 지원하였고 1년 10개월의 군 생활을 통해서 내가 배운 기술을 활용해 볼 수 있는 기회를 가질 수 있게 되었습니다.

③ 자격증, 전공 공부의 힘

많은 사람들이 전공과 자격증은 별개라고 생각합니다. 하지만 제 생각은 다릅니다. 전공 공부를 충실히 한다면, 자격증은 그 노력에 대한 선물이라 생각합니다. 저는 무엇보다 기본인 학교 공부에 열중하였고, 그것들을 바탕으로 2014년 2월 15일, 정보처리기사 자격증이라는 선물을 받을 수 있었습니다.

④ 원활한 업무 처리를 위한 어학 실력

저 자신의 만족과, 취업 후 원활한 사회 활동을 위해 영어 공부를 하였습니다. 대학교 1학년 때 학교에서 실시하는 토익 특강에 하루도 빠지지 않고, 참여하였습니다. 그리고 군 제대 후 약간 떨어진 영어 실력을 보완하기 위해 대학을 졸업하고 나서 직장을 다니면서도 매일 2시간씩 공부할 시간을 가졌습니다. 그러한 노력을 통해 토익 800점, 토플 400점을 받을 수 있었습니다.

4. 지원 동기와 입사 후 포부에 대해 기술하시오.

인간미 있고, 따뜻함이 있는 IT

IT 업계는 어딘가 삭막해 보이고, 딱딱해 보입니다. 프로그램 소스의 긴 언어는 어지럽고 차갑기만 합니다.

귀사(SK Telecom)의 “사람을 향합니다.”라는 TV 광고를 보았을 때, 다른 회사와는 다른 따뜻함이 느껴졌습니다. 삭막한 무한 경쟁 시대에서 따뜻함과 인간미 강조를 통한 시너지 효과는 직원들의 능력 향상을 가져올 것 같고, 그 과정에서 제 능력도 한층 더 발휘될 수 있을 것이라 확신합니다.

학생글 3)

경험으로 만든 미래

일단 시작하는 무대포에서 계획을 세우는 치밀함으로.

저는 항상 무슨 일을 시작할 때 ‘일단 해 보자’라고 습관적으로 말하며 ‘시작이 반’이라고 생각했습니다. 아무것도 시작하지 않고 현실에 안주하기보다는 실패하더라도 일단 부딪혀 보는 것이 더 낫다고 생각하기 때문입니다. 그 때문에 생기는 문제점도 있습니다. 학창 시절 시험기간에 공부를 할 때 계획을 세우지 않고 그냥 무작정 했었습니다. 그래서 시험공부를 끝까지 마치지 못하고 시험을 보게 되는 경우도 있었습니다. 하지만 그것을 깨달은 후에는 항상 계획을 세우고 그 일이 실현 가능성이 있는지 다시 한번 생각하고 어느 것이 더 중요한 것인지도 다시 한번 생각하는 습관이 들게 해주었습니다.

의미 부여의 힘.

"지금 내가 하고 있는 일이 엄청난 가치를 만들어낸다." 이런 저의 암시는 제 자신의 능력을 최대한 발휘하게 하였습니다. 그 결과 대학생활을 하면서 성적 우수 장학금도 받아보고 E스퀘어 반도체 장학금도 탈 수 있게 하는 바탕이 되었습니다. 그리고 여름마다 학교에서 배운 기술을 바탕으로 농어촌에서 기술 봉사까지 후회 없는 대학생활을 보낸 저는 첨단기술연구소 디지털 통신기술 과정에 실습 조교를 하고 한기대 정보통신학과 실험 조교를 담당했습니다. 그리고 하드웨어와 설계 및 디버깅 분야에서 아르바이트를 한 경력도 있습니다. 뿐만 아니라 저는 리눅스를 비롯한 여러 가지 OS와 프로그램에 능숙하며 ADSP-2181, OrCAD 등에도 능통합니다. 이렇듯 저 자신에게 의미를 부여함으로서 성공적으로 대학생활을 마칠 수 있었습니다.

'청년이여 일하라. 좀 더 일하라. 끝까지 열심히 일하라.' 비스마르크가 한 말입니다.

인생을 살아가는 사람들의 모습은 크게 세 가지의 부류가 있다고 합니다. 첫째는 그 일에 꼭 필요한 사람이고 둘째는 있으나마나 한 사람이며 셋째는 있어서는 안 될 사람입니다. 저는 첫 번째의 사람이 되고자 여기 왔습니다.

개인 휴대폰 사용자가 1000만 명이 넘는 그야말로 '무선통신 시대'를 살고 있는 현대사회에서 휴대폰 기술은 그 나라의 정보통신 수준을 보여주는 최첨단 기술의 집약체라 말할 수 있습니다. 어려서부터 컴퓨터를 좋아하고 프로그램 개발에 관심이 많았던 저는 주위에 단말기 분야에서 일하는 선후배들을 보면서 특히 휴대폰 관련 하드웨어 기술 개발자가 되고 싶다는 생각을 항상 가지고 있었습니다. 그래서 우리나라 최고의 휴대폰 개발 및 제조업체인 '애니콜'에 관심을 갖게 되었습니다.

휴대폰 기술과 관련해 이 분야에서 최고의 기술을 자랑하는 '애니콜'에서, 그동안 제가 배운 지식과 경험을 바탕으로 최고의 기술 개발자가 되고 싶습니다.

Ⅱ. 21세기 '글로벌 사회'에 대한 이해

1. 세계화에 대한 이해
2. 열린 지식사회와 소통의 문제
3. 통섭의 시대와 융합적 공학인
4. 과학 기술과 지속 가능한 발전
5. 경쟁의 시대에서 공감의 시대로

01. 세계화에 대한 이해

작은 일들이 모두 올바른 방향으로 가기 위해서는 작은 일을 하는 동안에도 '큰일'을 생각해야 한다.

– 앨빈 토플러

학 | 습 | 목 | 표

1. 21세기 사회에 나타나는 여러 현상들을 이해한다.
2. 현대사회에 나타나는 문제들의 공학적 해결 방안을 모색해 본다.

21세기 사회를 설명할 때 빼놓을 수 없는 수식어는 '글로벌(Global)', 즉 '세계화(世界化)'이다. 과학기술과 산업의 발전에 힘입어 국가 간 경계가 좁아지고, 국제사회의 소통과 교류가 증가함에 따라 각 민족이나 국가 간의 경계가 약화되면서 전 세계가 하나로 연결되고 있다.

지금까지 세계화는 경제 성장을 이루는 데는 크게 기여하였으나, 각 민족이나 국가의 특수한 사회, 문화적 현실이나 다양성이 배제된 채 경제적 선진국을 중심으로 진행되어 세계가 획일화되는 경향을 보이고 있다. 이러한 소수의 선진국 중심의 세계화에는 다수의 개발도상국이나 제3세계 국가들의 특수성이 고려되지 않고 있다. 이는 경제적인 측면에서뿐만 아니라 사회 전반적인 현상으로 확산되어 각 분야에서 여러 문제를 초래하고 있다. 이 장에서는 현대사회에 나타나는 여러 현상을 살펴보고, 다양한 문제를 개선하기 위해 현재 어떤 노력들이 진행되고 있으며, 앞으로 어떠한 방향으로 진행되어야 할지 함께 이야기해 보고자 한다.

읽으면서 생각하기

읽을거리 1 Reading

세계화 속의 불만

제롬 뱅데 외, 『가치는 어디로 가는가』, 이선희·주재형 역, 문학과 지성사, 2008, pp. 204-208.

내 글의 제목은 지그문트 프로이트 저작의 제목 『문명 속의 불만』에 대한 말놀이다. 이 제목은 프로이트의 제목과 마찬가지로 역설적인 이중 의미를 가지고 있다. 문명이라는 매우 긍정적이고 동의할 수 있는 원리가 그런 원리 안에서 살아가는 이들에게 난제로 던져 주었듯이, 세계화를 향한 현재의 추세는 그것이 명백한 혜택들과 더불어 우리에게 문제를 불러일으킬 수 있다. 여기에서 내가 세계화를 정의한다거나 그것의 기원들과 역사에 대해 성찰해 보는 일이 유용하지는 않을 것이다. 우리 모두는 과학과 기술이 국가 간의 생산, 교역, 소비 방식에 끼친 점증하는 충격의 영향을 받고 있다. 예를 들어 하드웨어와 소프트웨어의 동반 혁명 덕분에 우리는 컴퓨터를 이용해 옷이나 책을 주문할 수 있게 되었고, 전자 통신망을 이용해서 어마어마한 속도로 세계 통화 시장을 가로질러 돈을 옮길 수 있게 되었다.

수억 명의 사람이 이제 지역 시장이 아니라, 세계 시장을 위한 생산에 종사하고 있다. 그것이 의류 영역이 되었든 전자상품, 신발, 부엌 용품이 되었든 모두 마찬가지이다. 브라질, 멕시코, 인도네시아, 중국에서 오늘날의 젊은 일꾼들은 쌀을 재배하거나 나무를 벌채하지 않는다. 그들은 은행들, 자동차 회사들과 화학 기업들의 합병과 인수에 종사하고 있다. 우리의 대학생들은 베이징, 키예프, 마드리드, 뉴델리에서의 발전에 관해 연구 보고서를 작성한다. 우리 아이들은 그들이 어디에 있든 간에 바로 그곳에서 우리에게 전화한다. 이러한 가능성들이 생겨난 지 겨우 10년밖에 되지 않았음에도, 우리는 이미 이것들을 당연하게 받아들이고 있다.

이러한 움직임은 우리가 실로 단 하나의 세계 시장 또는 세계 공동체, 즉 상호 연결된 하나의 전체를 형성해 가고 있다는 사실을 시사한다. 이런 상호 연결적 전체를 통해 『국부론』의 애덤 스미스 같은 사람들의 통찰력 있는 전망들이 마침내 실현되고 있는 것이다.

세계화되는 세계 속에서 배제되는 자

미국에서 비즈니스 저널들, 사장의 전문가들, 경제학 교수들, 그리고 고액의 연봉을 받는 컨설턴트들은 다가오는 세계적인 대변혁, 작업장의 변화, 기술 혁명과 지식 폭발에 대해 끊임없이 이야기한다. 이는 세계가 서서히 실리콘밸리의 복제물이 되어가고 있다는 것을 의미한다. 사람들은 이것이 미래라고 주장한다.

하지만 이런 자기중심적 과대광고를 곧이곧대로 받아들이지 말고(실제로 세계화의 옹호가들은 거의 언제나 그러한 추세를 부추김으로써 투자 이익을 보게 되는 컨설턴트들, 투자자들, 사업가들이다), 우리는 뒤로 물러나서 이 지구를 하나의 전체로서 보아야만 할 것이다. 한편, 현재 코소보, 서아프리카, 르완다, 체첸, 카슈미르, 또는 그 밖의 다른 곳에서 벌어지고 있는 일들을 지적하는 비관주의적 견해도 있다. 심각한 문제들을 겪고 있는 이 지역들은 실리콘밸리나 다른 발전된 경제 지역들과는 상당히 다르다. 로버트 카플란(Robert Kaplan)이 『지구의 끝을 향하여』에 기록해 놓은 여행을 따라가 보면 결국 많은 사람이 재앙과 자기 파괴에 직면해 있다는 사실을 발견하게 된다. 나는 그런 비관주의를 따르고 싶지는 않다. 하지만 무비판적이고 과도하게 열광적인 태도로 세계화를 묘사하는 이들에게 신중하라고 말하고 싶다.

개발 도구로서의 인터넷

기술 혁명과 커뮤니케이션 혁명은 여전히 지구상의 사람들 중 매우 소수, 주로 더 부유한 국가의 사람들에게만 영향을 미치고 있다. 이 혁명은 다른 곳의 수십억 명의 사람과는 여전히 무관하다. 유네스코의 관측에 따르면, 인터넷은 다가오는 세기[21세기]에 전 지구적인 교육과 문화 발전들에 단일 매체로서는 가장 큰 영향을 미칠 것이다. 하지만 북미에서는 두 명 당 한 명이 인터넷을 사용하는 반면, 전 세계적 비율은 10명당 한 명에 불과하다.

나는 하루에 40개의 메시지를 주고받으며, 1년 내내 매일 인터넷을 이용한다. 나는 새로운 자료를 찾기 위해 세계은행과 미국의 웹사이트들을 찾아볼 수 있으며, 『뉴욕 타임스』를 읽고 내 집에서 예일대학교의 도서관에 있는 900만 권의 책 제목들을 검색할 수 있다. 인터넷은 나와 내 학생들, 나의 아이들이 곧바로 지식에 다가갈 수 있게 해 준다. 우리가 참여하고 있는 지식의 폭발적 증가는 세계 사회의 현대화 및 세계화의 핵심이다.

우리는 '만인을 위한 교육'과 '지식사회'에 대해 말한다. 하지만 한창 진행 중인 기술 혁명은 빈부격차를 좁히기보다는 심지어 더 벌려 놓은 것처럼 보인다. 지금까지 인터넷은 기술적으로 진보된 자와 기술적인 약자 사이의 차이들을 전보다 더욱 크게 벌려 놓았다. 미국 사회에서조차, 컴퓨터와 전자메일은 교육받은 사람들(주로 백인과 아시아인)과 잘 교육받지 못한 사람들(주로 흑인계 미국인) 사이의 간극을 넓혔다. 이 간극은 삶의 모든 측면에서 느껴질 것이다. 기회들 면에서건, 잠재력, 교육, 또는 구직 면에서건 간에 말이다. 미국은 컴퓨터를 사용할 수 있는 자들의 집단과 그렇지 않은 자들의 집단이라는 두 개의 집단으로 분할될 것이다.

이 현상은 국제적인 수준에서 매우 분명하게 되풀이되었다. 아랍 국가들에서, 40명 중 단 한 사람만이 인터넷에 접근할 수 있는 반면, 아프리카에서는 130명 중 단 한 사람만이 인터넷 사용자이다. 이런 상황은 이 나라들의 전력, 전화선, 그리고 기반 시설이 부족한 한 바뀌지 않을 것이다. 이 나라들은 그들이 필요로 하는 컴퓨터나 비싼 소프트웨어의 비용을 감당할 수 없다. 만약 지식이 정말로 힘과 같다면, 개발도상의 세계가 가진 실질적인 힘은 그들이 30년 전에, 즉 인터넷이 개발되었을 당시에 가졌던 것보다 현재 더 작을 것이다.

만약 우리가 다가올 세기에 지식기반사회를 만들어나가기를 원한다면, 단지 유럽과 미국 지식인의 담론들만 한데 모을 것이 아니라 전자 기술을 이용해서 국가들을 한데 모아야만 한다. 우리는 더 가난한 사회들이 지난 20년에 걸쳐 발전되어 온 전자 커뮤니케이션의 풍부한 지식 시스템을 이용할 수 있도록 집중적인 노력을 기울여야만 한다. 10퍼센트 미만의 사람들만이 새로운 지식 자원에 접근하고 90퍼센트는 배제되는 세계는 구조적으로 안정적이지 못할 것이다. 만약 어떤 성공 가능성이라도 있으려면 세계은행, UNDP, UNESCO, NGO 커뮤니티와 세계적인 비즈니스 공동체가 이런 노력을 조율해야만 할 것이다.

다른 대안은 단순히 아무것도 하지 않는 것, 더 가난한 나라들이 점점 더 뒤로 처지는 동안 기술 자원이 풍부한 사회들 속에서 지식 폭발이 더 깊어지고 강화되도록 내버려두는 것이다. 만약 이런 일이 일어난다면, 가진 자들과 가지지 못한 자들 사이의 점차 커지고 있는 간극은 만연된 불만들로 이어질 것이고, 이는 세계적 조화와 국제적인 이해에 관한 전망 일체를 위협하게 될 것이다. 이것이 우리가 직면한 가장 중대한 도전이다. 이에 대응하는 데 머뭇거릴 시간이 없다.

읽을거리 2 Reading

나이키의 딜레마

EBS 지식채널e, 「지식채널e」 1, 북하우스, 2007, pp. 48-49.

축구공의 외피 규격에 대한 특별한 규정은 없지만, FIFA 공인구의 외피는 대체로 12개의 5각형과 20개의 6각형으로 구성되어 있다. 32조각의 가죽을 꿰매는 봉제 과정에서 대략 1,620회의 바느질이 필요하다. 세계적으로 축구공의 주요 생산국은 한국, 모로코, 태국, 파키스탄, 인도 등이다. 2006년 11월, 세계적인 스포츠 브랜드 나이키사는 자사에 수제 축구공을 공급하던 파키스탄의 사가스포츠사와 계약 종료를 선언했다. 파키스탄에서 연간 생산되는 축구공은 약 4천만 개, 그 중에서 사가스포츠의 생산량만 약 6백만 개에 달한다. 지금까지 약 4만 5000명의 파키스탄 노동자들이 사가스포츠에서 축구공을 만들며 생계를 유지하고 있었다.

그곳에서 축구공을 만드는 노동력의 대부분은 어린이들이었다. 이들이 축구공 하나를 만들 때마다 버는 돈은 100~150원 정도이다. 나이와 숙련도에 따라 다르지만 하루 12시간 이상 작업한다 하더라도 일당 2천 원을 넘기기 어려운 저임금이다. 5~6세 어린 노동자들의 경우에는 축구공 하나를 만드는 데에만 13~14시간이 소요된다. 작업 과정에서 유독물질로 인해 시각을 잃어버리는 아이들도 있다. 최근 나이키뿐만 아니라 푸마, 아디다스 등 세계적인 스포츠 기업들이 기업 이미지 제고를 위해 어린이노동독립감시협회(IMAC)에 자발적으로 참여하고 있는 추세이다. 이미 1996년 FIFA는 국제자유노동연맹(ICFTU)과 함께 FIFA 라이센싱으로 생산되는 축구공 및 용품과 관련하여 일정한 노동 기준을 채택했으며, 1999년에는 "강요되거나 구속된 노동 혹은 아동노동으로 생산된 축구공을 사용하지 않겠다"고 공식 선언하기도 했다. 그러나 아동노동을 배제하려는 이러한 움직임들이 도덕적으로는 정당할지 몰라도 현실적으로는 인본주의에 어긋난다는 지적도 있다. 현재 파키스탄은 전 세계 축구공 생산량의 70%를 담당하고 있다. 따라서 나이키의 계약 해지로 인해 사가스포츠가 소재한 파키스탄의 시알코트 지역에서만 약 2만여 가구가 경제적 타격을 입을 것으로 추정된다.

아동노동

최근 파키스탄의 사가스포츠와 계약을 해지한 나이키는 1990년대 초에 이미 아동 노동과 관련된 구설수에 오른 바 있다. 한 켤레에 150달러인 나이키 운동화를 생산하는 저개발국 노동자들의 상당수가 하루 2달러도 받지 못하는 어린이들이라는 사실이 언론에 폭로되었기 때문이다. 당시 나이키 측에서는 아동노동과 노동 착취의 문제를 현지 하청공장들의 문제로 돌렸지만, 1996년 6월 <라이프>지에 나이키 로고가 선명한 축구공을 바느질하는 파키스탄 소년의 사진이 실리자 전 세계 시민단체와 소비자들은 나이키 불매 운동에 나섰고, 나이키의 주가는 폭락했다. 나이키는 노동 착취를 하지 않겠다는 기업 윤리 규범을 나이키 본사뿐 아니라 하청 외주업체들도 준수토록 하겠다는 의지를 밝혔다. 2006년 현재, 전 세계 노동 현장에서 혹사당하고 있는 아동의 숫자는 약 2억 4,600만 명으로 추산되며, 그 중 절반 이상이 아시아의 아동들이라고 한다. 국제노동기구(ILO)의 '아동노동 근절을 위한 국제프로그램(IPEC)'은 "빈곤만이 아니라 가부장적인 문화, 불안한 정치 상황 등도 아동노동을 부추기고 있다."고 말한다. 저개발 아시아 국가들의 정치적 환경이 민주적으로 개선되고 인권과 평등에 대한 인식 변화와 정책이 뒷받침될 때에만 아동노동의 악습이 해결될 것이라는 의미이다. 매년 6월 12일은 국제노동기구가 정한 '세계 아동노동 반대의 날(World Day Against Child Labour)'이다.

읽을거리 3 Reading

단일민족·순혈주의를 넘어서

일찍이 인간들의 이성은 자유·평등·평화를 인류가 실현시켜야 할 3대 이상으로 삼았다. 이 세상 모든 사람들이 자유를 누리고, 어느 나라나 겨레든 평등을 이루며, 이 지구상의 어느 곳에서도 불화와 다툼이 없이 평화롭게 사는 것. 그 얼마나 고결하고도 아름다운 이상인가!

조정래, 단일민족·순혈주의를 넘어서, 한겨레신문, 칼럼, 2007. 8. 22. 〈http://www.hani.co.kr/arti/SERIES/108/230394.html〉, 2011. 1. 20.

그런데 그 세 가지가 현실이 되지 못하고 영원히 이상으로 표류하게 하는 인간의 '세 가지 악'이 있다. 인종주의·혈통주의·종파주의가 그것이다. 국제화 시대, 지구촌 시대, 세계화 시대라는 구호가 요란해진 지 오랜데 그 셋은 여전히 기세등등하다. 어쩌면 인간들은 그 굴레에서 영원히 벗어나지 못할지도 모른다. 인간의 편협함과 이기주의는 인간의 이성으로는 이겨낼 수 없는 본능이기에.

군대위안부를 강제 동원한 일본의 행위를 비인간적 범죄로 규정했던 유엔에서 이번에는 우리의 '단일민족' 의식을 지적하고 나섰다. 단일민족 의식은 '혼혈'이라는 말과 함께 혈통의 순수성을 강조함으로써 다인종 국가로 변해가는 세계화의 시대에 역행하는 것일 뿐만 아니라 인간 차별이란 잘못을 범할 수 있으니 시정해야 한다는 것이었다.

우리가 이미 인식하고 있으면서도 적극적으로 고치려고 나서지 않았던 문제에 대한 지적이다. 국제기구 유엔으로서 그런 지적을 하는 것은 타당하고, 그런 지적을 받을 때까지 태만했던 우리는 늦게나마 부끄러운 줄을 알아야 한다. 단일민족 의식은 다른 말로 혈통주의고 순혈주의다. 피의 순수성을 강조하다 보면 당연히 나오는 것이 배타성이고 폐쇄성이며, 인간 차별이고 비인간적 행위다. 그것은 마땅히 고치지 않으면 안 되는 인간으로서의 악덕이다.

우리가 당연한 것처럼 여기고 있는 우리의 단일민족 의식은 과연 우리의 고유 전통이고, 자랑스러운 가치인가? 그 의식의 대중화 과정을 보면 별로 그렇지도 않다. 우리가 단일민족 의식에 사로잡힌 것은 해방 이후 교과서의 위력에 의해서였다. 그러니 그 역사가 겨우 얼마인가. 갑자기 해방이 되자 여러 가지 혼란과 불안 상태에서 시급한 것이 무엇이었던가. 일제에 굴하지 않았던 정인보·이희승 같은 지성인들이 보기에 민족의 정체성을 세워 긍지감을 갖게 하고, 그 의식을 토대로 단결시키는 것이었다. 그래서 우리는 단일민족임을 강조하고, 역사 이래 딴 나라를 침략한 일이 없음을 미화하고, '은근과 끈기'를 미덕으로 내세웠던 것이다. 우리는 그것을 암기했고, 시험을 쳤으며, 세대를 넘겨가며 대중 최면이 되었고, 마침내 절대가치처럼 착각하게 되었다.

지금 한국 사회는 혈통 문제에서 두 번째 혁명기를 맞고 있다. 첫 번째가 6·25와 함께 온 '혼혈아 시대'였다. 그리고 산업화에 따른 도시생활의 편리함 때문에 이 나라 처녀들은 농촌 총각들을 외면했다. 처녀들에게 버림받은 농촌 총각들은 '한국농촌교'라는 새로운 종교를 만들어 평생 독신으로 살 수 없는 노릇이었다. 그래서 궁여지책으로 찾아 나선 것이 우리보다 가난하게 사는 동남아 나라들 처녀들과 결혼하기였다. 그 두 번째 혁명기 속에서 농촌에는 외국 며느리들이 절반 가까이 차지하는 현실이 되었다. 거기다가 코리안 드림을 안고 외국 노동자들이 끊임없이 밀려들고 있다. 이런 현실에서 단일민족이며 순혈주의는 얼마나 녹슬고 낡은 가치인가.

영어 배우기에 해마다 10조 원 넘게 사교육비를 쏟아 붓는 데 정신팔기 전에 올바른 의식부터 갖추는 것이 급하다. 정부가 나서서 적극적으로 법과 제도를 정비해야 한다.

읽고 나서 생각해보기

1. 읽을거리 1-3을 통해 과학기술의 발달로 현재 지구촌에서 일어나고 있는 변화에는 어떤 것이 있으며 이러한 변화의 긍정적 측면과 부정적 측면에 대해 이야기해 봅시다.

2. 지구촌 시민으로서 갖추어야 할 역량은 무엇인지 이야기해 봅시다.

3. 지구촌의 문제들을 해결하기 위해 할 수 있는 일이 무엇인지 이야기해 봅시다.

4. 1-2)의 내용을 바탕으로, 사회에 나타나는 문제들 중 하나를 골라 '현대사회의 문제와 해결 방안'이라는 주제로 자신의 의견을 다섯 단락 글쓰기 방식으로 작성해 봅시다.(Ⅲ. 바른 글쓰기의 기초 중 다섯 단락 글쓰기 부분 참조)

02. 열린 지식사회와 소통의 문제

꿈을 밀고 나가는 힘은 이성이 아니라 희망이며 두뇌가 아니라 심장이다.

– 도스토예프스키

학 | 습 | 목 | 표

1. 소통과 매체의 관계에 대한 글을 읽고 21세기에 효과적으로 의사소통을 하기 위한 방법과 자세에 대해 생각해 본다.
2. 지속가능한 지식의 생산과 공유를 가능하게 하는 합리적 방법에 대해 생각해 본다.

앨빈 토플러라는 미래학자는 1980년, 『제3의 물결』이라는 책에서 인류 역사의 주요 변화 계기를 세 가지 물결로 제시하고 있다.

제1의 물결인 농업혁명과 제2의 물결인 산업혁명에 이은 제3의 물결은 지식경제사회의 정보화 혁신이다. 탈중앙집권화, 다양성의 추구, 지식 기반 생산, 변화의 가속화 등으로 특징지어지는 제3의 물결에 의한 변화는 후기 산업사회의 특징으로 일컬어진다. 현재 아주 많은 분야에서 제4의 물결이 무엇인가에 대한 논의가 빈번하지만, 아직 제4의 물결이 무엇이 될 것인지에 대해서는 의견이 분분한 상황이다. 일각에서는 인터넷 보급의 확대와 스마트폰 사용 환경의 일반화로 인한 1인 미디어 시대 도래를 제4의 물결로 보는가 하면 이를 제3의 물결의 연장선상에서 설명하기도 한다. 어느 쪽이든 우리는 이미 엄청난 속도로 발달하는 IT기술과 네트워크를 기반으로 개인이 독자적으로 정보의 생산과 처리, 유통을 할 수 있는 시대를 살고 있으며 이는 어떤 방식으로든 우리 사회 시스템 전체의 변화를 일으킬 수 있는 힘을 가지고 있다.

21세기 소통방식과 매체의 관계에 대해 고민하고 올바른 정보의 생산·유통을 위한 합리적 방법을 모색해 보고자 한다. 여기서는 21세기의 소통 방식과 매체의 관계에 대해 고민해 보고, 좀 더 나의 소통을 위해 무엇이 필요한지 생각해 보도록 한다.

읽으면서 생각하기

읽을거리 1 Reading

인터넷과 자유

'사이버 에덴 또는 사이버 감옥 인터넷' 자유의 신장인가 위축인가

고종석, 『코드 훔치기』, 마음산책, 2000, pp. 307–313.

21세기 풍경을 20세기 풍경과 사뭇 다르게 만들 과학기술의 핵심적 영역은 생명공학과 정보공학일 것이다. 인터넷으로 상징되는 정보공학은 유전자 간섭으로 상징되는 생명공학처럼, 낙원과 지옥이라는 상반된 전망을 인류 앞에 펼쳐 보이고 있다.

인터넷이 자유의 신장에 결정적으로 기여할 것이라고 보는 낙관주의자들의 견해에 따르면, 인터넷은 집단보다는 개인에게 유리하고 거대 제도들보다는 소규모 동호회에 유리하다. 인터넷의 그런 특성은 국가, 정당, 기업, 노동조합 같은 전통적 권력 담지자들로부터 권력의 상당부분을 떼어내 이노베이션(혁신)의 벡터인 개인들과 소집단들로 이전시킬 것이다. 이 지점에서 '포스트정치'라고 부름직한 사이버 공간의 정치가 등장한다. 포스트정치의 주체는 하이퍼시민(사이버시민), 곧 나라나 계급의 경계를 가볍게 넘나드는, 자유로운 네티즌들이다.

그러나 인터넷이 개인의 자유를 크게 위축시킬 것이라고 보는 비관주의자들도 있다. 이들의 견해에 따르면, 인터넷은 국가와 기업과 전문가들 사이에 새로운 신성동맹을 창출해서 집단적 정치의식을 마비시키면서 최악의 감시 사회를 만들어낼 것이다. 그 사회는 정보공학과 전자상업의 전문 지식으로 무장한 극소수의 새로운 지배계급(하이퍼계급)의 손아귀에 들어가게 될 것이다.

낙관적 시나리오는 새로운 세대에게 인터넷이 빠르게 보급되고 있고, 네티즌 사회의 시민인 그 하이퍼시민들이 이노베이션에 대해 가장 열려 있는 사람들이며, 또 그들이 가장 개인주의적이라는 점에 주목한다. 개인적 자유를 비롯한 사생활과 지적소유권의 보호가 하이퍼시민들의 주된 관심사다. 미국의 전자전선재단(EFF)이

나 민주주의와 테크놀로지센터(CDT) 같은, 인터넷 항해자들을 보호하기 위한 비정부기구들의 등장은 국가 권력에 맞서 자신들의 의지를 펼칠 하이퍼시민 공동체의 목소리를 키울 것이다. 이 시나리오의 지지자들은 인터넷이 표현의 자유를 신장할 최강의 무기라고 생각한다. 그것은 최다의 대중에게 정보 접근권을 허락함으로써 엘리트들을 통제할 수 있을 것이다. 이들의 전망에 따르면, 국가는 인터넷망과 자율적 공동체를 통제하려고 덧없이 애쓰다가, 결국은 제풀에 자지러지고 말 것이다. 네티즌들이 공동체주의적 '직접 민주주의'를 만들 것이기 때문이다.

이 직접 민주주의는 현대 민주주의의 보통선거보다는 아테네식 민주주의에 가깝다. 아테네에서 여성과 노예와 외국인들이 정치 시스템에서 배제되었듯이, 사이버 공간에 들어올 기술적 능력이 없는 사람들은 새로운 질서 바깥에서 살고 있기 때문이다. 그러나 네티즌 사회가 아테네보다 더 관용적인 것은 분명하다. 무엇보다도, '외국인'이라는 개념이 네티즌 사회에 알려져 있지 않다는 점을 지적할 수 있다. 피부 빛깔이나 출생지에 상관없이 약간의 지식만 있으면 누구나 하이퍼시민이 될 수 있다. 인쇄술의 발명에서 의무 교육에 이르기까지는 수백 년이 걸렸지만, 인류의 대부분이 하이퍼시민이 되기까지는 앞으로 수십 년이면 족할 것이다. 이 시나리오 안에서 궁극적 승리자는 개인이다.

그러나 이것과는 정반대의 시나리오가 있다. 이 시나리오가 그리는 미래는 조지 오웰의 '1984년'과 올더스 헉슬리의 '멋진 신세계'와 허버트 마르쿠의 '일차원적 인간'을 섞어 놓은 악마적 세계다. 그 세계의 수동적 대중을 인도하고 감시하는 것은 오웰의 빅브라더 비슷한 새로운 몰로크다. 이 시나리오의 지지자들은 긴밀히 연결된 세 가지 사회적 정치적 경향에 주목한다. 첫째, 인터넷에 내재한 동질화 성향이 대중의 획일화를 부추길 것이다; 둘째, 경제적·문화적 불평등이 커지면서 지배 계급의 성원들 사이에 공공 안전 심리가 크게 상승할 것이다; 셋째, 국가와 거대 기업의 이해관계를 또렷이 구별하는 것이 점점 더 어려워질 것이다.

인터넷망이, 널리 선전되는 특징인 그 쌍방향성을 통해서, 사람들을 서로 비슷하게 만들고 있는 것은 분명하다. 이런 동질화 효과는 네티즌의 수와 비율이 불어남에 따라 앞으로 더 커질 것이다. 이런 측면에 주목하는 사람들에게는, 지난 세기 말부터 거론되기 시작한 맥월드(맥도날드 햄버거로 상징되는 미국의 문화에 맞추어 사람들의 기호나 취향이 평준화, 획일화되는 사회)가 미래 정치 문명의 밑그림처럼 보인다.

부자와 빈자 사이의, 그리고 테크놀로지 지식의 소유자와 비소유자 사이의 양극화가 진척됨에 따라 이런 획일화는 더 큰 가속도를 얻을 것이다. 게다가 소수의 '가진 자'와 다수의 '못가진 자'로 사회가 양극화하면, '가진 자' 사이에 신변의 안전에 대한 관심이 커질 것이다. 우리들이 이미 목격하고 있는, 인터넷 망을 통해 대중이 쏟아내는 불온하고 상스러운 좌절의 언어들도 이들의 불안을 자극할 것이다. 지배 계급이 감시체제의 강화에 유혹을 느낄 사회심리적 토양이 마련되는 것이다. 그와 함께 사회에서 기업들이 차지하는 비중은 점점 더 커질 것이다. 이미 오늘날에도 세계의 1백 개 경제주체 가운데 반 이상이 국가가 아니라 기업이다. 기업들의 비중이 커지면, 거대 기업들과 선출된 정치인들 사이의 이해 관계가 서로 포개질 가능성이 높아진다.

월드와이드웹(www)이나 다른 중요한 망들의 운영자에 의해서 사생활과 교육과 정치가 평준화될 날은 멀지 않았다. 바로 그 때가 세심한 감시자로서의 몰로크가 나타나기 좋은 때다. 이 새로운 몰로크는 공안질서의 수립을 외치는 국가와 다국적 기업과 기술적 하이퍼계급이 과학자 사회의 지지를 받아 자신들의 이해관계를 결합할 경우에 필연적으로 탄생할 괴물이다. 미국 국가안보위원회(NSA)는 이미 에슐론이라는 시스템을 통해서 매일 세계 도처의 30억여 대화들을 잡아내 분류할 수 있는 능력을 갖추고 있다. 이 몰로크는 세세한 정보들을 손에 쥐고 우리들 머릿속의 생각까지 읽어내려고 할지도 모른다.

이런 두 가지 시나리오를 우리는 각각 '사이버에덴'과 '사이버감옥'이라고 부를 수 있겠다.

사이버 세계에서는 단발적 행위가 인간관계보다 중시되고, 전문가가 정치가보다 중시되며, 지식이 정의보다 중시되고, 가상이 현실보다 중시된다. 이런 조건들을 돌파하며 인터넷이 공공 서비스와 공생(共生)의 거대한 도로망이 될 수 있다면, 그 사회는 사이버에덴이 될 수 있다.

그러나 사이버 세계는 또 인공두뇌의 형태를 한 몰로크가 인터넷 경찰로서 개인들의 사생활 일체를 감시하고 통제하는 사이버 감옥이 될 수 있다. 쾌적한 공공서비스의 수단으로서의 인터넷과 최악의 감시 체계의 실핏줄로서의 인터넷, 그 두 개의 가능한 시나리오의 갈림길에 우리가 서 있다.

읽을거리 2 Reading

정보공유연대(IPLeft) 선언문

Ⅰ. 총 론

우리는 정보와 지식을 생산하고 창조하는 과정에서 기쁨을 느낄 수 있고, 누구나 이를 자유롭게 향유할 수 있으며, 사회적인 기여에 대한 적절한 인정(또는 보상)을 받을 수 있는 사회를 지향한다. 그러나 지적재산권이라는 현실의 시스템—'정보와 지식'은 '사유재산'이 되고, '경쟁'을 통해서만 '생산과 발전'이 가능하다 여기며, 오직 시장에서만 그 가치를 인정받는 시스템—은 그러한 사회의 기반이 될 수 없기에, 우리는 현재의 지적재산권 시스템을 비판하고, 나아가 새로운 대안적인 시스템을 만들고자 한다.

IPLeft 선언문 Ver.1.0. 정보공유연대, 2000. 12. 9. 〈http://ipleft.or.kr/node/2363〉. 〈http://www.ipleft.or.kr/node/2364〉, 2011. 2. 15

대안적인 사회는 자본주의적 상품으로서의 정보와 지식이 아닌, 인류 공동의 사회적 자산으로서 누구에게나 생산과 이용에 제한이 없는 공공재로서의 정보와 지식을 기반으로 한다. 정보와 지식의 생산은 '돈'에 의해 추동되는 것이 아니라, 그것을 생산하고 나누는 기쁨 자체가 동력이 된다. 어떠한 지적 생산물도 사회의 축적된 지식 기반과 타인과의 공유 없이 생산될 수 없으므로, 정보와 지식의 공유는 대안적인 사회에서 생산의 추동력인 동시에 사람들의 삶의 방식이 된다. 이 사회에서는 지적재산권 체제가 강요하는 배타와 차별이 존재하지 않는다. 정보와 지식은 '사적으로 소유될 수 있는 재산'이 아니라, 누구나 누릴 수 있는 '사회환경'이 되어야 한다. 이런 의미에서 지적'재산권'은 현실 정보사회의 모순을 반영하고 있는 이데올로기일 뿐이며, 공유적 내용으로 새롭게 재구성되어야 한다.

그러나 이러한 대안적인 시스템에 대한 논의를 현실 사회로 끌고 들어올 때 몇 가지 딜레마에 대해 답을 해야 한다

첫째, '무임승차의 문제'를 어떻게 해결할 것인가? 이에 대해서 '무임승차를 배

제하고자 하는 합리성과 배타적 소유욕과는 얼마의 거리가 있는가?'라고 반문하고자 한다. 즉 우리는 지적 생산물에 대한 배타적 소유욕(무한 이윤추구의 욕망)과 무임승차의 욕구가 사실 현 자본주의 체제가 재생산하는 의식이라는 점에서 동전의 양면이라고 생각한다. 따라서 정보와 지식에 대한 배타적 소유욕을 보장하는 체제에서 무임승차의 문제는 영구히 계속될 것이며, 무임승차자를 배제한다는 명분 아래 보장되는 배타적 소유권과 정보의 공유적 특성 사이의 모순 역시 계속될 것이다.

둘째, '생산(또는 투자)에 대한 동기 부여'는 어떻게 해야 하는가? 우리는 현재의 지적재산권 제도가 지적 생산에 대한 합리적인 동기부여라고 생각하지 않는다. 현재의 지적 생산에 대한 동기부여는 창작과 발명에 대한 '보상'이라는 소박함이 아니라, '독점적 무한 이윤'에의 '무한 욕망'에 대한 동기부여가 아닌가? 그누/리눅스(GNU/Linux) 시스템의 예에서도 보듯이 독점적 이윤을 보장하지 않더라도 창작과 발명에 대한 동기부여는 얼마든지 가능하다.

셋째, 그렇다면 우리에게 구체적인 대안이 있는가? 또는 근본적인 대안과 현실에서의 쟁점은 어떻게 결합할 것인가? 우리는 대안적인 사회가 저 너머 어디에 존재하는 구체화된 대상이라고 생각하지 않는다. 우리는 현실 지적재산권 체제에 '근본적'인 문제의식을 느끼지만, 그 대안은 우리의 상상력을 '현실적 투쟁'으로 녹여내면서 만들어가야 하는 것이 아닌가? 그래서 아래의 각론 역시 근본적 변혁에 대한 욕망과 현실적 상황의 고려 속에서 아슬아슬한 타협안으로 마련된 것이다.

물론 우리가 아직 이 질문들에 대한 답을 만족스럽게 내놓은 것은 아니다. 또 이 선언문에서는 주로 현실 지적재산권에 대한 비판을 다루고 있지만, 우리는 지적재산권 법, 제도를 개선 또는 개혁하는 것으로 모든 문제가 해결된다고 생각하지 않는다. 지적재산권은 단지 법, 제도로서만 존재하는 것이 아니라, 그에 맞는 사회의식과 경제 체제를 재생산하고 있기 때문이다. 결국은 사회의 전 영역에 걸쳐 지식의 생산, 유통, 소비에 관한 대안적인 제도가 마련되어야 한다고 생각한다. 따라서 현실의 운동은 현 지적재산권에 대한 비판뿐만 아니라, 대안적인 정책 제시, 대안적인 사회를 향한 새로운 실험과 실천, 그 모든 것을 포함한다. 우리는 현 지적재산권 시스템의 모순을 극복하려는 모든 실천에 경의를 표하며, 그들과 함께 연대해 나갈 것이다.

II. 기본 관점

1. 지적 생산물은 공유되어야 한다.

지적재산권 제도는 정보와 지식이 그 생산자의 독창적인 산물이라고 전제한다. 그러나 역사적으로 사회의 축적된 지식기반에 의존하지 않으며, 타인과의 소통과 공유 없이 생산될 수 있는 지적 생산물은 없다. 즉 정보와 지식은 '완전한 무'에서 창조되는 것이 아니라 역사적으로 축적된 경험과 노력에 의해 체득한 사회의 지적 자산을 바탕으로 생산되는 것이다. 또한 생산된 지적 생산물은 사회 구성원들에 의해 이용되고, 수정·보완되며 사회적 자산으로 환원된다. 그러나 현재의 지적재산권 제도는 창작의 일부분에 기여를 한 특정한 생산자(또는 투자자)에게 생산된 지적 생산물의 모든 권리를 독점적이고 배타적으로 부여하고 있다. 따라서 지적재산권 제도는 정보와 지식 생산에 있어 역사성과 사회성을 인정하여, 생산에 대한 공동체의 기여를 인정해야 한다.

2. 정보에 대한 접근권은 디지털 시대의 기본권으로 인식되어야 한다.

1) 공개된 정보에 대한 접근과 이용에는 직업, 성, 지역, 인종 등의 계급과 계층에 따라 어떤 제약과 차별도 있어서는 안 된다. 특히 생활에 필수적인 정보, 많은 사람들이 보편적으로 사용하는 정보, 공공정보(국가기구, 지방자치단체, 대학, 국책 연구기관 등 국가의 지원을 받는 기관에서 생산한 정보, 그리고 국민의 세금인 공적 자금의 지원을 받아 생산된 정보를 포함한다) 등 '공적 정보'는 한 사회의 지식기반으로서 누구나 평등하고 자유롭게 접근하고 이용할 수 있어야 한다. 또한 교육, 연구, 사적 이용, 비상업적 이용을 위한 정보의 사용은 지적재산권에 의해서 제한되어서는 안 된다.

2) 저작권, 특허권, 상표권 등 지적재산권이 정보에 대한 접근권보다 우선할 수는 없다. 지적재산권의 과도한 보호는 계급과 계층에 따른 정보 격차를 심화시키고 있다. 이러한 정보 격차는 다시 경제적인 격차와 사회적 권력의 격차로 재생산된다. 국내적, 국제적인 정책 결정은 이러한 정보격차를 해소하고, 사회적 약자의 이익을 우선적으로 고려하는 방향으로 이루어져야 한다.

3) 정보 격차를 해소할 수 있는 주요한 방안은 공적 정보를 확대하는 것이다. 이는 정보에 대한 배타적 권리를 인정하지 않거나, 혹은 배타적 권리의 보호 기

간과 범위를 축소시킴으로써, 그리고 배타적 권리가 인정되지 않는 방식의 정보 생산을 장려함으로써 이루어질 수 있다.

3. 인간과 생명의 존엄성과 기본권이 지적재산권보다 우선적으로 보장되어야 한다.

1) 지적 생산물에 대한 지적재산권자의 권리가 이용자의 기본권을 침해할 정도로 과도하게 보호되어서는 안 된다.
2) 생명체 및 그 일부를 대상으로 하는 발견, 발명에 대한 지적재산권에 의해 인간과 생명의 존엄성 및 환경, 건강 등이 훼손되어서는 안 된다.
3) 지적재산권의 보호를 명분으로 개인의 프라이버시가 침해되어서는 안 된다.
4) 지적재산권이 자유로운 표현을 제약하는 수단으로 사용되면 안 된다.
5) 지적재산권을 정치적 이해와 입장을 달리하는 자, 사회적 약자, 소수자에 대한 탄압의 수단으로 사용해서는 안 된다.

4. 지적 생산물의 생산과 소비에 대한 다양한 가치와 자율성이 인정되어야 한다.

1) 각 국가 및 일국 내의 자치 공동체는 지식기반에 대해 독자적인 가치와 운영원리를 가질 권리가 있으며, 국제적으로 단일한 지적재산권 제도를 받아들이도록 강요받아서는 안 된다. 지적재산권 제도 역시 특수 운영원리의 하나일 뿐이다.
2) 한 사회의 지식 생산에는 '시장의 원리'보다는 각 지식 영역이 지니는 독자적인 가치와 운영원리가 존중될 수 있도록 정책적인 지원이 있어야 한다. 교육기관, 연구기관 등 공적 지식 생산 부문이나 카피레프트(CopyLeft) 운동 등 시민사회의 자발적인 생산 영역에 보다 많은 지원이 이루어져야 하며 민간의료법 등과 같이 대대로 내려오는 공동체 전체의 지식에 대한 보호가 이루어져야 한다.

읽고 나서 해 보기

1. 다음의 영상자료를 찾아보고 읽을거리 1의 자료를 감안해 인터넷에 대한 긍정적인 의견과 부정적인 의견을 정리해 보고, 인터넷에 대한 자신의 견해를 이야기해 봅시다.

[TED 특강] 클레이 셔키: 소셜 미디어는 어떻게 역사를 만들어내는가
미국 뉴욕대학의 클레이 셔키 교수는 페이스북, 트위터, 문자메시지가 억압적 권력 하의 시민들이 검열을 우회하여 진짜 뉴스를 보도하는 데 어떻게 도움이 되는지 이야기한다. 위로부터의 뉴스 통제가 끝나면서 정치의 속성이 변화하고 있다는 것이다.

[TED 특강] 에브게니 모조로프: 인터넷이 억압적 정권을 강화한다.
저널리스트 에브게니 모조로프는 "인터넷은 오웰이 우려했던 바로 그것인가?" 라는 의문을 제기한다. 그는 인터넷을 통해 민주화가 발전될 것이라는 기대에 반론을 제기하며 권위주의 집단이 인터넷을 선동의 수단으로 조작하는 방식을 습득했다는 것을 알려준다.

[TED 특강] 조나단 지트레인 : 인터넷은 수백만의 사심 없는 친절, 호기심, 신뢰로 구성되어 있다.
조나단 지트레인은 위키피디아 등의 사례를 분석하면서 인터넷 환경을 통해 세상이 과연 험악해져만 가고 있는가라는 비관론을 부정하고 낙관적인 견해를 제시한다. 인터넷 세상에서는 낯선 이에 대한 자발적이고 사심 없는 친절이 활성화된다는 것이다.

2. 개인의 지적 재산권과 정보 접근권을 모두 보장하기 위한 합리적 방안은 무엇인지 이야기해 봅시다.

03. 통섭의 시대와 융합적 공학인

인간 조건을 이해하는 길은 모든 방법들을 한데 묶는 것뿐이다.

– 에드워드 윌슨

학 | 습 | 목 | 표

1. 현대 사회의 화두로 떠오르는 '통섭', '융합'의 개념을 이해한다.
2. 기술사회의 문제를 해결하기 위해 융합적 사고가 필요하다는 것을 이해한다.
3. 공학의 융합적 성격을 이해하고 융합적 공학인의 기본 자질에 대해 생각한다.

설명한다, 그러므로 나는 존재한다

Enqrro, Ergo Sum

에드워드 윌슨, 통섭, 최재천·장대익 옮김, 사이언스북스, 2007, 서문 중에서

진리의 행보는 우리가 애써 만들어 놓은 학문의 경계를 존중해 주지 않는다. 학문의 구획은 자연에 실재하는 것이 아니기 때문이다. 진리의 궤적을 추적하기 위해 우리 인간이 그때그때 편의대로 만든 것일 뿐이다. 진리는 때로 직선으로 또 때로 완만한 곡선을 그리며 학문의 경계를 관통하거나 넘나드는데, 우리는 우리 스스로 만들어 놓은 학문의 울타리 안에 앉아 진리의 한 부분만을 붙들고 평생 씨름하고 있다.

사실 중세에는 우리가 지금 알고 있는 학문들이 존재하지 않았다. 따지고 보면 중세를 끝낸 르네상스기의 상당 기간에도 당시의 전형적인 학자들은 거의 모든 분야에 '전문가다운' 지식을 갖추고 있었다. 그래서 지금도 우리는 여러 분야에 걸쳐 해박한 지식을 갖고 있는 사람을 '르네상스인(Renaissance man)'이라고 부른다.

지식은 대체로 보아 16세기를 기점으로 하여 쪼개지기 시작했다. 엄밀하게 말하면 지식 자체가 쪼개진 것이 아니라 지식을 탐구하는 방법과 사람들이 쪼개졌다고 생각하는 것이 더 옳을지도 모른다. 이 같은 추세를 부채질한 환원주의(reductionism)가 엄청난 양의 지식을 발굴해내는 데 기여했음을 부인할 수는 없다. 그러나 20세기를 마감하며 우리는 우리가 그토록 열심히 찾아낸 부분들을 한데 묶어도 좀처럼 전체를 이루지 못한다는 사실을 발견했다. (중략)

나는 이제 우리가 진리의 행보를 따라 과감히 그리고 자유롭게 학문의 국경을 넘나들 때가 되었다고 생각한다. 학문의 국경을 넘을 때마다 여권을 검사하는 불편한 과정을 생략할 때가 되었다. 진정한 세계화는 진리를 추적하는 학문의 영역

들에서 먼저 일어나야 한다. 진리의 행보들이 마냥 무작위적인 것 같지는 않다. 진리는 철새처럼 어느 정도 정해진 경로를 따라 움직인다. 생물학에서 출발한 문제가 경제학과 정치학을 거쳐 심리학과 수학에 정착한다. 사회학의 문제인 줄로만 알았는데, 알고 보니 행정학과 법학은 물론 기상학과 화학 그리고 음악의 영역까지 그 가지들을 뻗는다. 그동안 우리는 이른바 학제(interdisciplinary) 연구라는 걸 한답시고 적지 않은 시도들을 해 왔다. 하지만 우리의 노력의 대부분은 단순히 여러 학문 분야의 연구자들이 제가끔 자기 영역의 목소리만 전체에 보태는 다학문적(multidisciplinary) 유희에 지나지 않았다. 이제는 진정 학문의 경계를 허물고 일관된 이론의 실로 모두를 꿰는 범학문적(transdisciplinary) 접근을 해야 할 때가 되었다. 이것이 바로 통섭의 시대를 맞이하는 길이다.

읽으면서 생각하기

읽을거리 1 Reading

'잡종적' 지식인의 필요성

지금 우리가 살고 있는 기술(技術)사회는 복잡하고 위험한 세상이다.

세상의 복잡성을 상징적으로 드러내는 지표가 있다. 1830년께 미국에서 이윤을 제일 많이 남기고 가장 많은 지국을 둔 회사가 미 연방은행이었는데, 당시 이 은행의 본점은 불과 3명의 직원에 의해 운영되고 있었다. 같은 시기 미국 워싱턴의 입법·사법·행정부에 고용된 공무원은 총 6백 65명에 불과했다. 미국의 예지만 지금과 비교해 보면 천양지차라고 할 수 있다.

왜 세상이 복잡해졌는가? 급속한 산업화가 한 가지 이유다. 많은 산업국가들이 지난 1백 50년 동안 90%의 인구가 농업에 종사하던 농업사회에서 90%의 인구가 농업 외의 일을 하는 사회로 바뀌었다. 역사학자 홉스봄이 지적했듯이 20세기는 계층으로서 '농민'이 사라진 세기였다.

세상이 복잡해진 또 다른 이유는 기술 덕분이다. 사람들은 전기·통신·자동차·고속도로·컴퓨터·원자력·생명공학과 같은 기술을 발전시켰다. 기술은 복잡해지는 세상을 효율적으로 다루기 위해 발전했지만, 기술 자체가 거대한 네트워크와 시스템을 이루면서 세상을 몇백 배 복잡하게 만들었다. 기하급수적으로 복잡해진 세상을 다루기 위해 또 다시 인터넷 같은 새로운 기술이 필요했음은 물론이다. 기술과 사회는 이렇게 물고 물리면서 통제하기 힘든 속도로 급속하게 세상의 복잡성을 증대시켰다.

복잡한 세상을 다루기 위해 발달한 한 가지 제도가 관료제다. 관료제의 핵심은 복잡한 인간사를 세분하고 세분된 단위에서 내리는 결정에 대한 규정을 미리 정해 개개인의 주관적 판단이나 감정이 들어갈 여지를 사전에 없애는 방법이다.

관료제의 폐단은 책임을 회피하는 빌미를 제공한다는 것이다. 나치 정권 아래서

홍성욱, '잡종적' 지식인의 필요성, 중앙일보, 과학으로 세상보기, 입력 2002. 2. 25, 수정 2006. 1. 7. 〈http://article.joinsmsn.com/news/article/article.asp?total_id=839514〉, 2011. 2. 10

유대인의 학살에 관여했던 한 관료는 자신의 죄가 열차의 운행을 효율적으로 관리한 것뿐이라고 변명했다. 그 열차에 가스실로 보내는 유대인을 태우는가, 혹은 목재를 수송하는지를 결정하는 것은 자신의 권한 밖이었다는 것이었다.

복잡한 기술시스템과 관료제가 결합해 낳은 것이 지금의 '위험사회'다. 전문가들이 이해하고 통제하는 것은 세상의 작은 부분에 국한된다. 누구도 전체를 이해하기 힘든 복잡한 사회는 대체 어디서 어떤 사고가 터질지 예측하는 것 자체를 불허한다.

기술자와 관료들은 자꾸 새로운 기술시스템을 만드는 데만 열중하며, 이 과정에서 사고나 예상치 못한 결과가 생기면 그 뒤치다꺼리는 또 다른 기술자나 관료가 담당한다. 이 과정에서 책임은 실종되며, 사람들의 불안은 가중된다.

복잡하고 위험한 기술사회를 헤쳐 나가는 지식인이 갖출 조건은 무엇일까?

무엇보다 위험사회에 필요한 지식인은 복잡한 시스템을 구성하는 세분된 단위만이 아니라 그 단위들의 연결을 이루는 원리와 룰의 타당성에 대해 성찰할 수 있는 사람이어야 한다. 이러한 지식인은 자신의 한계를 극복하기 위해 지식인들 사이의 열린 네트워크를 만드는 사람이어야 하고, 이를 통해 지식인들과 지식생산에 종사하는 '지식노동자'와의 연대를 만들어내야 한다.

위험사회의 지식인은 기술의 힘을 잘 이용할 줄 아는 '사이보그'여야 한다. 컴퓨터와 통신기술, 사이버네틱스는 복잡한 세상을 이해하고 통제하기 위해 만들어졌다. 이러한 기술을 효과적으로 사용할 때 우리는 복잡한 세상에서 권력의 작동을 효율적으로 감시하고 통제할 수 있다.

경계를 뛰어넘어 연관을 생각할 줄 아는 능력, 이러한 주체들의 유연한 네트워크, 그 위에 중첩돼 있는 이론과 실천의 연대, 그리고 이 복잡한 네트워크를 효율적으로 움직이게 해주는 기술적인 결합. 이것들이 지금 우리에게 절실한 '잡종적' 지식인의 필요조건이며, 위험사회를 극복할 수 있는 실천적 힘이다.

읽을거리 2 Reading

과학과 인문학을 잇는 공학교육

김환석, "과학과 인문학을 잇는 공학교육", 『공학에세이』, 한국공학교육학회, 2010, pp. 93-97.

1959년 영국의 작가이자 과학자였던 스노우(C.P.Snow)는 케임브리지대학교의 리드강연에서 "두 문화와 과학 혁명"이라는 제목의 유명한 강연을 한 바 있다. 여기서 그는 영국과 서구의 지식인들이 과학과 인문학이라는 '두 문화'로 나뉘어져 대립하고 있으며, 이것이 서구 문명의 앞날을 위협할 수 있음을 경고함으로써 커다란 논쟁을 불러 일으켰다. 국내에서는 서구에서와는 달리 명시적으로 과학과 인문학 사이에 직접 부딪힌 논쟁은 없었지만, 그렇다고 해서 그러한 문제가 없거나 서구보다 상황이 나은 것은 결코 아니었다. 고등학교부터 문과/이과로 나뉘어져 대학으로 이어지는 두 문화 사이의 제도적 분리와 소통 결여는 서로에 대한 무관심과 오해를 낳아왔고, 이는 수면 밑에서 두 문화 문제가 점점 깊게 곪아가는 심각한 상황이라고 보이기 때문이다. 예를 들어 최근 배아줄기 세포 연구와 광우병 관련 촛불집회, 4대강 사업 등을 둘러싸고 벌어진 주류 과학기술자와 인문사회과학자 사이의 대립은 그 근저에 이러한 두 문화 문제가 놓여 있다고 생각되는 것이다.

공학교육이 무엇을 위한 것이며, 어디로 가야 할 것인가를 성찰할 경우 가장 먼저 대면해야 할 것이 바로 이 두 문화 문제라고 나는 생각한다. 공학은 언제부터인가 스스로를 '과학'의 일종이라고 간주하는 경향을 보여 왔다. 즉 공학이 연구하고 개발하는 '기술'을, 과학지식을 현실문제에 응용한 것, 즉 '응용과학'이라고 간주하는 경향이 바로 그것이다. 아마도 현대 사회의 모든 지식 가운데 합리성·객관성이 뛰어난 과학지식의 권위가 가장 높다는 점도 이러한 태도의 형성에 기여하지 않았을까 추측된다. 아무튼 지금은 공학자들 사이에 마치 상식처럼 굳어진 이러한 고정관념이 과연 올바른 것인가는 사실 좀 의문이다. 굳이 여기서 '기술'이란 말의 어원을 따지지 않더라도, 인류의 탄생부터 인간과 자연 사이를 매개해 온 물질문화가 기술임에 반하여 과학은 근대에 들어서야 비로소 본격적으로 탄생하였기 때문이다. 물론 산업혁명 이래 과학이 기술에 큰 영향을 준 것은 사실이지만, 기술은 여전히 과학으로 환원되지 않는 독특한 문화의 일종이라는 사실은 변함이 없는 것이다.

기술의 이러한 특성은 과학에 비해 열등한 지식이라는 점을 나타내는 것이 아니라 오히려 인간의 생활과 가까운 더 구체적 · 현실적 · 역동적인 지식이라는 점에서 커다란 장점이 된다고 생각된다. 다만 오늘날의 공학교육은 기술의 이러한 특성과 장점을 살리기보다는, 기술을 지나치게 과학에 가까운 것으로 취급함으로써 스스로 공학의 범위를 좁히고 인간적인 특성과는 거리가 먼 특수한 합리적 전문지식의 세계로 자신을 소외시키고 있다는 것이 나의 판단이다. 이를 '두 문화'와 관련지어 표현하자면, 공학은 단지 과학과 가깝거나 그것의 일종으로 동일시될 수 있는 것이 아니라 과학과 인문학을 매개하면서 그 둘 사이에서 균형을 잡아주는 역할을 하는 혼성적 문화의 성격을 갖는다는 것이다. 영국의 과학기술사회학자이며 이른바 '행위자 - 연결망이론(Actor - Network Theory)'의 대표적 학자 중 하나인 존 로는 공학의 이러한 측면을 강조하기 위하여 '이질적 엔지니어링(heterogeneous engineering)'이라는 용어를 만들어 널리 퍼뜨린 바 있다. 즉, 공학은 단지 자연의 물질적 속성을 합리적으로 파악하고 이용하는 지식이 아니라, 인간의 정치적 · 경제적 · 문화적 · 도덕적 속성들을 함께 고려하여 기술에 체화시켜야만 성공할 수 있는 물질적 · 사회적 · 개념적 요소들의 결합체라는 것이다.

이제라도 공학의 올바른 정체성을 확립하기 위해서는 기술과 사회의 관계는 어떤 것인가에 대하여 보다 정확한 관점을 갖추어야 할 필요가 있다. 산업혁명 이래 오늘날의 정보혁명까지 서구에서 이 둘 사이의 관계를 파악하는 지배적인 관점은 '기술결정론'이었다고 볼 수 있다. 기술이란 사회와는 무관한 자체의 내재적인 논리와 발전법칙을 지니고 있고, 이러한 기술이 사회에 실제로 적용됨으로써 사회가 특정한 방향으로 변화하게 된다는 생각이 바로 그것이다. 즉, 기술이 사회에 대하여 일방적·단선적인 영향을 미친다는 것이다. 오늘날 대부분의 공학자들은 정보기술, 생명공학, 나노기술 등이 사회에 미치는 영향에 대하여 생각할 적에 명시적이든 묵시적이든 대개 이와 비슷한 관점을 취하고 있는 것 같다. 만일 그렇다면 현재의 공학 분야에서 기술결정론은 지배적 패러다임의 역할을 한다고 볼 수 있다. 그러나 1980년대 중반부터 과학기술사회학 분야에서 이러한 기술결정론은 강한 도전을 받기 시작하였다. 여기에는 대체로 두 가지 상이한 관점들이 제기되었다. 먼저 '기술의 사회적 구성론'이라고 불리는 관점으로서, 이는 기술결정론과는 정반대의 논리를 취하는 접근이라고 볼 수 있다. 즉, 기술에는 아무런 내재적 논리가 없고 오로지 인간의 가치와 이해관계 등 사회적 요인들이 작용하여 만들어지는 결과라는 것이다. 따라서 기술은 다른 문화적 산물과 마찬가지로 인간의 선택에 따라 얼마든지 다양하게 만들어질 수 있다고 강조된다.

기술의 사회적 구성론은 기술결정론이 지니는 약점을 비판하는 데는 큰 기여를 하였지만, 기술을 오로지 인간과 관련된 사회적 요인들로 환원시켜 설명하려고 함으로써 기술결정론의 반대편 극단인 사회결정론에 기우는 오류에 빠졌다고 볼 수 있다. 즉, 사회가 기술에 대하여 일방적 영향을 미치는 또 다른 단선적 모델이 되고 말았다는 것이다. 이에 반해 기술결정론을 비판하는 점에선 동일하지만, 그렇다고 사회결정론에도 빠지지 않으려 시도하는 제3의 관점이 바로 행위자 - 연결망이론이다. 이 이론에서는 기술이 사회와는 무관한 독자적 실체라는 관점 또는 사회적 요인의 단순한 반영물이라는 관점 모두를 거부한다. 대신에 그것은 기술이 인간적 요소들(공학자 및 그를 둘러싼 동료, 정부, 기업, 시민 등)과 비인간적 요소들(자연, 실험기구, 실험실의 공간적 특성 등)이 공고하게 결합되는 연결망의 결과로서 출현한다고 본다. 이때 그러한 이질적 요소들의 연결망이 성공적으로 구축되느냐 아니냐에 중요하게 작용한다는 의미에서 인간들 못지않게 비인간들도 '행위자'로서의 동등한 역할을 한다고 보는 것이 이 이론의 특징이다. 인간과 비인간의 이질적 연결망 구축을 통하여 새로운 기술이 나타나는 동시에 사회도 새롭게 변화하게 된다. 이 면에서 기술과 사회는 서로 별개의 실체가 아니라 연결망 구축과정에서 함께 직조되며 지속적으로 변화하는 사회 - 기술적 집합체(socio-technical collective)의 구성부분들이라 할 수 있다. 따라서 기술과 사회는 서로 공동 구성하는 공진화(co-evolution)의 관계에 있으며, 이는 기술결정론이나 사회적 구성론과는 달리 기술과 사회의 쌍방향·비선형 모델에 해당하는 것이다.

그러면 기술과 사회의 공진화라는 이러한 새로운 관점이 공학교육에 주는 함의는 무엇일까? 먼저 공학은 과거의 '두 문화' 체제에서 지나치게 과학 편으로 쏠려 있는 자신의 위치와 정체성에 대해 근본적으로 재고를 해야 한다. 공학은 단지 과학의 일종이 아니라 과학과 인문학의 성격 모두를 띤 혼성문화로서 둘 사이를 매개하는 중요한 역할을 맡고 있기 때문이다. 인간과 비인간의 이질적 연결망을 통해 기술과 사회가 항상 공진화하는 것이라면 공학자는 비인간 사물들뿐 아니라 다양한 인간들의 행위에 대하여서도 풍부한 이해를 갖출 필요가 있다. 바로 이 면에서 공학자는 엔지니어이면서 동시에 사회학자와 같은 역할을 하는 '엔지니어 - 사회학자'여야 한다고 행위자 - 연결망이론가들은 강조한다. 이는 단지 이상적인 얘기나 사소한 추가사항이 아니라 공학자들이 개발하고 적용하는 기술의 성공 자체를 위해서라도 반드시 갖추어야 할 요건에 해당한다. 기술은 사회와 분리되거나 균열된 채 결코 제대로 작동할 수는 없기 때문이다.

다만 '두 문화' 체제에서 오랫동안 형성된 현재의 공학교육이 하루아침에 이와 같은 혁신적 모습으로 탈바꿈하는 것이 쉽지 않으리라는 걸 알기 때문에 여기서는 당장 실천할 수 있는 두 가지 사항을 제안하고자 한다. 첫째, 모든 공학자들은 기술의 정치적·경제적·문화적·도덕적 측면들에 관하여 인문·사회과학자들과 적극적인 대화 및 소통에 나서야 한다. 중·장기적으로는 공학자들 스스로가 기술의 이러한 사회적 측면들에 대하여 깊은 지식을 갖춘 '이질적 엔지니어' 또는 '엔지니어 - 사회학자'가 되어야 하겠지만, 당장은 그럴 수 있는 제도적 기반(대학교육, 전문가문화 등)이 취약하므로 기술의 사회적 측면들에 관심과 지식을 지닌 인문·사회학자들과의 소통을 확대하는 것이 필요하다. 문제는 현재의 인문·사회과학 역시 '두 문화' 체제에서 형성되어 과학기술에 대해 관심이 적다는 것이다. 그러나 최근 과학기술사회학분야가 예시하듯이 이는 공학자와 인문·사회과학자 사이의 소통을 통한 상호학습 효과에 의해 점차 긍정적으로 변화될 수 있는 문제라고 판단이 된다. 둘째, 공학자들은 기술의 최종 사용자인 일반 대중의 의견을 경청할 필요가 있다는 것이다. 기술의 사용은 공학자들의 애초 예상과는 달리 많은 불확실성과 의도하지 않은 결과를 종종 초래한다. 예컨대 기후 변화와 같은 위험은 물론이고 GMO와 나노기술 등 역시 인체나 환경에 커다란 위험을 안고 있다고 지적된다. 최근 서구 여러 나라에서는 이러한 문제들에 적극 대처하기 위해 정부와 전문가단체들이 앞장서서 협의회의나 시민배심원과 같은 '과학기술에의 시민참여(public engagement with science and technology)' 프로그램을 실시하고 있다. 전문가와 시민의 긴밀한 쌍방향 소통을 통해서 기술의 불확실성과 위험에 사전 대응하자는 노력으로서, 국내외 공학자들도 이에 적극적 관심을 가질 필요가 있다.

읽고 나서 해 보기

1. 읽을거리 1에서는 현재의 기술사회를 복잡하고 위험한 사회라고 말하고 있다. '복잡하고 위험한 사회'란 무엇이며 이러한 기술사회의 지식인이 갖추어야 할 조건이 무엇인지 생각해 봅시다.

2. 읽을거리 2에서 이야기되는 '기술결정론', '기술의 사회적 구성론', '행위자 연결망 이론'에 대해 설명해 봅시다.

3. 공학이 과학과 인문학의 성격을 모두 띤 혼성문화적 성격을 갖는다는 점에 대한 자신의 생각을 말하여 봅시다.

4. 주변에서 흔히 볼 수 있는 제품이나 생각, 문화 중 과학과 인문학적 요소가 함께 고려되고 있는 예들을 찾아 소개해 봅시다.

04. 과학 기술과 지속 가능한 발전

미래는 늘 현재 사고의 결과이다.
과거도 미래도 현재의 사고에 달려 있다.
지금 이 순간 당신을 변화시켜야 한다.
미래는 운명의 손이 아니라 우리의 손에 달려 있다는 것을 명심하고
그것이 진리임을 확신하라.

– J. 쥐스낭

옛날 사람들은 중요한 결정을 내릴 때 이삼백 년 후의 후손들을 생각했다.
그러나 오늘날의 우리는 우리만을 위해 중요한 일들을 결정해 버린다.

– 제인 구달

학 | 습 | 목 | 표

1. 과학 기술의 사회적 역할을 이해한다.
2. 과학 기술 발전의 추이를 기반으로 미래 기술의 지속 가능성을 유추해 본다.

앞에서도 살펴본 것처럼, 과학 기술의 발달은 인류에게 경제적인 풍요와 삶의 질적 향상을 가져옴과 동시에 무분별한 산업 개발로 인해 자연 파괴나 환경오염 등 여러 문제를 양산했다. 그동안은 과학기술이나 산업의 긍정적인 면만을 부각시키고, 그 이면에 존재하고 있던 부작용들을 외면해 왔으나 시간이 흐를수록 부정적인 면이 더욱 거세게 대두되고 있다. 현재 여러 문학작품이나 영화 속에 그려지고 있는 미래사회의 부정적인 모습은 이러한 상황을 대변해 주는 것이라 할 수 있다.

미래는 현재를 바탕으로 하기 때문에, 앞으로의 발전적인 미래를 위해서는 그간 외면해 왔던 다양한 문제들을 개선시키기 위한 노력들이 요구되고 있다. 이에 과학기술자는 현재의 발전 단계를 유지하면서 다가올 미래 세대들에게도 부담을 주지 않을 지속 가능한 발전을 위해 노력해야 할 것이다. 이 장에서는 긍정적인 미래사회를 지향하기 위해 현재 우리가 극복해야 하는 것들과 앞으로 우리의 노력에 대해 이야기해 보기로 한다.

읽으면서 생각하기

읽을거리 1 Reading

과학, 기술, 세계화

제롬 벵데 외, 『가치는 어디로 가는가?』, 이선희·주재형 역, 문학과 지성사, 2008, pp. 233-239.

북과 남의 세계화에 대한 시각들

세계화는 서양 중심 도시의 관점이 아니라 남반구의 도시와 마을의 관점에서 볼 때, 매우 다르게 보인다. 나는 세계화를 형성하는 역설적인 힘들이 다른 측면에서 볼 때 어떻게 보이는지 여러분들이 이해할 수 있도록, 우선 나의 조국인 페루에서 끌어온 네 가지 예를 들어보고 싶다.

몇 주 전에, 초등학생 28명이 페루 고산지대의 오지 마을에서 강력한 살충제를 담아 놓았던 용기에 물과 분유를 섞어 먹은 뒤 죽었다. 이 아이들 중 아무도 글을 읽을 줄 몰랐기에, 아이들이 그냥 독극물을 섭취해 버린 것이다. 덧붙이자면, 이 살충제는 사실상 거의 모든 산업화된 국가에서 금기되었다. 하지만 나의 조국과 같은 곳에서만은 계속 판매되고 있다.

둘째로, 페루 북부의 카자마르카에서 최근에 중요한 연례행사가 있었다. 감자를 경작하는 농부들은 이곳에 모여서 지난해에 그들이 생산한 가장 좋은 곡물들의 종자를 교환한다. 감자 생산을 증진시키는 데 도움이 될 종자들을 남과 공유한다는 것은 공동체에게는 자부심의 표현이다. 올해에는 다국적 기업들이 그 축제에 참가했으며, 이윤을 남겨 팔기 위해 현재 이 전통적인 식량들의 유전자에 대한 특허를 내는 작업을 하고 있다.

페루의 거시 경제 지표들은 훌륭하다. 월스트리트에서 또는 투자은행가들의 사무실에서, 사람들은 당신에게 페루는 인플레이션이 낮으며 착실하게 부채를 상환하므로 좋은 투자 기회라고 조언할 것이다. 그렇지만 페루인들의 관점에서 본다면 그렇게 장밋빛 상황이 아니다. 지난 10년 동안 인구의 50퍼센트가 빈곤선 이하의 수준에서 살아 왔으며, 인구의 20퍼센트는 절대 빈곤선 이하의 수준에서, 즉 그들의 수입이 먹을 것을 사기에도 불충분한 상태에서 살고 있다. 사람들은 종종 노동의 종말에 대해 언급하곤 한다. 하지만 아마도 일터의 종말에 대해 언급하는 게 더 적합할 것이다. 페루에서 노동력의 3분의 2는 실업 상태이거나 불완전 고용 상태에 있으며, 지금부터 2005년까지 유럽 연합 전체의 구직자 수보다 더 많은 수의 구직자가 페루의 노동시장으로 들어올 것이다.

나는 최근에 저명한 정치학자인 벤저민 바버(Benjamin Barber) 박사와 함께하는 국제회의에 참가했다. 바버는 자신의 발표를 요약하면서, 미국의 민주주의는 한 무리의 악당들을 4년 동안 불러들이고는, 결국 그들을 내던지고 4년 동안 또 다른 무리의 악당들로 그들을 대체하는 수준으로까지 퇴보했다고 지적했다. 내 대답은, 남반구의 관점에서 볼 때, 그런 민주주의는 매우 훌륭하다는 것이다. 악당들이 선거를 조작하고 15년 또는 16년 동안 권력을 쥐고 있는 상황에서는, 4년마다 평화로운 선거를 통해 그들을 내던져버릴 기회를 고맙게 여길 것이다.

그러므로 북반구의 불평거리들은 종종 남반구가 열망하는 것들이다. 산업화된 국가들에서의 진보는 개발도상국가들에게는 위협일 수 있다. 이제 두 관점 사이에 중대한 차이가 있다는 것은 아주 분명하다.

균열된 세계 질서

1989년 베를린 장벽의 붕괴를 뒤따랐던 서비스와 금융의 확장과 세계화에 대한 행복한 도취 속에서, 나는 우리가 균열된 세계 질서로 들어서고 있다는 생각을 개진했다. 나는, 우리가 극도로 복잡한 어떤 것, 선과 악 양면을 다 가지고 있는 역설적이고 모순적인 어떤 것을 경험하고 있다고 시사했다. 세계화는 우리가 서로 접촉하도록 만들지만, 또한 사회들과 소득의 측면에서는, 그리고 가장 중요하게는 지식을 생산하고 활용하는 우리의 능력 측면에서는, 깊은 분할들과 균열들을 유지하고 강화시킨다. 이런 균열들은 인류를 두 문명으로 나누고 있다.

오늘날 우리가 이 균열된 세계 질서로 들어섰다는 것은 분명해졌다. 사회들 내에서 그리고 사회들 사이에서 부와 권력의 집중도가 엄청나게 증가했다. 더욱 충격적인 사실은 지식을 활용하는 능력의 격차가 커진다는 것이다. 24개국 최고 부유 국가와 42개국의 가난한 국가 사이의 1인당 평균 수입의 현재 비율은 62:1에서 65:1이다. 하지만 연구 개발 부문에서 1인당 연간 지출 비율은 250:1 이상이다. 수십 년 또는 더 나아가 수세기에 걸쳐 이 수치의 추이를 추정해 본다면 지식을 생산하는 능력에서 축적되어 온 엄청난 격차들을 보게 될 것이다.

세계를 바라보고 관계 맺는 두 가지 방식과 함께 실제로 두 개의 문명이 출현할 위험이 있다. 한 문명은 지식을 생산하고 활용하는 능력에 기반해 있고, 다른 문명은 해외로부터 오는 지식을 수동적으로 받아들일 뿐 이를 수정할 능력은 없다. 더 나아가면, 나는 최근에 시애틀에서 열렸던 한 회담에 참가했는데, 여기에서는 인간 유전자학과 유전학의 진보들을 통해 인간 종 내에서 구분되는 두 가지 이종이 출연하리라는 공포스러운 생각이 제기되었다.

무엇을 할 수 있는가? 우선, 세계화를 모든 문제에 대한 해답으로 묘사하는 자들의 과장으로부터, 그리고 무엇도 할 수 없고 우리는 현재의 추세가 가리키는 방향으로 계속 나아갈 운명이라고 말하는 자들의 비관주의로부터 거리를 둔 분별력 있고 균형 잡힌 관점을 찾아야 한다. 이 의제에서 두 번째 요점은 과학과 기술 영역에서 국제적인 협력을 되살려낼 것을 포함한다. 이것은 새로운 생각이 아니다. 1963년, 제네바에서 저개발국가들이 이 영역에서 발전하는 것을 돕기 위해 유엔회의가 조직되었다. 그때, 사람들은 과학과 기술의 진보는 거대한 슈퍼마켓의 상품과 같다고 믿었다. 개발도상국가들은 간단하게 그들이 원하는 것을 사서 사용할 수 있었다. 20년 전 몇몇 불균형을 바로잡을 목적으로 새로운 기획이 공표되었다. 산업화된 국가들은 과학과 기술은 잠재적으로 혜택들뿐만 아니라 피해도 줄 수 있다는 것, 거대한 분할들을 만들어낼 수 있다는 것, 그리고 전유되어 아주 소수 인간들의 이득을 증대시키거나 부유하게 만드는 데 이용될 수 있다는 것을 배웠다. 그 이후 20년 동안, 우리는 수많은 선언을 보았지만, 실질적으로는 어떤 것도 바뀌지 않았다. 개발도상 세계에서 6개 정도의 국가만이 과학적, 기술적 능력들을 향상시킬 수 있었다.

발전과 진보를 다시 정의하기

국제 공동체는 국제적 협력의 기본 원칙들로 돌아가서 인터넷과 지식 자원에 대한 접근권을 포함한 최소 수준의 과학 기술력은 개발도상국가들에게 절대적으로 필요한 것이며, 이것이 국제적 연대의 주제가 되어야만 한다는 생각을 받아들여야 한다. 이는 성취될 수 있다. 하지만 20년 전의 상황과는 반대로, 국가 정부들은 더 이상 과학과 기술의 게임에서 주요한 행위자가 아니다. 우리가 바라든 바라지 않든 간에, 민간 부문과 학자들의 국제 공동체는 정부와의 협상 테이블에 동석해서, 개발을 목적으로 과학과 기술을 운용하는 것에 관한 의제 토론을 시작해야 한다.

이런 접근의 성공적인 예 중 하나는 WHO의 새로운 백신 기금이다. 유네스코가 해야 할 특정한 역할을 이런 국제적 협력을 되살리는 데 있다. 왜냐하면 유네스코는 유엔의 조직 체계에서 과학, 기술 분야에 대한 권한을 가진 유일한 기구이기 때문이다.

다음 20년 또는 30년에 걸쳐 우리는 '개발'과 '진보'란 말이 의미하는 바를 재정의하는 데 공동의 노력을 기울일 필요가 있다. 우리가 이해하는 대로의 '발전'이, 즉 고도로 산업화된 국가의 생활 기준들과 물질적 소비라는 측면에서의 '발전'이 전 세계에 적용될 수 있는 해석이 아니라는 것은 분명하다. 에너지와 물질 소비의 성장으로 측정되는 이런 종류의 발전이 개발도상국가들에서 손쉽게 이루어지지는 않을 것이다. 우리가 21세기로 들어감에 따라 '발전'과 '진보'에 대한 다른 개념화가 요구될 것이다.

우리는 베이컨적 기획의 종말을 보고 있다. 이 기획은 400년 동안 번영했다. 17세기 초에 베이컨이 말한 대로, 이 기획은 세 가지 요소로 이루어져 있었다. 지식을 생산하는 새로운 도구로 공학을 사용하기, 단순히 신의 신성한 설계를 발견하기 위한 소일거리로서가 아니라 인류의 이익을 위한 발견으로서 지식을 생산하기, 지식을 더 넓히기 위해 제도와 국가 지원을 활용하기. 베이컨은 '인간'을 믿었고, 인간을 그 자신의 사유 중심에 놓았다.

과학은 어떤 변형을 겪었다. 오늘날 과학은 지식을 생산하는 방법으로서 자신이 가지고 있는 한계들을 의식하고 있으며, 우리는 윤리학과 미학이 이성과 과학을 통해 이룬 발견들을 보충해 주기를 기대하고 있다. 이제 우리는 인류를 향상시킬 수 있을 뿐만 아니라 새로운 위험들과 문제들 또한 만들어내는 지식의 능력과 그 모호한 특성을 의식하고 있다. '진보' 자체는 의문시되었으며 재정의될 필요가 있다. 끝으로 '인간'에 대한 베이컨적 개념은 남성과 여성 간의 관계뿐만 아니라 인류와 생명적, 물리적(biophysical) 환경 간의 관계에 대한 더 섬세한 개념을 통해서 변화되었다. 오늘날 우리는 우리가 만들어야만 할 거대하고도 정교한 균형들에 대해 더 명확하게 알고 있다.

베이컨의 기획은 성공했지만, 그렇게 하면서 그 자신의 토대들을 침식했다. 새로운 기획을 재정의하는 것은 우리의 과제이다. 우리는 지난 400년간의 실수들로부터 배울 수 있다는 장점을 가지고 있다. 지식 생산에 대한 우리의 개념을 확장시켜서 순수한 합리성과 다른 고찰들을 포함시켜야 한다. 윤리학과 미학이 가능한 선택들일 것이다. 게다가 베이컨적 기획은 서구 문명의 창조였다. 서구 문명이 자본주의적 팽창과 함께 전 세계에 걸쳐 일제히 전개됨에 따라, 그 기획은 다른 문화들을 말살하거나 무시했다. 이제는 이 문화들을 다시 현재로 불러들일 때이다. 변화에 관한 의제의 세 번째 요점은 모든 문명을 포함하되 다음 20년 또는 30년에 걸쳐 '발전'과 '진보'가 의미하는 바를 재정의할 목적으로 이루어지는 대화이다.

읽을거리 2 Reading

지속가능한 테크놀로지

홍성욱, 지속 가능한 테크놀로지, 경향신문, 과학칼럼, 2005. 5. 13.

'지속가능한 발전'은 지금 우리의 현재 욕구를 충족시키지만, 동시에 후속 세대의 욕구 충족을 침해하지 않는 발전을 의미한다. 또 지속가능한 발전은 경제적 활력, 사회적 평등, 환경 보존을 동시에 충족시키는 발전을 의미한다. 지금 지구의 전 인구가 선진국 수준의 풍요를 누리기 위해서는 지구 자원의 3배 이상을 소모해야 하는데, 이러한 발전은 지속가능한 발전이 아니다. 결국 우리는 지속가능한 발전을 가능케 하는 '지속가능한 과학기술'에 관심을 두어야 한다.

지속가능한 과학기술 중에는 풍력·태양열 발전처럼 지금의 주된 과학기술과 상당한 차이를 보이는 것도 있다. 그렇지만 많은 지속가능한 과학기술은 지금 우리의 과학기술과 그 형태에서 크게 다르지 않다. 더 중요한 것은 그것이 연구되고 디자인될 때 '얼마나 사회적·환경적 연관을 고려하는가'라는 문제이다.

외국의 경우에는 정부와 기업이 지속가능한 발전과 지속가능한 기술을 위해서 적극적으로 나서고 있다. 최근에 듀퐁, 3M, 다우케미컬 등 환경오염의 주범이었던 화학회사들이 환경보호 정책을 표방하고 나섰다.

기업 분위기가 변하면서 기업에 고용된 과학기술자들도 점차 환경기술과 녹색 디자인을 추구하는 쪽으로 태도가 바뀌고 있다. 뿐만 아니라 정부의 과학기술자들이 재활용 기술을 개발함으로써 폐기물을 줄이고 천연 자원의 보존에 기여하는 경우도 있다. 텍사스 교통국의 엔지니어들은 프린터나 복사기의 카트리지에 남아있는 스틸렌과 인쇄 잉크를 아스팔트 첨가물로 재활용했는데, 이는 환경오염 물질을 줄였을 뿐만 아니라 포장도로를 높은 온도에 더 잘 견디게 했다.

지속가능성이 기업의 경제적 이익을 높여준 예도 있다. 1980년대 중엽에 코닥의 연구자들은 쓰고 버리는 1회용 카메라를 개발했다. 그런데 이 카메라는 환경 친화적이지 않다고 비판의 대상이 되었고, 이는 결국 코닥 회사 전체 이미지를 나쁘게 만들었다. 1989년부터 코닥의 연구자들은 이 카메라의 주요 부품들을 재디자인하기 시작했으며, 그 결과 코닥은 덜 복잡하고, 재활용과 재사용도 가능한 제품을 만들어 내는 데 성공했다. 이러한 환경 친화적인 재설계는 회사 이미지에도 도움이 되었고, 이후 코닥의 시장 점유율은 두드러지게 상승했다.

작년에 국내에서 발표된 '과학기술인 헌장'에는 "우리는 지속가능한 과학기술 발전을 통하여 깨끗하고 안전한 자연 환경을 만든다"는 조항이 포함되었다. 지속가능한 과학기술의 중요성을 잘 보여주는 대목이다. 그렇지만 우리 사회에서 지속가능한 과학기술은 아직 구호에 그치고 있다. 전문 과학기술자를 양성하는 대학의 경우에도 몇몇 특정 학과를 제외하고는 지속 가능한 과학이나 기술을 거의 강조하지 않는다. 기업의 경우 한화그룹이 모범적으로 친환경 경영과 청정생산기술을 모토로 삼고 사전환경평가를 도입했으나, 이러한 움직임이 아직 다른 기업으로 널리 확산되지 않고 있는 실정이다.

결국 교육부터 바뀌어야 한다. 우리의 자본주의 사회는 과학기술 전공 학생들에게 신제품에 대한 소비자의 욕구를 자극해서 잘 작동하는 제품도 버리고 새것을 사도록 유도하는 것이 바람직하다고 가르친다. 상황이 이렇기 때문에 과학기술자들이 나서서 경제적 발전과 더불어 환경의 중요성을 강조해 주어야 하며, 물질적 성장과 함께 사회적 평등을 고려하고 현세대와 더불어 다음 세대도 고려하는 성찰적인 안목과 윤리의식이 필요함을 일깨워 줘야 한다. 과학기술자들은 기업에는 지속가능성을 추구하도록 촉구하고, 시민에게는 각종 기술의 위험을 정확히 전달하고 이해시키는 리더로서의 역할을 수행해야 한다. 지속 가능한 과학기술을 통해서 과학기술인은 이윤 추구나 자신의 연구에만 관심이 있는 기술자, 과학자의 역할에서 벗어나 시민 사회에 대해서도 진정한 의미의 도움과 조언을 주는 전문가 집단으로 거듭날 수 있다.

읽고 나서 해 보기

1. '지속가능한 발전'의 개념에 대해 조사하여 설명해 봅시다.

2. 21세기에는 '발전'이나 '개발', '진보'의 개념이 어떻게 정의되어야 할지 이야기해 보고, 이 두 단어에 대한 개인적인 정의를 써 봅시다.

3. 과학 기술의 발전으로 인해 나타나는 여러 현상들을 기반으로, 미래사회의 모습을 예측해 보고 지속 가능한 발전을 위한 전제 조건이 무엇일지 이야기해 봅시다.

05. 경쟁의 시대에서 공감의 시대로

자유 정신은 경쟁을 싫어한다. 자유 정신은 자기의 적의 편을 든다.

– 봐레 리

평화는 폭력에 의해서 유지될 수가 없다. 그것은 오직 이해를 통해서만 유지될 수가 있다.

– 아인슈타인

학 | 습 | 목 | 표

1. 21세기 사회를 발전적으로 변화시키기 위한 노력들을 이해하고, 방법을 모색해 본다.
2. 타인과의 공감이 지니는 중요성을 이해한다.

경쟁과 확장은 산업사회를 대표하는 단어였으며, 자유로운 경쟁을 통한 발전은 산업사회의 가장 큰 미덕이었다. 그러나 이러한 발전은 그것을 구매할 능력이 있는 사람들에게만 돌아가는 제한적 혜택에 머물게 되었다.

이에 대한 대안으로, 이익 창출과 동시에 시장의 혜택을 누리지 못하는 사람들의 생활 개선을 가능케 하는 시스템을 갖춘 창조적 자본주의가 제안되는 한편, 오픈소스와 협력이 주도하는 분산 자본주의로의 전환이 예측되기도 한다.

지식정보사회에서는 이른바 경쟁과 발전 대신 '공감'과 '소통'이 새로운 화두로 떠오르고 있다. 이는 현대 사회에 나타나는 빈부의 격차나 환경문제 등 다양한 문제들을 해결하기 위한 방법이며, 지속 가능한 발전을 위해 필요한 대안이다. 이 장에서는 이러한 공감의 중요성에 대해서 함께 이야기해 보고, 지식정보사회에서의 공감의 의미를 이해해 보고자 한다.

읽으면서 생각하기

읽을거리 1 Reading

자본주의에 대한 새로운 접근

빌 게이츠의 『창조적 자본주의』, 마이클 킨슬리 편, 김지연 역, 이콘출판(주), 2011, pp. 19-31.

마이크로소프트의 정직원으로 다보스에 오는 것은 이번이 마지막일 것 같습니다. 인생의 어느 순간, 잠시 멈춰 자신의 일을 돌아보며 이렇게 말할 수 있는 행복한 사람도 있습니다. "이 일은 대단해. 재미있고 신나고 보람되지. 이 일을 평생 할 수 있으면 좋겠다."

하지만 흘러가는 시간은 우리 스스로를 되돌아보게 합니다. 그리고 이런 질문을 던지게 하지요. 나는 지금껏 무엇을 이루었는가? 나는 무엇을 이루고 싶은가?

30년 전, 20년 전, 10년 전, 제 관심은 소프트웨어의 마법이 세상을 어떻게 변화시킬 수 있을까 하는 생각에만 쏠려 있었습니다.

저는 기술의 획기적 발전이 주요한 문제들을 해결해 줄 수 있다고 믿었습니다. 그리고 점차 수십억의 사람들이 기술 발전의 혜택을 받고 있습니다.

하지만 그런 발전은 그것을 구매할 여유가 있는 사람들의 생활만, 즉 경제적 수요가 있는 곳의 생활만 변화시킵니다.

그리고 경제적 수요(economic demand)는 경제적 필요(economic need)와 같지 않습니다.

수십억 명의 사람이 컴퓨터 시대의 위대한 발명들을 필요로 합니다. 기본적 필요(basic needs)를 충족시켜줘야 할 사람들이 더 많습니다. 하지만 시장에 영향을 끼치는 형식으로 자신의 필요를 표현할 방법이 그들에게는 없습니다. 그래서 그들은 기본적 필요를 충족하지 못한 채 살아갑니다.

만일 우리가 그들의 삶을 변화시키고자 한다면 다른 차원의 혁신이 필요합니다. 우리에게는 단순히 기술 혁신이 아니라 시스템의 혁신이 필요합니다. 이것이 제가 오늘 여기 다보스에서 여러분과 나누고자 하는 이야기입니다.

많은 분들이 공감하지 못할 수도 있는 의견으로 이야기를 시작하겠습니다.

세상은 점점 더 좋아지고 있습니다.

그 깊이와 범위 등 여러 면에서 세상은 그 어느 때보다도 살기 좋은 곳이 되었습니다.

여성과 소수자의 사회적 위상을 과거와 비교해 보십시오. 어느 시대, 어느 사회든요.

지난 100년 동안 인간의 기대 수명은 거의 두 배가 되었다는 점을 생각해 봅시다.

지배구조도 생각해 봅시다. 과거 어느 때와 비교하더라도 오늘날 더 많은 사람들이 선거에 참여하고 자신의 의사를 표시하며 경제적 자유를 누리고 있습니다.

이처럼 중요한 영역에서 세상은 점점 더 좋아지고 있습니다.

이런 개선은 과학, 기술, 의학의 진보와 관련이 있습니다. 때로는 해당 영역에서의 진보가 개선의 계기가 되기도 했습니다. 이러한 개선 덕에 인류 복지는 높은 수준에 이르렀습니다. 우리는 기술이 낳은 혁명의 출발점에 있습니다. 그 속에서 사람들은 서로를 위할 수 있을 것입니다. 다가올 몇십 년 사이에 우리는 질병을 진단하며 치료하고, 전 세계 어린이들을 교육하고, 가난한 사람들을 위한 기회를 창출하고, 많은 난제를 해결할 똑똑한 인재들을 활용하는, 놀라운 새 능력을 갖게 될 것입니다.

이것이 제가 세상을 바라보는 방식입니다. 그리고 이를 통해 분명해진 사실이 있습니다. 바로 제가 낙관주의자라는 것입니다.

하지만 저는 조급한 낙관주의자입니다.

세상은 점점 좋아지고 있지만 속도가 충분히 빠르지는 않습니다. 혜택이 모든 사람에게 돌아가는 곳도 아닙니다.

세상의 위대한 진보는 때로 세상의 불평등을 심화시켰습니다. 필요가 가장 덜한 사람이 가장 큰 진보의 혜택을 누렸고, 필요한 것이 가장 많은 사람들, 특히 하루 1달러도 안 되는 돈으로 살아가는 수십억의 사람들은 가장 적은 혜택을 경험합니다.

이 세상에는 식량을 충분히 구하지도 못하고, 깨끗한 식수도 없고 전기도 들어오지 않는, 즉 우리가 당연하다고 여기는 것조차도 누리지 못하는 사람들이 약 10억 명 정도 있습니다.

1년에 1백만 명 이상의 목숨을 앗아가는 말라리아 같은 질병에 대한 관심이 대머리 치료제에 대한 관심보다도 훨씬 못합니다.

이들은 글로벌 경제의 혜택을 누리지 못할 뿐 아니라 맛보지도 못한 경제 성장의 부정적 영향 때문에 고통 받을 것입니다. 기후 변화는 원인을 가장 적게 제공한 사람에게 가장 큰 영향을 미칠 것입니다.

왜 사람들의 필요와 혜택이 반비례할까요?

시장 인센티브 때문에 그렇습니다.

순수한 자본주의 체제에서 사람들의 부가 증대되면 그들에게 돌아가는 금융 인센티브도 증가합니다. 그들의 부가 감소하면 금융 인센티브도 영(0)이 될 때까지 감소합니다. 우리는 부유한 사람을 위한 자본주의가 가난한 사람을 위한 자본주의로도 작용할 방법을 찾아야 합니다.

자본주의의 정수는 사익을 추구하는 것(self-interest)이 더욱 광범위한 이익(the wider interest)에 이바지하도록 하는 능력에 있습니다. 혁신의 대가로 큰돈을 벌 가능성이 있기 때문에 수많은 인재들이 성공의 여러 발판을 찾아 나섭니다. 수십억 사람들이 삶을 향상시킨 위대한 혁신은 사익 추구로 움직이는 이 시스템 덕분에 가능했습니다.

하지만 모든 사람이 혜택을 누릴 수 있도록 하기 위해서는 이 시스템을 개선해야 합니다.

제가 보기에 인간의 본성에는 두 가지 위대한 힘이 있습니다. 바로 사익 추구와 타인을 보살피는 마음입니다. 자본주의는 지속가능하며 유익한 방식으로 이기심을 활용합니다. 하지만 그것은 돈을 지불할 수 있는 사람들만을 위한 것입니다. 자선활동과 정부 원조는 돈을 지불할 수 없는 사람들을 보살필 길을 열어 주겠지만, 이들의 필요를 충족시키기 전에 자원이 고갈될 것입니다. 그렇지 않도록 서둘러 개선하고자 한다면, 혁신가와 기업들을 지금보다 훨씬 더 나은 방식으로 끌어들일 시스템이 필요합니다.

이 시스템에는 두 가지 사명이 있습니다. 그것은 바로 이익을 창출하는 것과 시장의 혜택을 충분히 누리지 못하는 이들의 생활을 개선하는 것입니다. 이 시스템이 유지되려면 이익이라는 인센티브가 필요합니다.

기업이 극빈층을 위하고자 한다고 해서 항상 이익을 얻을 수 있는 것은 아닙니다. 이 경우 시장에 바탕을 둔 또 다른 인센티브가 필요합니다. 그것은 바로 사회적 인정(recognition)입니다. 사회적 인정은 기업의 평판(reputation)을 향상시키는 동시에 소비자에게 호감을 줍니다. 사회적 인정은 무엇보다도 우수한 인재를 끌어들입니다. 그리하여 사회적 인정은 시장에 기반을 둔 보상을 불러옵니다. 이익을 실현할 수 없는 시장에서는 사회적 인정이 하나의 대용물(proxy)입니다. 이익을 실현할 수 있는 시장에서도 사회적 인정은 부수적 인센티브가 됩니다.

우리에게 주어진 과제는 이익이나 사회적 인정 같은 인센티브를 통해 변화를 이끌어내는 시스템을 설계하는 것입니다.

저는 이 새로운 시스템을 창조적 자본주의(creative capitalism)라 부르고 싶습니다. 창조적 자본주의는 정부, 기업, 비영리단체가 협력하여 시장의 영향력이 미치는 범위를 확장함으로써 더 많은 사람이 세상의 불평등을 완화하면서 이익을 창출하거나 사회적 인정을 얻을 수 있는 방식입니다.

어떤 이들은 '시장 기반의 사회적 변화'에 반대할지도 모르겠습니다. 감정과 이기심이 결합된다면 시장 영향력이 확대되는 것이 아니라 축소될 것이라고 주장하면서 말이죠. 하지만 자본주의의 아버지이자 『국부론』의 저자로, 사익 추구의 사회적 가치를 굳게 믿었던 애덤 스미스의 첫 번째 저서는 이렇게 시작합니다.

"제아무리 이기적으로 보이는 사람이라도 그 본성에는 타인의 운명에 관심을 가지고 타인의 행복을 자신에게 없어서는 안 될 것으로 받아들이도록 하는 몇 가지 원리가 담겨 있다. 그저 그것들을 지켜보는 즐거움 이외에 달리 얻을 것이 없다 하더라도."

창조적 자본주의는 이렇게 타인의 운명에 관심을 가지며, 그것을 우리 자신의 운명에 대한 관심과 연결시킵니다. 서로의 발전을 돕는 방식으로요. 사익 추구와 타인에 대한 관심이 녹아 있는 창조적 자본주의라는 하이브리드 엔진은, 사익 추구만으로 또는 타인을 돌보는 것만으로 도달할 수 있는 범위보다 훨씬 더 넓은 범위의 사람들을 위하여 작동합니다.(중략)

우리는 경이로운 시대에 살고 있습니다. 만일 기업이 이익을 창출하고 사회적 인정을 받는 방식을 통해 가난한 사람들의 필요를 충족시킬 방법을 찾는 데 21세기의 처음 몇십 년을 보낼 수 있다면, 우리는 빈곤을 줄일 지속 가능한 방법을 발견하게 될 것입니다. 이 과업은 열려 있습니다. 결코 끝이 있을 수 없습니다. 하지만 이 도전에 답하려는 열정적인 노력은 세계를 변화시킬 것입니다.

읽을거리 2 Reading

경쟁의 시대를 넘어 '공감'의 시대로

김학순, 경쟁의 시대를 넘어 공감의 시대로, 경향닷컴, 2010. 11. 15. 〈http://news.khan.co.kr/kh_news/khan_art_view.html?artid=201010152126425&code=900308〉, 2011. 7. 31.

2008년 미국 대통령 선거 민주당 후보 경선 과정에서 흥미로운 일이 일어났다. 여론조사 과정에서 색다른 질문 하나가 추가됐다. 민주당 지지자들에게 대통령 후보의 가장 중요한 자질이 무엇이라고 생각하느냐는 것이다. 그 결과, 많은 사람들이 '선거에서 이길 확률이 가장 높은 사람'이라는 전통적인 선택지를 놔두고 '공감(empathy)'이라고 대답했다. 놀라운 것은 '공감'을 대통령의 중요한 자질이라고 한 여론에 별다른 반응을 보인 정치학자들이 없었다는 사실이다. 대통령 선거에서 '공감'이란 문제가 제기된 것은 지난 50년 동안 세계적으로 가치관에 뚜렷한 변화가 일어났다는 사실을 반영해 주는 현상인데도 말이다.

'공감'을 자신의 정치철학 핵심으로 삼은 것은 바로 버락 오바마였다. 오바마 대통령은 지금도 대외 정책에서부터 대법관 선임에 이르기까지 중요한 정치적 결정을 내릴 때마다 '공감'이란 말을 앞세운다. 그가 대통령 당선 연설에서 강조한 한마디는 세계인의 공감을 얻었다. "나는 여러분의 의견을 듣겠습니다."

지난해 4월 '뉴욕 타임스'는 미국 교실에서 일어나는 공감혁명을 1면 기사로 다뤘다. 이 기사는 공감을 주제로 하는 워크숍과 교과 과정이 실시되고 있는 18개 주의 실태를 전하면서 이런 선구적인 교육 프로그램에 대한 초기 평가가 매우 고무적이라고 소개했다. 공감 개발을 강조하는 새로운 교육혁명의 바람이 불고 있으며 교육자들은 공감 능력을 개발할 때 학업성취도도 올라간다는 사실을 알아냈다. 이처럼 '공감'은 정치적 집회나 전문 단체, 시민사회에서 중요한 토론 주제가 될 정도로 친숙한 개념으로 떠오르고 있다.

미래학자이자 사회사상가인 제러미 리프킨은 신작 <공감의 시대>(원제 The Empathic Civilization)에서 분야를 막론하고 전 세계적으로 '공감' 개념이 새로운 패러다임으로 자리잡기 시작했다고 분석한다. <유러피언 드림> <소유의 종말>의 저자인 리프킨은 경쟁과 적자생존의 문명이 끝나고 협력과 평등을 바탕으로 하는 공감의 시대가 왔다고 선언한다.

여성, 동성연애자, 장애인, 흑인 등 소수자를 대하는 태도가 크게 바뀌고, 타 민족, 타 인종에 대해서도 서로 인정하는 현상이 점차 뚜렷해지는 것은 공감의 문명으로 전환하는 방증이라고 그는 해석한다. 지은이는 이제 인간적 공감이 인류를 넘어 다른 생물에게까지 확장될 조짐을 보이고 있다고 한다. 애완동물을 동료로 여기는 것은 물론 다른 생물을 벗 삼고 자연에 대해 깊은 친화력을 갖게 되는 것이 이를 단적으로 말해준다. 미국 가정의 69%가 개나 고양이를 사람들이 자는 침대에서 재운다는 최근 조사결과만 봐도 그렇다.

세계경제체제도 새로운 커뮤니케이션 혁명과 더불어 분산 자본주의가 인도하는 3차 산업혁명이 진행될 것이라고 내다본다. 석유 에너지를 기반으로 한 부의 집중과 적자생존을 초래한 경제 패러다임이 종언을 고하고, 오픈 소스와 협력이 주도하는 3차 산업혁명의 시대로 이미 접어들었다고 한다. 그는 대표적인 실례로 오픈소스 컴퓨터 운영체제인 리눅스와 무료 오픈소스 온라인 백과사전인 위키피디아를 들었다.

고대 신화시대의 구두문화, 농경사회의 문자문화에 이어 인쇄기술이 초래한 1차 산업혁명, 전기통신기술이 촉발한 2차 산업혁명, 21세기 분산 네트워크 혁명과 에너지 제도 혁신이 이끄는 분산 자본주의에 이르기까지 인간의 의식 변화와 경제·사회·정치에 3차 산업혁명이 몰고 오는 파급효과를 예언하고 있다.

공감 의식이 갑자기 확대되는 현상은 지구 곳곳을 황무지로 만들고 많은 인류를 더욱 가난에 빠뜨린 엔트로피 흐름의 증가를 등에 업고 나타난 결과라고 저자는 풀이한다. '우주의 에너지 총량은 일정하며 엔트로피 총량은 계속 증가한다.'는 열역학 법칙에 따라 사용 가능한 에너지의 손실을 엔트로피라고 한다.

저자는 최근 생물학계의 연구를 바탕으로 문명의 명멸 원인을 공감의 물결과 엔트로피의 상호관계에서 찾는다. '공감 뉴런'이라는 별칭이 뒤따르는 '거울신경세포' 이론이 그것이다.

저자는 공감의 확장이 갈수록 복잡해지는 사회적 교류를 가능하게 하는 사회적 접착제이며, 범위를 넓혀가는 공감의 연대감은 수많은 사람의 글로벌 네트워크를 이어준다고 설명한다. 현재의 전 세계적 경제 위기도 20세기의 지정학적 권력투쟁에서 21세기에는 '생물권 정치'로의 이동을 의미하는 분산에너지 경제체제가 구원할 수 있을 것이라고 주장한다. 서식지가 생태계 안에서 기능하듯, 통치 제도도 다른 통치 제도나 전체 통치 제도로 통합되는 관계의 협력적 네트워크 안에서 생물권과 마찬가지로 상호의존적이고 호혜적으로 작동한다는 게 생물권 정치론이다.

인류 역사 전반에 걸쳐 공감 본능이 사회적으로 어떻게 발전했는지에 대한 이해가 뒤따르지 않는다면 모처럼의 분위기도 흐지부지되어 버릴 공산이 크고, 심지어 조롱이나 희화화의 대상으로 전락해 버릴 위험도 있다는 게 저자의 결론이다.

읽고 나서 해 보기

1. '창조적 자본주의'의 개념을 정의하고, 그것의 실현 가능성에 대한 찬성과 반대 의견들을 조사하여 발표해 봅시다.

2. 현대 사회에서 '공감'의 중요성이 부각되는 이유에 대해 생각해 보고, '공감의 시대'로의 전환이 가져올 효과에 대해서 이야기해 봅시다.

Ⅲ. 바른 글쓰기의 기초

1. 공학인과 글쓰기
2. 생각의 기본 단위, 단락 쓰기
3. 짧은 글 한 편, 다섯 단락 쓰기
4. 주제 선정과 글 제목 정하기
5. 개요 작성과 글의 논리적 구성
6. 조사 보고서 쓰기
7. 자료의 수집과 정리
8. 바른 글쓰기를 위한 정서법
9. 글쓰기 윤리와 올바른 인용의 방법

01. 공학인과 글쓰기

모든 학문 분야는 흥미롭다.
글쓰기는 학문으로 가는 길 중의 하나이며, 그 길 중에서도 가장 중심이 되는 길이다.

– 윌리엄 진서

학 | 습 | 목 | 표

1. 공학인에게 글쓰기가 왜 중요한지 이해한다.
2. 과학기술 분야의 대표적 글쓰기 형식인 IMRAD식 글쓰기에 대해 이해한다.
3. 좋은 글을 쓰기 위해 유의해야 할 점에 대해 이해한다.

■ 공학인의 활동과 글쓰기

공학자에게 글쓰기는 어떤 의미를 가지며, 공학자에게 글쓰기 능력이 왜 중요한가?

첫째, 공학자는 많은 글을 쓴다. 한 조사에 따르면, 대학이나 기업의 성공한 공학자의 경우 자기 시간의 1/4 이상을 글을 쓰며 보낸다. 먼저 대학에 입학하자마자 실험노트와 실험보고서를 써야 하며, 중간고사 혹은 기말고사에서 에세이 형식의 서술형 답안을 작성해야 한다. 실습을 통해 새롭게 고안하거나 개발 제품에 대해서 설명하는 제품 설명서를 써야 하고, 이를 학회나 대회에서 발표하기 위해서는 발표 포스터도 제작해야 한다. 대학원의 학위 과정에 있는 사람들은 연구 논문과 졸업 논문 등 학술 논문을 작성해야 하며, 이외에도 새로운 프로젝트에 대한 제안서나 결과 보고서, 서신 및 행정 문서 등 공학자가 써야 할 글들은 너무나 다양하다. 사회에 진출한 후에도 공학자는 각종 행정문서를 비롯해 정부에 제출하는 보고서, 사업 보고서, 제품 설명서, 경영진이나 투자자를 설득하기 위한 사업 계획서 등등 다양한 문서를 작성해야 한다. 이러한 문서들을 독자 입장에서 정확하고 읽기 쉽게 작성할 수 있는 글쓰기 능력은 성공하는 공학자를 위한 필수 능력이라고 할 수 있다.

둘째, 공학자는 글쓰는 능력을 통해 자신의 능력을 평가 받는다. 대학의 학부생의 경우, 실험보고서와 답안, 각종 리포트를 잘 써야 좋은 학점을 받고, 대학원생들은 졸업 논문을 잘 작성해야 학위를 받는다. 구직을 위해서는 이력서를, 직장 생활에서도 작업 계획서, 제안서 등 문서 작성을 잘 해야 능력을 인정받는다.

셋째, 글쓰기는 전문적이고 공적인 소통의 대표적인 방법이다. 일반적으로 공학자들은 새로운 정보나 아이디어, 그리고 자신이 개발한 제품 등 자신이 하고 있는 일과 관련된 의미 있는 정보들을 모두 글을 통해 소통한다. 일과 관련해 구두 발표나 포스터 발표, 개인 서신이나 토론, 토의 등 말로 소통하는 경우도 있으나 이것도 본질적으로는 생각을 글로 정리하는 글쓰기의 단계를 거칠 때, 비로소 성공적으로 수행할 수 있는 소통 방법이다. 아무리 좋은 아이디어, 좋은 제품이라고 할지라도 글로 정리되고 설명되지 않는다면 이것은 공적인 정보로 인정받지 못하게 되므로 자신의 생각과 작업 결과를 글로 표현하는 능력은 자신의 활동과 능력을 객관화하고 이를 통해 정당한 평가를 받기 위한 기초 역량이다.

그러나 글쓰기의 의미는 위에서 언급한 실용적 측면만 있는 것은 아니다. 그러한 실용적 측면보다 더 중요한 것은 글쓰기는 인간의 사고 활동과 밀접한 관계를 갖고 있다는 것이다. 머릿속에 정리되지 않은 채 쌓여 있는 생각들을 다른 사람들과 공유할 수 있는 하나의 정보로 정리하거나 가공하기 위해서는 전달하고자 하는 생각을 하나의 주제 아래 일관성 있는 메시지로 정리하고, 중요한 관련 개념들을 정확한 말로 정의함과 동시에 그것을 다시 논리적 순서에 따라 배열하는 과정을 거쳐야 하는데, 이러한 과정은 글쓰기로 수행될 때 가장 쉽고 정확하게 결과물을 낼 수 있다.

넷째, 글쓰기는 개인의 생각을 모두가 공유할 수 있는 보편적이고 공적인 정보로 정리할 수 있게 해 주는 중요한 도구이다. 개인의 머릿속에서 뒤엉켜 있던 생각들을 글로 옮기는 과정에서 생각의 뭉치들은 논리적 순서를 갖게 되고 누구나 납득할 수 있는 보편적 정보로 정리되기 때문이다. 이러한 이유로 지식의 습득과 공유, 더 나아가서는 지식의 생산자 역할을 해야 하는 전문가로 활동하기를 바라는 사람이라면 누구에게나 글쓰기는 매우 중요한 의미가 있으며, 글쓰기 능력은 전문적 활동의 성공과 실패를 결정하는 중요한 능력이라고 할 수 있다.

■ 과학기술 연구 방법과 IMRAD식 글쓰기

모든 분야는 그 분야의 역사와 전통에 따라 다른 분야와는 구별되는 나름의 글쓰기 방식을 가지고 있다. 과학기술을 다루는 공학 분야에도 학문적 전통에 따라 정립되어 온 탐구의 방법과 거기에 기반을 두고 있는 나름의 글쓰기 방식이 있다.

기술 분야가 하나의 학문적 분야로 자리를 잡게 된 것은 산업혁명 이후이다. 따라서 자연과학 분야에 비해 학문적 전통이 짧았던 기술 분야는 자연과학의 탐구 방법과 글쓰기 방식을 수용하여 사용해 왔다. 자연과학 분야와 기술 분야의 탐구 방법은 관찰(observation), 가설 세우기(hypothesis formation), 실험(experimentation), 검증(verification)의 4단계로 구성되며, 개별적 사물 혹은 현상에 대한 관찰에서 출발해 반복 가능한 실험을 통해 보편적 사실을 찾아내는 귀납적 사고를 기초로 한다. 아래 <표1>에서 볼 수 있는 것과 같이, 과학적 탐구는 각 단계별로 논거 발견을 위한 다양한 사고 활동을 통해 이루어지며 이러한 사고의 결과는 글의 형식으로 반영되고 소통된다. 과학기술 글쓰기에서 자주 활용되는 논거 발견 방법은 분류, 비교와 대조, 인과적 분석, 수량화와 추론 등이며, 이러한 논거 발견의 방법은 과학 탐구의 전 과정에서 필요에 따라 반복적으로 활용된다.

대학에서 자연과학이나 공학을 배우고 연구하는 학생들은 대부분 과학기술 분야의 연구방법을 기반으로, 관례에 따라 '관찰 → 가설 → 실험 → 검증'의 순서로 전공분야의 활동을 수행한다.

〈표1〉

1. 관찰 2. 가설 3. 실험 4. 검증	⇖ ⇐ ⇙	분류 비교/대조 정의 예시 인과적 분석 귀납적 추론 연역적 추론 예측 수량화

공학자들이 전공과 관련해 쓰게 되는 학술적 보고서나 논문들은 이러한 전통적 연구방법에 기반을 둔 IMRAD(Introduction, Materials and Method, Result, and Discussion)방식으로 작성된다. IMRAD방식은 '서론 - 재료와 방법 - 결과 - 논의(고찰) - 참고문헌'의 순서로 전개되는 과학 논문의 배열 방식이다. 이는 과학 논증에서 실험의 중요성이 강조되고, 특히 과학 실험의 반복 가능성과 측정 및 검증 가능성이 강조됨에 따라 정착된 방식이다.

IMRAD방식

1. 서론(Introduction)
2. 재료와 방법(Materials and Method)
3. 결과(Result)
4. 결과에 대한 논의(Discussion)

1) 서론(Introduction)

서론은 글이 시작되는 부분으로 독자들이 흥미를 가지고 별 저항 없이 본론으로 들어갈 수 있도록 인도하는 것을 목적으로 한다. 그러므로 서론에서는 독자들이 본론의 내용을 계속 읽어야 할지 말지를 판단할 수 있는 자료를 제시하고, 본론을 시작하기 전에 알아야 할 예비지식을 제공한다. 서론에서는 일반적으로 아래와 같은 내용이 기본적으로 다루어진다.

(1) 연구의 배경과 필요성
(2) 선행 연구 소개
(3) 연구의 목적과 방법 소개

* 연구 목적은 연구 배경에 기초하고, 연구 방법은 연구 목적에 기초해 전체 내용이 서로 연관성을 가지면서 일관성 있게 전개되도록 한다.

2) 재료와 방법(Material & Method)

재료와 방법 부분은 자신이 행한 실험이나 기타 활동이 객관적이고 검증 가능한 절차에 의해 이루어졌음을 보여주는 것을 목적으로 하며, 누구라도 동일한 재료와 방법으로 작업하면 동일한 결과를 얻어낼 수 있도록 정확하고 알기 쉽게 기술해야 한다.

(1) 실험이나 측정 방법의 절차에 대한 시간의 순서 혹은 개념적 단위별 설명
(2) 사용한 시약, 기구, 측정 장비
(3) 자료의 처리, 분석 방법
(4) 재료의 출처, 제공자 정보, 허가 내용 등

3) 결과(Result)

앞서 제시한 재료와 방법에 따라 행한 작업의 결과를 자세히 기술하며 설명하는 부분으로 표와 그래프를 적극적으로 활용한다. 설명 없이 표나 그래프를 제시하거나 표나 그래프, 그림 없이 설명만 쓰는 것은 피하도록 해야 한다. 설명과 표, 그래프, 그림 등이 적절히 제시되도록 유의한다.

4) 논의 혹은 고찰(Discussion)

앞서 제시한 결과를 일정한 관점과 기준을 가지고 분석하고, 그것을 통해 새롭게 발견할 수 있는 사실과 그러한 결과의 중요성과 응용 가능성에 대해 논의한다.

(1) 결과에 대한 고찰
(2) 기존 연구와의 비교
(3) 연과 결과의 중요성과 응용 가능성
(4) 향후 연구에 대한 제안

5) 참고문헌 제시

전공분야나 글의 목적에 따라 참고문헌을 제시하는 방법은 분야마다 다를 수 있으나 저자, 연도, 글 제목, 책 제목, 출판사, 출판지, 쪽수 등과 같은 기본 정보는 반드시 제시되어야 한다. 따라서 참고자료를 읽거나 정리할 때 이와 같은 정보를 정확히 기록해 두는 것이 좋다.

■ 좋은 글을 쓰기 위한 유의사항

(1) 읽을 사람을 생각한다.

보통 자기가 쓴 글은 자기와 같은 생각, 지식, 기대를 가진 사람이 읽는다고 생각하기 쉽다. 하지만 글의 목적, 종류, 상황에 따라 글을 읽는 사람은 다르다. 예를 들어, 과학기술 분야를 전공하는 학생, 교수, 연구 동료, 외부 전문가, 기업가, 정부 관료, 제품을 사용할 일반인 등 서로 다른 계층의 사람들이 독자가 될 수 있다. 따라서 자신이 쓴 글을 누가 읽을지 먼저 생각하고 그들 각자에 맞는 명확하고 효과적 방식으로 글을 써야 한다.

(2) 글의 목적에 대해 생각한다.

실용문은 그 종류에 따라 글의 목적과 역할이 있으며, 글을 쓸 때는 쓰고자 하는 글의 목적에 따라 글쓰기의 방식도 달라져야 한다. 예를 들어, 제안서나 신청서의 경우에는 연구나 개발의 목적과 연구 방법이 무엇인지를 명확히 해 연구의 가치와 성공 가능성에 대한 정확한 판단을 할 수 있도록 해야 한다. 반면 조사 보고서의 경우에는 중요한 내용을 글의 첫머리에 두어 보고의 핵심 내용을 한눈에 파악하게 해야 한다.

(3) 한 편의 글은 하나의 주제에만 집중하도록 한다.

한 편의 글에서 여러 개의 주제가 다루어질 경우 글의 설득력이 크게 떨어진다. 따라서 여러 가지 내용을 다루게 되더라도 하나의 주된 주제를 중심으로 내용을 정리해야 한다. 하나의 주제로 묶기 어려운 내용들은 과감히 버리거나 독립된 다른 한 편의 글로 정리한다.

(4) 내용을 다룰 때는 사실과 의견을 구분해 제시한다.

사실과 의견을 구별해 쓰는 것은 쉬운 일로 생각되지만, 실제로 조사해 보면 사실과 의견의 구별이 없는 글이 상당히 많다. 글을 쓸 때는 자신의 주장과 의견을 정리하되, 이를 뒷받침할 사실과는 명확히 구별해 제시하도록 한다. 의견은 사실에 의해 뒷받침될 때 받아들여질 만한 것이 되며, 사실은 글쓰는 사람의 의견에 의해 재조명된다.

(5) 글의 순서를 생각한다.

글의 순서는 첫째, '글 전체가 논리적 순서에 따라 구성되었는가' 하는 것과 둘째, '독자가 가장 먼저 알고 싶어 하는 것이 무엇인가'라는 것을 염두에 두고 정한다. 논리적 순서에 따라 구성하기 위해서는 글을 작성하기 전에 개요를 미리 작성해 글의 흐름이 논리적으로 자연스러운가를 확인하고 글쓰기를 시작해야 한다. 그리고 각 부분을 작성할 때는 독자가 가장 알고 싶어 할 내용, 꼭 전달해야 하는 가장 중요하고 핵심이 되는 내용을 글의 앞에 배치해 독자의 글 읽기를 돕는다.

(6) 문장은 짧게, 단어와 문장 연결은 명료하게 쓴다.

핵심적 문장은 짧고 간결하게 표현한다. 둘 이상의 의미로 해석될 가능성이 있는 단어의 사용을 피하고, 사용하는 용어의 정의를 명확하고 통일성 있게 한다. 사실에 입각해 내용의 진위를 파악할 수 있도록 '-이 아닐까 생각한다' '-일 가능성이 있다' 등 에두르는 표현은 쓰지 않도록 한다.

(7) 과학기술 분야 고유의 방식에 따라 글을 쓴다.

앞에서 소개한 대로, 과학기술 분야의 글쓰기는 기본적으로 IMRAD방식에 따라 작성한다. 연구의 배경과 다루고자 하는 내용에 대해 소개하는 서론과, 사용한 재료와 방법에 관한 내용, 관찰한 결과, 그리고 결과에 대한 분석과 토의로 구성되는 것이 일반적이다. 참고문헌 또한 정해진 제시방식을 따르는 것이 일반적이다. 일반적 글쓰기에서는 다양한 표현을 골고루 사용하는 것이 좋은 글쓰기이나, 과학기술 글쓰기에서는 잘 정의된 전문용어, 그리고 정해진 문장 형식으로 간결하고 명확하게 쓰는 것이 좋은 글쓰기이다.

(8) 공정성을 유지하며 글을 쓴다.

설명이나 설득을 위해 사용하는 정보들을 다루는 데 있어 공정성을 잃지 않도록 노력해야 한다. 선행 연구에 대해 공정한지, 다루고 있는 대상에 대해 공정한지, 어떤 대상에 대해 자기 마음대로 믿어버림으로써 오해를 만들어내고 있지는 않은지, 특정 인물 혹은 특정 연구자 그룹의 견해를 편파적으로 지지하거나 반대해 특정인이나 집단에 부당한 이익이나 불이익을 주게 될 소지는 없는지, 정보의 양에 있어서도 다양한 의견을 고르게 안배하고 있는지 등을 점검해 공정하고 객관적인 글이 될 수 있도록 유의한다.

(9) 윤리의식을 가지고 글을 쓴다.

다른 사람의 생각이나 글을 출처를 제시하지 않고 도용하거나 자신이 수행한 연구의 과정이나 결과를 함부로 조작·변조, 또는 날조하는 일이 없도록 주의하며 글을 쓴다. 이를 위해서는 모든 글에서 정확한 인용과 참고자료 제시를 필수적인 사항으로 준수하는 태도가 필요하다.

(10) 알맞은 어법과 어휘 사용으로 품격 있는 글로 완성한다.

한 TV프로그램에서 '자신의 남자친구 혹은 여자친구가 무식하다고 느낄 때는 언제인가?'라는 설문을 한 적이 있다. 이때 가장 높은 비율을 차지한 대답은 '맞춤법이나 어법을 자주 틀릴 때'였다. 정확한 어법이나 어휘 사용이 사소한 문제처럼 인식될 수도 있지만, 사실은 글과 그것을 작성한 작성자의 수준을 가장 직접적으로 나타내는 요소이다. 따라서 글을 작성한 후 퇴고 과정에서 정확한 어법과 어휘 사용에 대한 꼼꼼한 점검을 통해 품격 있는 글로 완성되도록 유의해야 할 것이다.

읽고 나서 해 보기

1. 공학자에게 글쓰기 능력이 왜 필요한지에 대해 언급한, 권위 있는 사람의 글이나 말을 찾아 글의 내용을 소개하고, 공학자에게 왜 글쓰기 능력이 필요한지 이야기해 봅시다.

2. IMRAD방식으로 쓰인 전공분야의 글을 한 편씩 찾아, 각 항목이 어떠한 내용으로 이루어졌는지 설명해 봅시다.

3. 신문이나 잡지에서 공학자가 쓴 글을 한 편 찾아 '좋은 글을 쓰기 위해 유의해야 할 점 10가지' 기준에 맞추어 좋은 글로 완성되었는지 확인해 봅시다.

02. 생각의 기본 단위, 단락 쓰기

실용적 의사소통은 지루한 내용을 가장 간결한 형식으로 쓰고 말하는 것이다.

– 아이작 골드버그

학 | 습 | 목 | 표

1. 단락의 기본 구조에 대해 이해한다.
2. 좋은 단락의 조건을 이해한다.
3. 단락의 기본 구조에 맞춰 단락을 구성할 수 있다.

'문장으로 말하고 단락으로 생각한다.'는 말처럼 단락은 생각의 기본 단위이다. 문장의 구성단위가 단어라면, 단락은 몇 개의 문장이 모여 이루어지는 글의 구성 단위이다. 이때 단락을 구성하는 몇 개의 문장은 임의로 연결된 것이 아니라 하나의 중심 생각을 나타내야 한다. 즉, 단락은 하나의 연결된 생각이 들어 있어야 한다. 단락을 형성하는 통일된 하나의 중심 생각을 흔히 화제(話題, topic), 또는 소주제(小主題)라고 한다. 단락은 화제를 중심으로 해서 그를 뒷받침하는 문장들의 집합이라고 할 수 있다. 따라서 글을 쓸 때, 글을 통해 전달하고자 하는 1)주요 내용을 몇 개의 문장으로 정리하고, 2)이 문장들을 화제문(소주제문)으로 해서, 그것을 내용적으로 뒷받침하는 문장들을 덧붙이는 방식으로 단락을 완성한 후 3)이 단락들을 통일성 있게 배열하고 연결하면 한 편의 글을 쉽게 완성할 수 있다.

단락의 길이는 하나의 중심 생각을 충분히 발전시킬 만큼 길어야 하고 단락의 첫줄은 반드시 들여쓴다.

■ 단락의 기본 구조

단락은 기본적으로 화제문(소주제문)과 그것을 뒷받침하는 뒷받침 문장, 그리고 단락을 마무리하는 맺음 문장으로 이루어진다. 경우에 따라서 맺음 문장은 생략할 수도 있다. 실용문에서는 화제문을 단락의 가장 앞에 두어 단락의 중심 생각을 먼저 밝힌 후 이를 뒷받침하는 문장들을 덧붙이는 방식, 즉 두괄식 방식이 단락에 가장 많이 쓰인다.

단락의 기본 구조 = 화제문 + 뒷받침 문장+ 맺음 문장

• 화제문(소주제문)

화제문은 화제(그 문단에서 말하고자 하는 대상)에 대한 저자의 중심 생각(controlling idea, 필자의 태도 또는 견해)이 나타난 문장으로, 화제에 대한 논의 범위와 방향을 한정해 서술한다. 화제문은 단락의 맨 앞에나 맨 뒤에 놓이는 것이 일반적이나 단락의 길이가 길 경우 맨 앞과 맨 뒤 두 곳에 배치하는 것이 효과적이다.

• 뒷받침 문장

뒷받침 문장은 화제문에 제시된 중심 생각에 대한 확장된 정의, 분석, 예시, 경험, 일화, 세부 사항, 근거, 사실, 통계 자료 등을 이용해 화제문의 내용을 설명, 입증함으로써 화제문을 보충해 주는 문장이다. 독자가 화제문을 읽고 갖게 되는 질문에 대한 답이나 독자가 더 나오리라고 기대하는 내용을 정리해 제시함으로써 뒷받침 문장을 완성할 수 있다. 예를 들어, "새로운 W 프로그램을 사용함으로써 30%의 비용 절감 효과를 얻을 수 있다."라는 문장이 화제문으로 제시될 경우 독자들은 'W라는 프로그램은 무엇인가?', '어떻게 비용 절감 효과를 낼 수 있나?', '30% 비용 절감이 어떤 근거에서 산출된 수치인가?', '기존의 프로그램과 어떻게 다른가?' 등 다양한 질문을 던질 수 있으므로 뒷받침 문장은 이러한 질문 중 하나에 대해 좀 더 자세히 설명하는 내용을 제시하면 된다.

• 맺음 문장

맺음 문장은 단락이 끝나는 것을 알려주는 단락의 마무리 문장으로, 단락의 서술 내용을 요약하거나 화제에 대한 최종 코멘트를 덧붙인다. 한 단락이 끝나는 것을 알려주는 표지로는 '결론적으로, 요약하자면, 따라서, 이처럼, 결과적으로' '이러한 예들은 …을 보여준다.', '…임이 분명하다.', '우리는 …을 알 수 있다.' 등과 같은 표현을 쓴다. 모든 문단에 맺음 문장을 쓸 필요는 없지만, 문단이 긴 경우에는 맺음 문장을 통해 핵심 사항의 요약과 문단의 종결을 알린다.

> 정보사회는 정보의 생산과 소통 측면에서 기존의 산업사회에서는 누릴 수 없었던 여러 가지 이점들을 가지고 있다.(화제문) 정보사회가 되면 고도로 발달된 정보 기술을 통해 산업사회의 여러 가지 문제점들을 어렵지 않게 해결할 수 있다. 또한 인터넷 P2P 방식에서 보듯, 정보사회에서는 누구나가 정보 생산자가 될 수 있고 동시에 소통을 시킬 수 있다. 정보 지식이 널리 보급되어 정치 과정이 개방되기 때문에 민주화의 확대와 진전이 이루어질 수 있다.(뒷받침 문장) 이러한 정보사회의 이점들을 통해 사회는 좀 더 개방과 공유를 기본으로 하는 민주적인 사회로 발전해 갈 수 있게 되는 것이다.(맺음 문장)

■ 좋은 단락의 조건

1) 통일성

통일성이란 한 단락 안에서 다루어지는 화제는 하나여야 한다는 것이다. 이는 뒷받침 문장들이 화제를 중심으로 일관된 흐름을 가지고 전개되어, 모든 문장들이 화제로 집약될 수 있음을 의미한다. 단락의 통일성이 중요한 이유는 문장이 화제에서 벗어나면 이야기의 흐름이 단절되어 필자가 의도한 전달 내용을 독자가 이해하는 데 어려움이 생기기 때문이다.

■ 통일성을 유지하는 방법

① 중심 생각(소주제)을 명확하게 하나로 제한한다.
② 소주제에 적합하지 않은 내용은 삭제한다.
③ 단락을 구성하는 모든 문장들의 내용은 소주제를 향해 집중시킨다.

2) 긴밀성

긴밀성은 단락을 이루는 여러 문장들이 긴밀한 결합력을 보이는 기본 성질을 뜻한다. 화제를 뒷받침하는 문장들이 일정한 질서에 따라 논리적이고 유기적으로 결합해야 단락 내의 문장들이 긴밀하게 되고, 단락과 단락의 내용도 긴밀해진다. 이를 위해서 문장과 문장, 단락과 단락의 연결 시 사용되는 접속어, 지시어, 연결 어미 활용, 어휘의 반복적 사용 등의 측면에 관심을 가져야 한다.

■ 긴밀성을 유지하는 방법

① 접속어나 연결 어미를 적절하게 사용한다.
② 대명사나 지시사를 잘 활용한다.
③ 제재를 논리적으로 배열한다.
④ 핵심 어구는 적절하게 반복한다.

3) 완결성

단락은 주제 또는 중심 사상을 담은 부분과 이를 뒷받침해 주는 내용을 담은 부분으로 완결된다. 이 같은 두 부분의 요지를 각각 한 개의 문장으로 나타낼 때, 이를 주제문과 뒷받침 문장이라 한다. 그리고 완결성의 정도는 상대적이기 때문에 글에 따라 다를 수 있다.

■ **완결성을 유지하는 방법**
① 뒷받침 문장을 충분하게 쓴다.
② 소주제문과 뒷받침 문장과의 논리적 연결에 신경 쓴다.
③ 항상 독자 입장에서 충분한 이해가 되었는지를 살핀다.

읽고 나서 해 보기

1. 아래 제시된 단락을 읽고, 각 단락의 문제점을 보완해 바르게 수정해 봅시다.

(1) 통일성이 없는 문단

사회에는 상류층, 중산층, 빈민층이 있다. 이 계급의 척도는 당연 돈이다. 돈을 얼마나 벌고 얼마나 가지고 있는가는 우리 사회의 계급을 결정하는 가장 큰 척도이다. 돈만 있음 가질 수 없는 게 없다는 말이 있을 정도로 돈은 현대사회에서 가장 중요한 요소이다. 주변에 능력은 정말 뛰어나나 수입이 없는 사람과 능력은 좀 떨어지더라도 수입이 많은 사람이 있다면 아마 누구나 수입이 많은 사람이 성공한 것이라 말할 것이다. 따라서 성공을 정의할 때 이미 돈을 얼마나 버느냐 하는 것은 빠질 수 없는 중요한 척도가 된 것이다.

(2) 부적절한 뒷받침 문장 : 주장에 대한 근거 제시가 되지 않은 문단

얼마나 많은 돈을 버는가가 인간 성공의 척도가 될 수 없다. 만약 얼마나 많은 돈을 버는가가 인간 성공의 척도가 된다면 돈을 많이 벌면 성공, 그렇지 않으면 실패란 말인데 이는 너무 각박한 세상에 물질적인 가치만을 중시하는 말이다. 돈은 인간이 삶을 영위하면서 무언가를 얻기 위한 수단의 도구이지 그 자체만으로 목적이 될 순 없다. 인간의 성공을 결정 짓는 것은 돈이 아니라 자신의 삶에 대한 만족도가 좌우한다고 본다. 자신의 적성과 흥미에 맞는 삶을 통해 물질적 관점을 피해가는 삶을 영위하는 것이 옳다. 그러므로 돈은 인간 성공의 척도가 될 수 없다.

(3) 하나의 문장으로 이루어진 문단

> H대학교가 우리나라 최고의 교육 중심 대학이 된 여러 가지 이유가 있는데, H대학교는 다른 학교보다 많은 학점을 이수해야 하고, 이론과 실습의 비율이 50:50으로 충분한 실습시간을 갖추고 있어 현장에 바로 투입될 수 있는 인력을 만들어내기 때문입니다.

(4) 긴밀성과 통일성이 없는 문단

> 인간은 사회적 동물이다. 이 명제를 증명해 주는 것으로는 흔히 사람들이 말하는 '인간은 사회적 동물이기 때문에 혼자서는 살아가지 못한다'는 것이 있다. 그리고 아리스토텔레스도 이와 비슷한 주장을 했다. 그것은 '인간은 정치적(혹은 국가적) 사람이다'라는 것이다. 이는 인간이 다른 동물과는 다르게 서로 상호작용을 하며 지적가치를 추구하고 책임감, 공동체 의식 등을 가지고 있기 때문이다. 결국 사람은 서로 의지를 하며 교류하고 협동하면서 살기 때문에 사회적 동물이라고 할 수 있다.

2. 다음 중 하나를 화제문으로 선택해 적절한 뒷받침 문장과 맺음 문장을 덧붙여 하나의 단락을 완성해 봅시다.

> (1) 모든 사람은 죽는다.
> (2) 대학 등록금이 가계에 큰 부담을 주고 있다.
> (3) 교수가 가르쳤다고 학생들이 모두 그것을 이해하는 것은 아니다.
> (4) 기술은 인간 삶의 질을 높여준다.
> (5) 모든 사람은 자신이 보고 싶은 것만 보고 듣고 싶은 것만 듣는다.

03. 짧은 글 한 편, 다섯 단락 쓰기

글을 쓴다는 것은 창조적인 행위이다.

……

하나의 문장이 다음의 문장을 부르는 법이다.
글을 쓰는 사람은 자신의 생각을 적으면서 생산하고 생각의 원인을 통해 깨달음을 얻으면서 무언가를 탄생시킨다.

– 조제마리 마이어 델 올리보

학 | 습 | 목 | 표

1. 다섯 단락으로 이루어진 글의 기본 구조를 이해한다.
2. 자신이 쓰고자 하는 내용을 3개의 중심 생각으로 정리할 수 있다.
3. 서론부와 결론부의 내용과 형식을 이해하고 글쓰기에 활용할 수 있다.

자신의 생각을 1,800자 내외 길이의 한 편의 글로 완성하는 방법 중 하나가 다섯 단락(문단) 쓰기이다. 동양의 글쓰기에서는 한 편의 글을 기승전결의 네 개 단락으로 구성하는 것이 일반적이지만, 설명이나 주장을 위한 서양식 글쓰기에서는 아래와 같이 도입부과 결론부, 그리고 세 개의 중점 사항(3point message)으로 구성된 본론부로 구성하는 다섯 단락 글쓰기가 일반적이다. 이것이 에세이 작성의 기본 형식이라고 말하기는 어렵지만 다섯 단락 글쓰기는 자신의 생각을 쉽고, 명료하고, 힘 있고, 읽기 쉽게 쓸 수 있는 글쓰기의 한 방식으로, 글쓰기가 익숙하지 않은 초보자들에게는 글을 구성하는 한 방법으로 활용하기에 좋은 글쓰기 방식이라고 하겠다.

▪ 다섯 단락 글의 구조

다섯 단락으로 이루어진 글은 아래와 같이 각각 한 단락으로 이루어진 서론부와 결론부, 세 개의 단락으로 이루어진 본론부로 구성된다.

서론
본론 1
본론 2
본론 3
결론

■ 다섯 단락 쓰기 실제

(1) 글의 본론부에서 다룰 소주제문을 작성한다.

예) ① 공학 글쓰기는 언어, 사고, 소통의 문제가 통합된 활동이다.
② 공학 글쓰기는 공학적 활동을 이해하고 수행하는 방법이자 수단이다.
③ 공학 글쓰기는 DIKW의 전 과정을 훈련하는 지적 활동이다.

(2) 위의 소주제문들의 내용을 뒷받침할 내용을 구상해 뒷받침 문장들을 덧붙인다.

① 공학 글쓰기는 언어, 사고, 소통의 문제가 통합된 활동이다.

학생들에게 물었다. 글쓰기 과정에서 가장 힘든 부분이 무엇이냐고. 글의 주제를 정하고 글의 내용을 구상하기, 첫 문장 시작하기가 응답의 70%를 차지하였고 독자와 목적에 맞게 작성하기, 문단 구성하기, 어법에 맞게 쓰기 등이 그 뒤를 이었다. 학생들에게는 '어떻게'의 문제 못지않게 '무엇을' '왜'의 문제가 절실하다는 얘기다. 학생들을 직접 가르쳐 보면 글쓰기에서 공대 학생들에게 가장 문제가 되는 것은 정확한 언어 사용의 문제에 앞서 어떤 대상을 분석적으로 인식하고 논리적으로 검증 평가하는 논리적 사고의 부족, 현상을 객관적으로 이해하고 타인의 입장을 고려하여 전달하는 소통 능력과 타자에 대한 상상력의 부족이다. 대부분의 공대 학생들은 꼼꼼하고, 성실하고 책임감이 강하다. 과제가 주어지면 그 어떤 학생들보다도 충실하게 수행한다. 하지만 문제를 스스로 파악하여 구성하고 제시하는 일에는 익숙하지 않다. 공대생들과 글쓰기가 친해질 수 없는 이유가 바로 여기 있다. 글쓰기는 스스로 문제를 인식하지 못하고는 할 수 없는 일이며 타인에 대한 상상력을 갖지 못하고는 소통 가능한 좋은 글을 쓰는 것은 아예 불가능하기 때문이다. 그러므로 공학 글쓰기는 언어 능력, 사고 능력, 소통 능력의 통합적 배양을 지향해야 한다.

② 공학 글쓰기는 공학적 활동을 이해하고 수행하는 방법이자 수단이다.

공학 글쓰기는 인문학적 글쓰기와는 반드시 구별되어야 한다. 글쓰기를 잘하기 위해 누구에게나 공통적으로 언어 능력, 사고 능력, 소통 능력 등이 필요하다고 해도 공학에 종사하는 사람들과 공동체가 공유하는 언어, 사고의 패턴, 소통 방식은 따로 있기 때문이다. 공학도가 글쓰기를 배워야 하는 이유도 여기에 있다. 글쓰기는 사고와 표현의 보편적 도구일 뿐만 아니라 자신이 속해 있는 공동체에서 행해지는 지적 활동을 습득하고 받아들이는 일종의 지적 사회화의 도구이다. 자신이 속한 공동체가 사용하는 언어, 사고방식, 그리고 소통 방식에 대한 습득을 돕는 가장 큰 도구는 글쓰기와 글 읽기이다. 따라서 공학 글쓰기에는 공학자가 속해 있는 공학 공동체가 지향하는 가치와 그곳에서 유통되는 지식의 방향과 유통 방법에 대한 이해와 전수를 위한 방법론이 반드시 포함되어야 한다.

③ 공학글쓰기는 DIKW의 전 과정을 훈련하는 지적 활동이다.

정말 귀에 딱지가 앉을 지경으로 자주 듣는 말. 21세기는 지식기반사회다. 공학 글쓰기와만 관련지어 보면 지식지반 사회는 크게 두 가지 의미를 갖는다. 첫째, 지식기반 사회에서 대부분의 지식이 글의 형태로 유통된다는 것과 둘째, 지식의 습득은 시간과 장소를 가리지 않고 죽을 때까지 계속되어야 한다는 것. 즉 평생학습이 불가피하다는 것이다. 첫째, 지식의 유통이 글의 형태로 되기 때문에 지식으로부터 소외되지 않기 위해서는 생각을 글로 정리하는 능력, 글로 된 정보를 제대로 이해하는 능력, 즉 글쓰기와 글 읽기 능력이 중요하다. 둘째, 죽을 때까지 자의든 타의든 학습을 멈출 수 없으니 다양한 매체를 통해 무제한적으로 주어지는 자료(data)의 더미에서 의미 있는 정보(information)를 찾고, 다시 정보를 체험을 통해 자기화한 지식(knowledge)으로, 그리고 그 지식을 가지고 올바른 가치 판단을 할 수 있는 지혜(wisdom)의 수준까지 가공하고 사용할 수 있는 지적 능력이 필요하다. 공과대학을 졸업하고 대학원에 진학하거나 계속해서 연구직에 종사할 사람이 아니라고 해도 21세기를 살아내야 하는 사람이라면 누구나 자료(data) - 정보(information) - 지식(knowledge) - 지혜(wisdom)의 위계(DIKW hierarchy)를 이해하고 수행할 수 있는 능력을 갖추어야 평생학습 시대를 살아낼 수 있다. 이러한 지적 능력을 훈련할 수 있는 가장 강력한 방법이 바로 글쓰기이다. 따라서 자료의 수집과 정리, 정보의 자기화를 통해 지식 산출, 그 지식을 바탕으로 한 올바른 가치판단의 전 과정에 대한 고려가 공학글쓰기의 내용에 포함되어야 하는 것이다.

(3) 서론부와 결론부를 완성한다.

① 서론부

얼마 전 대학에서 학생들을 가르치는 몇몇 교수들끼리 이야기를 나누던 중 한 사람이 이런 말을 했다. "글쓰기를 어떻게 하는지 별로 배운 적이 없는 교수들은 글쓰기를 가르치고, 글쓰기를 어떻게 해야 하는지 본격적으로 배운 학생들은 막상 글을 잘 못 쓰고, 참 재미있는 상황이야." 이 이야기를 듣고 냉소적 반성과 함께 저마다 이런 저런 의견을 덧붙이며 이야기를 이어 가면서 함께 이른 결론은 글쓰기는 결코 기술의 문제가 아니라 능력의 문제라는 것이다. 교수들은 수많은 글들을 읽으면서 자신도 모르게 지식을 이해하고 다룰 줄 아는 능력, 즉 글쓰기 능력을 갖게 되어 글쓰기를 배우지 않고도 글쓰기를 가르칠 수 있게 된 반면, 책 읽기나 생각하기의 절대량이 부족한 상태에서 글쓰기 기술만을 습득한 학생들의 글쓰기 능력은 크게 향상되지 않고 있다는 것이 그것을 말해준다. 이것은 공학도를 위한 글쓰기 교육이 무엇을 지향해야 하는가에 시사점을 던져준다.

② 결론부

아리스토텔레스는 왜 하필 <시학>이 아닌 <정치학> 책에서 언어의 기능과 가치에 대해 언급하였을까? "언어는 무엇이 공정하고 무엇이 불공정한지 선언하고, 옳고 그름을 구별한다. 우리는 이런 것들을 말로 파악하고 말로 표현한다. 언어는 선을 식별하고 고민하는 매체이다."라는 그의 말은 언어가 단지 사람의 생각을 전달하는 기호나 기술로서의 가치 이상의 의미를 갖고 있음을 말해준다. 언어를 통한 다양한 활동은 사람의 생각이나 삶의 태도와 능력을 변화시킬 뿐 아니라 그가 속한 공동체의 지향과 발전에도 영향을 미친다. 공학자에게 있어 글쓰기는 단순하고 명료하게 정보를 전달하는 기술의 습득을 넘어서서 자신이 속한 공동체의 지적 활동을 이해하고 스스로 지식을 생산해 내며 지식을 지혜의 수준까지 습득하여 올바른 가치판단으로 공동체를 발전시키는 중요한 지적 활동으로서의 의미를 지닌다.

■ 각 부분별 글쓰기의 요령

1) 본론부

쓰고자 하는 주제에 대해 세 가지 점에 입각해 생각을 정리하고, 각 논점을 화제문으로 하는 세 개의 단락을 작성해 본론부를 구상한다.

2) 서론부

서론부는 주제에 대한 도입, 논제 제시, 입장 표명(논증문일 경우)으로 구성된다. 경우에 따라 도입과 입장표명은 생략이 가능하나 논제 제시는 분명히 이루어지도록 한다.

서론의 도입부는 아래와 같은 내용으로 시작하면 글을 쉽게 시작할 수 있다.

1) 구체적 사례
2) 권위 있는 사람의 말 인용
3) 일반적인 사실
4) 개념 정의
5) 자신의 의견과 반대 의견 제시
6) 자신의 경험 제시
7) 최근 이슈 제시
8) 두 가지 사실의 비교
9) 직접 논제 제시
10) 글의 목적이나 주제 제시

■ 서론 도입부의 예들

① 거실에 앉아서 의료 진료를 받거나 연극을 관람하고 회사 업무를 처리할 수 있는 사회. 이는 단순한 꿈속의 이야기가 아니다. 멀티미디어에 의해 곧 펼쳐지게 될 정보화 사회의 모습이다. 그러나 멀티미디어에 의해 도래할 미래사회가 이처럼 인간의 삶을 윤택하게 해 줄지도 모르지만, 반대로 인간다운 삶의 질을 떨어뜨릴 것이라는 주장이 나오고 있는 시점에서 멀티미디어에 의한 정보화 사회가 극복해야 할 문제점을 생각해 볼 필요가 있다.

② 앨빈 토플러는 '제3의 물결'에서 이제 인간은 정보화 사회에 이르렀다고 지적했다. 정보화 사회는 정보가 모든 활동의 중심이 되는 사회로 많은 양의

다양한 정보를 얼마나 빨리 처리하느냐가 항상 중요시된다. 이런 속에서 사람들은 그들의 이상을 실현해 줄 것으로 멀티미디어를 꼽는다. 멀티미디어는 문자, 음성, 영상 등 모든 정보를 통합적으로 다룬다. 사람들은 멀티미디어에는 무한한 가능성이 있다고 하지만 그에 따르는 문제점도 있을 것이다.

③ 요즘 신문, 잡지, 텔레비전 할 것 없이 어디에서든 멀티미디어란 용어를 쉽게 접할 수 있다. 불과 몇 년 전까지만 해도 생각지 못했던 일이다. 이 같은 낙관론자들은 멀티미디어의 장점들만 내세우며, 이런 추세를 매우 바람직한 것처럼 선전하고 있다. 그러나 낙관론자들의 견해가 타당하기 위해서는 극복해야 할 문제점이 있다는 것을 직시해야 할 것이다.

④ 후퉁. 후퉁에서는 수백 년 된 집들의 대문이나 벽들을 쉽게 볼 수 있었는데, 몇몇 집 앞에는 내 눈길을 끄는 것이 있었다. 그것은 '북' 혹은 '책'의 모양을 한 돌조각이었다. 관광안내원의 설명으로는 '북'모양의 장식은 그 집 주인이 무관(武官)임을 나타내며 '책'모양의 장식은 주인이 문관(文官)임을 상징하는 것이라고 한다. 그 시대에는 세상을 다스리는 기술이 '문'과 '무'의 두 가지로 이루어졌다고 굳게 믿었던 모양이다. 이와 같이 세상을 두 개로 쪼개어 살펴보는 생각이 우리나라의 학계에도 뿌리 깊게 남아 있다. 이는 바로 '문과(文科)'와 '이과(理科)'로 나누어 가르치고 생각하게 만드는 방식이다. 한국 학생들은 고등학교 때부터 수학 잘하면 이과 가라고 하고 어학이나 글쓰기 재주가 있으면 문과 가라는 소리를 듣고 자라난다. 이는 일찍부터 적성에 따라 전문 지식을 배움으로써 얻게 되는 장점을 기대한 것 같은데, 이러한 근거 없는 이분법은 오히려 좋지 않은 결과를 낳을 수 있다. 과학기술자들이 글을 제대로 쓰지 못한다는 것이 그 대표적인 예이다. 문제는 글 쓰는 능력이 떨어지는 것뿐만 아니라, 더 나아가 자신의 의사조차 제대로 표현하지 못하는 것도 부끄러워하지 않는다는 것이다.

⑤ 앞으로 전개될 멀티미디어에 의한 정보화 사회는 인간의 삶의 질을 높여 주어서 보다 인간다운 삶을 가능케 하리라는 전망이 지배적이다. 낙관론자들 중에는 멀티미디어의 무한한 가능을 열거하면서 앞으로 펼쳐지게 될 정보화 사회의 모습을 유토피아로 묘사하고 있다. 그러나 그들의 이러한 견해가 타당하기 위해서는 극복해야 할 몇 가지 문제점을 안고 있다.

⑥ 멀티미디어란 말 그대로 음성, 문자, 영상 등의 미디어들을 하나로 통합하여 새로운 서비스를 만들어내는 미디어를 말한다. 이런 멀티미디어를 통하여 앞

으로 전개될 정보화 사회는 보다 인간다운 삶을 가능케 하리라는 데에서 낙관적인 평가를 많이 받고 있다. 하지만 멀티미디어에 의한 정보화 사회가 보다 '삶의 질'을 높여 줄 것이라는 낙관론이 타당하기 위해선 극복해야 할 문제점이 있다.

3) 결론부

결론부는 본론의 논의에 대한 결론 제시, 내용 요약, 전망 및 제안 제시 등을 내용으로 구성한다. 경우에 따라서는 이런 내용을 모두 담을 수도 있고, 이 중 하나 혹은 두 항목을 제시하는 경우도 있다.

■ 결론부의 예들

① 지금까지 논의한 내용을 통해 우리는 --와 같은 결론을 내릴 수 있다. (논의의 마무리)

② 필자는 지금까지 한글 창제의 현대적 의미를 실용성의 측면에서 살펴보았다. 쓰기 쉽고 읽기 쉬운 글자, 우리 한글에 대해 갈수록 변해가는 현대 사회의 상황에 맞게 새로운 관점에서 생각해 보고, 그 가치를 되새겨 보는 일은 우리가 더욱더 올바른 언어생활을 하기 위해서라도 꼭 필요하다 하겠다. (요약 정리)

③ 위에서 살펴본 바와 같이 프로그램 A는 ---와 같은 문제점을 안고 있다. (요약), 만약 이러한 문제점에 대한 충분한 고려 없이 이를 실용화한다면 적지 않은 문제를 야기하게 될 것이다.(전망), 그러므로 B와 C의 문제를 고려하여 이를 수정한 후 실용화 여부를 결정해야 할 것이다. (제언)

< 완성된 다섯 단락 글의 예 >

공학 글쓰기, 기술(skill) 아닌 능력(competence)의 문제이다

얼마 전 대학에서 학생들을 가르치는 몇몇 교수들끼리 이야기를 나누던 중 한 사람이 이런 말을 했다. "글쓰기를 어떻게 하는지 별로 배운 적이 없는 교수들은 글쓰기를 가르치고 글쓰기를 어떻게 해야 하는지 본격적으로 배운 학생들은 막상 글을 잘 못 쓰고, 참 재미있는 상황이야." 이 이야기를 듣고 냉소적 반성과 함께 저마다 이런 저런 의견을 덧붙이며 이야기를 이어 가면서 함께 이른 결론은 글쓰기는 결코 기술의 문제가 아니라 능력의 문제라는 것이다. 교수들은 수많은 글들을 읽으면서 자신도 모르게 지식을 이해하고 다룰 줄 아는 능력, 즉 글쓰기 능력을 갖게 되어 글쓰기를 배우지 않고도 글쓰기를 가르칠 수 있게 된 반면, 책읽기나 생각하기의 절대량이 부족한 상태에서 글쓰기의 기술만을 습득한 학생들의 글쓰기 능력은 크게 향상되지 않고 있다는 것이 그것을 말해준다. 이것은 공학도를 위한 글쓰기 교육이 무엇을 지향해야 하는가에 시사점을 던져준다.

공학 글쓰기는 언어, 사고, 소통의 문제가 통합된 활동이다. 학생들에게 물었다. 글쓰기 과정에서 가장 힘든 부분이 무엇이냐고. 글의 주제를 정하고 글의 내용을 구상하기, 첫 문장 시작하기가 응답의 70%를 차지하였고 독자와 목적에 맞게 작성하기, 문단 구성하기, 어법에 맞게 쓰기 등이 뒤를 이었다. 학생들에게는 '어떻게'의 문제 못지않게 '무엇을' '왜'의 문제가 절실하다는 얘기다. 학생들을 직접 가르쳐 보면 글쓰기에서 공대 학생들에게 가장 문제가 되는 것은 정확한 언어 사용의 문제에 앞서 어떤 대상을 분석적으로 인식하고 논리적으로 검증 평가하는 논리적 사고의 부족, 현상을 객관적으로 이해하고 타인의 입장을 고려하여 전달하는 소통 능력과 타자에 대한 상상력의 부족이다. 대부분의 공대 학생들은 꼼꼼하고, 성실하고 책임감이 강하다. 과제가 주어지면 그 어떤 학생들보다도 충실하게 수행한다. 하지만 문제를 스스로 파악하여 구성하고 제시하는 일에는 익숙하지 않다. 공대생들과 글쓰기가 친해질 수 없는 이유가 바로 여기 있다. 글쓰기는 스스로 문제를 인식하지 못하고는 할 수 없는 일이며 타인에 대한 상상력을 갖지 못하고는 소통 가능한 좋은 글을 쓰는 것은 아예 불가능하기 때문이다. 그러므로 공학 글쓰기는 언어 능력, 사고 능력, 소통 능력의 통합적 배양을 지향해야 한다.

공학 글쓰기는 공학적 활동을 이해하고 수행하는 방법이자 수단이다. 공학 글쓰기는 인문학적 글쓰기와는 반드시 구별되어야 한다. 글쓰기를 잘하기 위해 누구에게나 공통적으로 언어 능력, 사고 능력, 소통 능력 등이 필요하다고 해도 공학에 종사하는 사람들과 공동체가 공유하는 언어, 사고의 패턴, 소통방식은 따로 있기 때문이다. 공학도가 글쓰기를 배워야 하는 이유도 여기에 있다. 글쓰기는 사고와 표현의 보편적 도구일 뿐만 아니라 자신이 속해 있는 공동체에서 행해지는 지적 활동을 습득하고 받아들이는 일종의 지적 사회화의 도구이다. 자신이 속한 공동체가 사용하는 언어, 사고 방식, 그리고 소통 방식에 대한 습득을 돕는 가장 큰 도구는 글쓰기와 글 읽기이다. 따라서 공학 글쓰기에는 공학자가 속해 있는 공학 공동체가 지향하는 가치와 그곳에서 유통되는 지식의 방향과 유통 방법에 대한 이해와 전수를 위한 방법론이 반드시 포함해야 한다.

공학글쓰기는 DIKW의 전 과정을 훈련하는 지적 활동이다. 정말 귀에 딱지가 앉을 지경으로 자주 듣는 말. 21세기는 지식기반사회다. 공학 글쓰기와만 관련지어 보면 지식지반 사회는 크게 두 가지 의미를 갖는다. 첫째, 지식기반 사회에서 대부분의 지식이 글의 형태로 유통된다는 것과 둘째, 지식의 습득은 시간과 장소를 가리지 않고 죽을 때까지 계속되어야 한다는 것. 즉 평생 학습이 불가피하다는 것이다. 첫째, 지식의 유통이 글의 형태로 되기 때문에 지식으로부터 소외되지 않기 위해서는 생각을 글로 정리하는 능력, 글로 된 정보를 제대로 이해하는 능력, 즉 글쓰기와 글 읽기 능력이 중요하다. 둘째, 죽을 때까지 자의든 타의든 학습을 멈출 수 없으니 다양한 매체를 통해 무제한적으로 주어지는 자료(data)의 더미에서 의미 있는 정보(information)를 찾고, 다시 정보를 체험을 통해 자기화한 지식(knowledge)으로, 그리고 그 지식을 가지고 올바른 가치 판단을 할 수 있는 지혜(wisdom)의 수준까지 가공하고 사용할 수 있는 지적 능력이 필요하다. 공과대학을 졸업하고 대학원에 진학하거나 계속해서 연구직에 종사할 사람이 아니라고 해도 21세기를 살아내야 하는 사람이라면 누구나 자료(data)-정보(information)-지식(knowledge)-지혜(wisdom)의 위계(DIKW hierarchy)를 이해하고 수행할 수 있는 능력을 갖추어야 평생학습 시대를 살아낼 수 있다. 이러한 지적 능력을 훈련할 수 있는 가장 강력한 방법이 바로 글쓰기이다. 따라서 자료의 수집과 정리, 정보의 자기화를 통해 지식 산출, 그 지식을 바탕으로 한 올바른 가치판단의 전 과정에 대한 고려가 공학 글쓰기의 내용에 포함되어야 하는 것이다.

아리스토텔레스는 왜 하필 <시학>이 아닌 <정치학> 책에서 언어의 기능과 가치에 대해 언급하였을까? “언어는 무엇이 공정하고 무엇이 불공정한지 선언하고, 옳고 그름을 구별한다. 우리는 이런 것들을 말로 파악하고 말로 표현한다. 언어는 선을 식별하고 고민하는 매체이다”라는 그의 말은 언어가 단지 사람의 생각을 전달하는 기호나 기술로서의 가치 이상의 의미를 갖고 있음을 말해준다. 언어를 통한 다양한 활동은 사람의 생각이나 삶의 태도와 능력을 변화시킬 뿐 아니라 그가 속한 공동체의 지향과 발전에도 영향을 미친다. 공학자에게 있어 글쓰기는 단순하고 명료하게 정보를 전달하는 기술의 습득을 넘어서서 자신이 속한 공동체의 지적 활동을 이해하고 스스로 지식을 생산해 내며 지식을 지혜의 수준까지 습득하여 올바른 가치판단으로 공동체를 발전시키는 중요한 지적 활동으로서의 의미를 지닌다.

읽고 나서 해 보기

1. 다음 중 하나를 주제로 선택해 한 편의 글을 작성한다고 가정하고, 선택한 주제에 대한 중심 생각을 세 개의 문장으로 정리해 봅시다.

> (1) 인간다움의 조건
> (2) 죽기 전에 하고 싶은 세 가지
> (3) 21세기 지구촌이 안고 있는 문제들
> (4) 기술은 인간 삶의 질을 높여주는가?
> (5) 내에게 가장 큰 영향을 주었던 인물

2. 1)에서 작성한 3개의 문장에 각각 뒷받침 문장을 보충해 세 개의 단락을 완성해 봅시다.

3. 2)에서 완성한 3개의 단락을 논리적 순서에 따라 배열하고 서론부와 결론부가 되는 단락들을 각각 작성해 다섯 단락으로 이루어진 한 편의 글을 완성해 봅시다.

04. 주제 선정과 글 제목 정하기

말할 수 있는 것은 명료하게 말할 수 있어야 하고 말할 수 없는 것에 대해서는 침묵해야 한다.

–비트겐슈타인

학 | 습 | 목 | 표

1. 글의 주제를 정할 때 유의해야 할 점을 이해해 올바른 주제를 선정한다.
2. 올바른 글 제목의 조건을 이해해 적절한 글의 제목을 정한다.

■ 주제 선정

주제는 글을 쓰는 사람이 글을 통해 말하고자 하는 바, 나타내려고 하는 핵심적인 내용이며, 읽는 사람의 입장에서 보면 한 편의 글을 읽고서 내용을 종합할 수 있는 중심적인 의미다. 즉, 주제란 글의 중심 내용으로, 한 편의 글을 구성하는 부분들이 통합되는 초점이라고 할 수 있다.

주제는 크게 두 가지 방식으로 정해진다. 첫 번째는 '무엇을 쓰라'라는 과제 형식으로 타인에 의해 주어지는 경우이며, 두 번째는 글쓰는 이 스스로가 정해야 하는 경우이다. 먼저, 다루어야 할 주제가 다른 사람에 의해 주어지는 경우, 주제와 함께 다룰 내용과 방법에 대한 요구 사항이 함께 주어지므로 글의 목적이 무엇인지, 그 목적을 위해 어떤 정보가 필요한지, 만약 내용과 관련해 글 쓰는 이의 의견이 주목을 받고 있다면 어떤 점에서 그런지에 대해 돌아보고 검토하는 작업을 거치면서 주어진 요구사항에 맞추어 글의 중심 내용을 확정해야 한다. 다음으로, 글쓰는 이 스스로 주제를 정해야 하는 경우, 가능한 한 자신이 직접 얻은 생생한 정보와 그것에 대한 자신의 생각에 중점을 두어 중심 내용을 정한다. 정보 자체가 덜 정리되고 부족한 점이 있다고 하더라도 독창성이 글의 큰 장점으로 인정될 수 있으므로 이러한 점에 유의하며 중심 내용을 정할 필요가 있다.

■ 주제 선정 시 유의할 점

1) 한 편의 글에는 하나의 주제만 다룬다.

한 편의 글에서 두 개 이상의 주제가 다루어지면 글의 전달력과 설득력이 떨어진다. 따라서 조사 과정에서 본래의 조사 목적에는 맞지 않지만 매우 중요한 정보를 얻었을 경우에는 글의 본문에 추가하지 않는 것이 적절하다. 이러한 내용은 본문과 분리해 뒤에 부록으로 싣거나 별도의 글로 새롭게 다루는 것이 바람직하다.

2) 주제의 크기는 글의 분량에 맞게 정한다.

대부분의 글은 일정한 길이의 제한을 받으며 작성된다. 설득력 있고 밀도 있는 논의를 위해서 글의 길이에 맞춰 주제를 좁히거나 넓히는 일이 불가피하다. 예를 들어, '신재생 에너지'라는 주제와 '태양열을 이용한 신재생 에너지' 혹은 '하이브리드 신재생 에너지 시스템'과 같은 주제는 다루는 핵심 내용의 범위가 매우 다르다. 따라서 자신이 쓰고자 하는 글의 분량에 맞게 주제를 좁히고 구체화시켜야 한다. 뉴스를 전하는 아나운서는 10분에 200자 원고지 20쪽에 해당하는 내용을 전달한다고 한다. 따라서 자신의 글을 10-15분 발표할 정도의 분량으로 쓴다고 할 때, 그 시간 안에 전달할 수 있을 만큼의 글의 분량을 정하고 그 분량으로 다룰 수 있을 정도로 주제의 범위를 정하는 것이 바람직하다.

3) 독자의 수준에 맞는 주제를 정한다.

주제를 선정하고 그 주제에 관한 적절한 자료를 취사선택하기 위해서는 독자가 누구인지, 그 독자의 지식 수준은 어느 정도인지, 이 글을 통해 무엇을 기대하고 있는지를 충분히 고려해야 한다. 예를 들어, 실험 보고서를 작성한다고 할 때 주제는 글쓰는 이가 어떤 실험을 했는지가 되어야 한다. 실험의 원리라든지 공식적인 방법에 대한 것은 그것을 읽을 교수가 너무 잘 알고 있으므로 그러한 내용을 주제로 삼을 경우 좋은 평가를 받기 어렵다.

▪ 주제문 작성

선정된 주제를 문장의 형태로 작성한 것이 주제문이다. 주제문을 작성하면 글에서 다룰 내용이 확실해지고 일관성 있게 글을 쓸 수 있으며, 글의 초점도 명확해진다. 주제문을 작성하는 방법은 다음과 같다.

① 주어와 술어가 명확히 제시된 완전한 문장이어야 한다.
② 필자의 의견이나 관점이 명확히 드러나야 한다.
③ 직설법, 평서문 형식으로 작성해야 한다.
④ 확실한 근거에 의해 증명될 수 있어야 한다.

■ 제목 달기

글에서 다루고자 하는 핵심 내용, 즉 주제는 글의 제목을 통해 제시된다. 한 줄의 제목은 독자로 하여금 글의 내용을 한눈에 파악하게 한다. 독자는 제목을 통해 얻은 정보에 입각해서 글을 계속 읽을 것인지 읽지 않을 것인지를 선택한다.

제목을 정하는 방식과 좋은 제목의 조건은 글쓰기의 목적, 전달하고자 하는 메시지의 양, 그리고 텍스트의 종류에 따라 달라진다. 독자에게 감동을 주기(impress) 위한 문학적 글쓰기와 정보나 입장을 정확히 표현하기(express) 위한 실용적 글쓰기는 각각 제목을 다는 방식에 있어 차이가 있다. 또한 실용적 목적으로 쓰인 글이라고 해도 그것이 한 권의 책이냐 혹은 한 편의 글이냐에 따라 제목의 형식과 내용이 달라진다. 아래의 (1)－(3)의 목록을 보면 굳이 제목에 붙은 기호를 염두에 두지 않아도 어떤 것이 문학과 비문학 서적의 제목인지, 어떤 것이 책 제목이고 어떤 것이 글의 제목인지 쉽게 구별해 낼 수 있다.

(1) <공무도하>, <참을 수 없는 존재의 가벼움>, <엄마를 부탁해>, <카스테라>, <여장남자 시코쿠>, <바람이 분다, 가라>, <친절한 복희 씨>
(2) <정의란 무엇인가>, <세바퀴로 가는 과학 자전거>, <후불제 민주주의>, <기후, 에너지 그리고 녹색 이야기>, <아웃라이어>, <생각의 지도>
(3) '젊은 문학평론가가 뽑은 2000년대 최고의 문학작품', '악성코드 분류시스템의 성능 향상을 위한 연구', '21세기 공학 교육의 새로운 방향', '지구, 저홀로 빛나는 우주 유일의 행성'

공학자들이 주로 써야 하는 글은 실용 에세이나 논문을 포함한 다양한 실용 문서들이다. 정확하고 명료한 정보 전달을 목적으로 하는 실용 문서의 제목이 그 목적에 맞는 형식과 내용상에 조건에 따라 작성될 때 좋은 글로 완성될 수 있다.

- **제목의 기본구조는 주제(topic)+설명부(comment)로 구성 된다.**

실용적 글의 제목은 반드시 말하고자 하는 주제와 그에 대한 설명을 포함해야 한다. 주제는 '이 글에서 말하고자 하는 바'를, 설명부는 '주제에 대해 글에서 다루고자 하는 내용'을 각각 의미한다. 이를 굳이 주어와 서술어 관계로 바꾸어 생각한다면 주제는 주어에 해당하며 설명부는 서술부에 해당하는 것으로 설명할 수 있다.

예를 들어, 앞의 예3)의 '젊은 문학평론가가 뽑은 2000년대 최고의 문학작품'이라는 제목에서 '2000년대 최고의 문학작품'은 주제, '젊은 문학 평론가가 뽑은'은 설명부가 되며, '21세기 공학 교육의 새로운 방향'에서는 '21세기 공학교육'이 주제, '새로운 방향'이 설명부가 된다.

일반적으로 사람들은 제목의 존재 목적을, 말하고자 하는 주제의 제시 혹은 논의하고자 하는 문제의 제기를 위한 것으로 생각한다. 그러나 실용문의 제목은 글에서 다루고자 하는 주제뿐 아니라 주제에 대해 어떤 것을 말하고자 하는지에 대한 설명을 포함해야 하며 문제 제기가 아닌 문제에 대한 답을 한마디로 제시하는 역할을 해야 한다. 그렇게 해야 독자가 제목만 보고도 본문에서 말하고자 하는 내용이 무엇이며 그것이 읽을 만한 가치가 있는 것인지를 판단할 수 있기 때문이다.

예를 들어, 원자력 에너지에 대한 한 편의 실용 에세이를 쓴다고 할 때, '원자력 에너지'라는 제목과 '원자력 에너지, $E=MC^2$에 숨어 있는 마법'이라는 두 제목이 있다면 어떤 제목이 더 명료하고 구체적인가는 물을 필요도 없다. 앞의 제목은 글에서 다루게 될 주제(원자력 에너지)만을 제시하고 있는 반면, 뒤의 제목은 주제와 함께 그 주제에 대해 무엇을 말할 것인가에 대한 설명($E=MC^2$에 숨어 있는 마법)도 함께 담고 있기 때문이다.

실용문 쓰기에서 제목이 의미적으로 '주제+설명'의 기본 구조를 갖추도록 하는 것은 좋은 글을 쓰기 위한 가장 기초적 상식인 동시에 반드시 지켜야 할 필수 조건이다.

- **제목에 쓰이는 단어들은 구체적이고 실제적 의미를 담고 있어야 한다.**

단어나 문장들은 저마다 그것이 나타내는 의미의 범위를 달리 한다. 예를 들어 "에너지, 전기, 석탄, 원자력, 풍력" 등의 단어들의 묶음이 있다고 할 때, 이 중 가장 추상적이고 포괄적인 단어를 고르라면 누구나 "에너지"를 선택할 것이다. 어떤 단어는 의미적으로 다른 단어들을 포괄하는 좀 더 추상적인 상위어의 자격을 갖는 반면 어떤 단어는 상대적으로 좀 더 구체적 의미를 담는 하위어의 자격을 갖는다.

실용문의 제목은 그 글이 담고 있는 내용에 따라 단어의 추상성과 구체성의 정도를 달리한다. 예를 들어, 15쪽 내외의 연구 논문 제목으로 '한반도 바람지도 구축에 관한 연구'라는 제목과 '원격 탐사 자료에 의한 한반도의 종관 바람지도 구축'이라는 두 제목 중 적절한 것을 고르라고 할 때, 후자를 선택하는 사람이 더 많을 것이다. 앞의 예에서 '한반도 바람지도 구축'이라는 말은 '왜', '언제' '어디서' '어떻게' 등 다양한 요소를 포괄하는 사건 개념이다. 따라서 이를 제목으로 하는 글이라면 이러한 다양한 요소에 대한 설명을 포함하는 한 권의 책이나 한 편의 학위논문 수준의 긴 글이 될 것이다. 반면, 후자는 '원격 탐사 자료에 의한'이라는 구체적 방법을 한정하는 제목 때문에 한 편의 논문 제목으로 적절하다.

한편, 단어들 중에는 의미가 추상적이거나 불완전해서 의미적으로 다른 단어들의 도움을 받아야만 비로소 구체적 내용을 표현할 수 있는 단어들이 있다. 공학분야에서 자주 쓰이는 단어들 중 “전산 프로그램, 시스템, 메커니즘, 논리” 등과 같은 명사 상당어구나 ‘개발, 연구, 개선’ 등과 같은 서술성 명사들이 그런 예에 속한다. 예를 들어 “동적 시스템 해석을 위한 전산 프로그램 개발”이라는 제목에서 ‘전산 프로그램의 개발’이라는 말은 매우 추상적이어서 이 말이 좀 더 실제적이고 구체적 의미를 갖기 위해서는 이 전산 프로그램이 다른 것과 구별되는 특징 및 프로그램의 개발 방법의 특이성 등을 구체적으로 표현하는 단어들이 제목 안에 보충되지 않는 한 실제적이고 구체적인 내용을 담는 제목이 될 수 없다. 이와 마찬가지로, “개발, 연구, 설명, 개선” 등의 서술성 명사들도 그것과 관련된 구체적 방법이나 과정에 대한 내용이 보충되지 않을 경우 의미적으로 비어 있는 추상적 표현이 된다.

정확하고 올바른 제목을 정하는 것은 자신의 생각을 독자가 쉽게 읽고 명료하게 이해하기 위한 첫걸음이다. 자신이 수행한 연구가 많은 사람에 의해 읽히고 인용되는 글로 완성되기 위한 가장 기본적 조건 중 하나가 한마디로 말할 수 있는 글의 제목을 다는 것이다. 그러므로 글을 완성하기 전에 1)형식적인 면에서는 글의 제목이 ‘주제+설명부’의 기본 구조 갖추고 있는지를 확인하고, 2)내용적인 면에서는 제목에 사용된 단어들이 의미적으로 글의 내용을 구체적으로 나타낼 수 있을 만큼 실제적인 의미를 담는 단어들로 구성되어 있는지를 반드시 점검하도록 해야 할 것이다.

읽고 나서 해 보기

1. 다음 예들이 주제문으로서 부적절한 이유를 제시하고, 적절하게 고쳐 봅시다.

(1) 이상과 현실은 일치되는 것일까?
(2) 자살을 해서는 안 된다.
(3) 한국인은 당파 싸움을 잘 한다.

2. 다음의 제목 중 (1)과 (2) 중 적절하지 않은 예를 골라 이유를 설명하고 적절한 방식으로 고쳐 봅시다.

(1) a. T형 합성보의 하중재하에 의한 내화 성능
b. IMS 기반의 PoC 세션 흐름'
c. 하이브리드 픽업트럭의 연비개선
(2) a. 자기부상열차 시범노선 운영에 따른 전자계 영향 예측 및 평가
b. 입체영상을 이용한 로봇 제어에 관한 연구
c. 터보 펌프용 연료 펌프의 설계와 CFD를 이용한 성능평가

05. 개요 작성과 글의 논리적 구성

적절한 준비와 연습은 빈약한 성과를 방지한다.

– 밥 파이크

학 | 습 | 목 | 표

1. 글의 내용을 논리적으로 구성하는 방법에 대해 이해한다.
2. 개요 작성의 구체적 방법에 대해 이해한다.
3. 좋은 글을 쓰기 위해 유의해야 할 점에 대해 이해한다.

■ 글의 구조와 개요 작성

흔히 잘 쓰인 글이라고 하면 정확한 문장을 떠올린다. 글쓰기에서 정확하고 이해하기 쉬운 문장을 쓰는 것도 매우 중요하지만, 이것 못지않게 중요한 것은 글의 논리적 구조를 읽기 쉽고 이해하기 쉽게 구성하는 것, 즉 글을 구조적으로 조직하는 것이다. 개요는 글의 내용과 구조를 조직하기 위한 설계도 혹은 청사진이다.

주제와 다루고자 하는 내용에 따라 글의 논리적 구성은 달라질 수 있다. 글의 논리적 구성을 생각할 때 가장 기본이 되는 전제는 모든 대상은 일정한 구조를 가지고 있다는 생각과 한 편의 글도 예외가 아니라는 것이다. 한 대상이 하나의 구조체를 이룬다는 것은 기본적으로 그 대상은 하나 이상의 구성 요소로 이루어져 있으며, 그 구성 요소들은 일정한 순서나 규칙에 따라 체계적으로 조직되고 운영된다는 것을 의미한다. 따라서 글로 전달되는 메시지도 여러 개의 하위 메시지로 구성되며 그 메시지들은 일정한 순서와 규칙에 의해 구성해 글의 전달력을 높이기 위해 글의 설계도인 개요 작성이 필요하다.

■ 개요 작성의 절차

주제를 정하고 이에 관한 자료를 찾아 읽으며 글의 내용을 구상하면서 머릿속에 세웠던 기본 개요를 바탕으로 다음의 절차에 따라 개요를 완성할 수 있다.

① 핵심어와 핵심어구를 정리한다.

글을 구조적으로 조직하는 것은 논의하고자 하는 주제를 다루는 과정에서 반드시 제기해야 할 질문과 그 질문에 답하기 위해 반드시 언급되어야 할 핵심적인 개념들을 정리하는 것에서 시작된다. 예를 들어, '21세기 과학기술자의 사회적 역할'에 대해 글을 쓴다고 할 때, 그와 관련해 생각나는 몇 가지 질문을 던질 수 있으며,

그 질문을 바탕으로 글의 내용에서 중요한 핵심어나 핵심어구를 정리한다.

예)

질문1 : '과학기술은 인류 발전에 어떤 역할을 해 왔을까?' '과학기술의 발달로 인류의 삶은 어떻게 달라졌을까?' 등등

→ 핵심어구 : 과학기술의 발달과 인류의 삶

질문2 : 지금 지구촌에서는 어떤 문제들이 있을까? 그 문제들은 과학기술을 통해 어떻게 해결될 수 있을까?

→ 핵심어구 : 21세기 지구촌의 문제들

/ 과학기술을 통한 문제 해결 방안

② 핵심어나 핵심어구 간의 계층 관계를 정리한다.

정리된 핵심어나 핵심어구들을 의미적으로 좀 더 포괄적인 것과 세부적인 것, 상위 범주와 하위 범주로 의미의 계층적 관계에 따라 정리한다. 예를 들어, 아래 a의 항목들은 계층 관계를 고려해 b와 같이 정리될 수 있다.

1. 행정 부서 2. 교무처 3. 교학과 4. 학생과 5. 대학원 6. 대학 7. 문과대학 8. 공과대학 9. 일반대학원 10. 특수대학원	⇨	1. 행정부서 1.1. 교무처 1.2. 교학과 1.3. 학생과 2. 교육부서 2.1. 대학 2.1.1. 문과대학 2.1.2. 공과대학 2.2. 대학원 2.2.1. 일반대학원 2.2.2. 특수대학원

③ 정리된 계층 관계를 알맞은 순서에 따라 배열한다.

핵심어구들 사이의 계층 관계를 따져 상위 주제와 하위 주제를 정리했다면, 각 묶음들을 일관된 순서에 따라 정리한다. 각 항목들을 배열하는 방법은 아래와 같이 몇 가지로 정리해 볼 수 있다.

ㄱ. 공간적 순서에 따라

ㄴ. 시간적 순서에 따라

ㄷ. 내용의 중요도에 따라(중요한 것에서 덜 중요한 것으로, 혹은 반대 순서)

ㄹ. 이미 알고 있는 것에서 알지 못하고 있는 것으로

ㅁ. 의견이 일치하는 것에서 논쟁의 여지가 있는 것으로

ㅂ. 간단한 것에서 복잡한 것으로

ㅅ. 이론적인 것에서 응용 분야로

ㅇ. 원인에서 결과로, 혹은 결과에서 원인으로

ㅈ. 일반적인 것에서 특수한 것으로, 혹은 특수한 것에서 일반적인 것으로

ㅊ. 문제에서 문제 원인과 해결 방안으로

④ 개요에 사용된 단어나 어구가 어법에 맞는 적절한 표현인지 점검한다.

계층 관계나 배열 순서에 맞추어 글의 구조가 정리되었다면 마지막 단계로 개요에 사용된 단어나 어구가 의미적으로 적절한지, 각 단어나 어구 사이의 언어적 관계가 일관성이 있는지 점검한다. 한 예로, 동일 층위의 화제들은 어휘적으로 동일한 성격을 갖는 것이어야 하는데 아래 예1)의 2.3.의 핵심 명사와 하위 항목인 2.3.1/2.3.2/ 2.3.3의 핵심 명사들은 서로 다른 어휘적 성격을 가지고 있다. 2.3.의 핵심 명사는 '반박'이라는 행위 명사인 반면, 2.3.1.의 마지막 명사는 '조작'이라는 행위 명사, 2.3.2의 '논리'는 구체적 내용이 보충되어야 하는 보문 명사, 마지막으로 2.3.3.의 '과학'은 하나의 개별적 대상을 나타내는 개체 명사이다. 이 세 명사들은 어휘적으로 매우 다른 성격을 갖는 명사들이며 그로 인해 항목 간의 긴밀성이 유지되지 못하고 있다. 따라서 아래의 예와 같이 상위 항목과 하위 항목을 모두 수정해 상위 항목과 하위 항목, 또는 동일 항목 간의 논리적 일관성과 긴밀성을 유지하도록 하는 것이 바람직하다.

2. 스틸만의 복제 인간 제조에 대한 긍정적 입장에 대한 <u>반박</u>
    2.1. 인간 생명의 본질을 훼손하는 <u>생명 조작</u>
    2.2. 인간 생명의 존엄성을 외면한 유전자 조작 <u>논리</u>
    2.3. 도덕성 타락을 간과한 생명 <u>과학</u>

⇩

2. 복제 인간 제조의 문제점
    2.1. 인간 생명 본질 훼손의 위험성
    2.2. 인간 복제와 유전자 조작의 허구성
    2.3. 인간 윤리의 파괴와 도덕성의 타락 초래 가능성

■ 개요 구성의 원칙

개요의 구성은 아래의 표에서 보는 것과 같이 기호 사용의 방법에 따라 나누어 볼 수 있는데, 개요 구성의 방식은 글쓰기의 목적에 따라 달리 선택한다.

번호식 구분1	번호식 구분 2	번호 문자 조합식 구분
1.	I.	I
1.1.	1.	가.
1.1.1.	1)	1.
1.1.2.	2)	2.
1.1.2.1.	(1)	ㄱ.
1.1.2.2.	(2)	(1)
1.2.	2.	(ㄱ)
2.	II.	(ㄴ)
2.1.	1.	(2)
2.1.1.	1)	ㄴ.
2.1.2.	2)	나.
2.2.	2.	II.

개요 작성은 다음과 같은 원칙에 따라 구성한다.

1) 동격의 항목은 논리적으로 같은 수준이므로 병행 배열한다.
2) 동격의 항목들은 의미적으로 서로 배타적이어야 한다.
3) 두 개 이상으로 세분화된 동격 항목이 없으면 항목은 나눌 수 없다.

1. 행정부서 1.1. 교무처 1.2. 교학과 1.3. 학생과 2. 교육부서 2.1. 대학 2.1.1. 문과대학 2.1.2. 공과대학 2.2. 대학원 2.2.1. 일반대학원 2.2.2. 특수대학원	1) 옆의 예에서 '행정부서'와 '교육부서'는 개념상 같은 수준의 동격 항목이므로 1과 2의 동격 위치에 배치하였다. 나머지 아래 항목도 마찬가지이다. 2) 어떤 항목도 동격 항목인 '행정부서'와 '교육부서'에 동시에 속하는 것은 없고 각 하위 항목은 하나의 상위 항목에만 속하는 배타적 관계를 갖는다. 3) 각각의 상위 항목들은 적어도 두 개 이상의 하위 항목을 갖는다. 만약, 하나의 상위 항목에 하나의 하위 항목만 있을 경우 그 하위 항목은 굳이 나눌 필요가 없다.

읽고 나서 해 보기

1. "한반도 지진 대비의 실태와 대책"에 대한 글을 쓰려고 합니다. 아래 주어진 항목들을 바른 순서로 배열해 개요를 완성해 봅시다.

ㄱ. 한반도 지진의 현 실태
ㄴ. 지진에 대한 경각심 부족
ㄷ. 지진에 대한 경각심 고취
ㄹ. 한반도 지진 발생 현황
ㅁ. 지진에 대한 인식 정도
ㅂ. 내진 보강 기술 개발
ㅅ. 지진 전문 인력 및 기관 부족
ㅇ. 내진 설계 부족
ㅈ. 지진 전문가 양성 및 기관 증설

2. 아래의 개요를 바탕으로 "지구촌 불끄기 행사의 필요성"이란 주제로 한 편의 글을 작성하려고 합니다. 아래의 개요가 글의 개요로 적절한지 검토하고, 적절하지 않다면 그 원인을 찾아 바르게 수정해 봅시다.

1. 지구 온난화의 심각성
   1) 온난화 현상의 실태
   2) 온난화 현상의 원인
   3) 온난화 현상의 결과
   4) 온난화 현상의 해결방안
2. 지구촌 불끄기 행사
   1) 지구시간(Earth Hour) 행사 안내
   2) 국내 참여 현황
   3) 행사 참여 방법
   4) 행사 기대 효과
3. 맺음말

3. "기술의 발전은 인류의 삶을 향상시킨다"라는 주제로 글의 개요를 작성해 봅시다. (설득력 있는 글이 되기 위해, 긍정적 증거와 예상되는 반론, 그에 대한 반증의 예들을 담고 있는 개요로 완성할 것)

06. 조사 보고서 쓰기

계몽은 인류 스스로 자초한 미성숙에서 탈피하는 것이다.
미성숙이란 스스로 알 수 있는 것을 남의 지시 없이는 활용할 줄 모르는 무능력 상태이다. 이 무능력을 스스로 자초했다함은
알지 못해 무능력한 게 아니라 남의 지시 없이도 그 앎을 활용하겠다는 결단과 용기가 없는 상태를 가리킨다.
자신의 앎을 사용할 용기를 갖자. 이것이 바로 계몽주의의 표어이다.

– 칸트

학 | 습 | 목 | 표

1. 조사 보고서의 목적과 구성을 이해한다.
2. 조사 보고서의 작성 요령을 이해한다.
3. 조사 및 결과 분석의 과정을 이해한다.

■ 조사 보고서의 목적과 구성

조사 보고서란 사회 현상과 인간 행태를 파악하고 예측하기 위해 체계적이고 논리적인 과정과 방법으로 자료를 수집, 정리, 분석한 결과를 일정한 형식에 따라 정리한 것이다. 이는 특정 현상의 정확한 기술과 분석을 통해 그것에 대한 이해를 돕고, 나아가 앞으로의 방향성을 제시하는 것을 목적으로 한다.

조사 보고서는 아래와 같이 구성된다.

1. 표지 : 제목, 학번, 이름(제출일과 제출자의 연락처)
2. 목차
3. 서론 : 이론적 배경, 연구 목적 및 연구 문제
4. 조사방법 : 연구 대상, 절차, 분석 방법
5. 조사 결과
6. 결론
7. 참고문헌
8. 부록

1. 표지

표지에는 제목과 제출자의 학번, 이름, 이메일 주소 등 제출자에 대한 정보와 제출일 등의 정보를 담는다. 상단에 머리말 기능을 이용해 과목 이름이나 과제 이름을 넣기도 한다. 제목을 작성할 때는 다음과 같은 점에 유의한다.

■ **연구 제목 작성시 유의사항**

① 과제명을 그대로 붙이지 않는다.
좋지 않은 예) "보고서 작성과 의사소통 조사 보고서"

② '연구'라는 용어는 가급적 사용하지 않는다.
좋지 않은 예) "소셜네트워크의 발달이 사회에 미치는 영향 연구"

③ 가능하면 가치중립적인 진술을 한다.
좋지 않은 예) "학습 효과에 도움이 되는 시청각 교육"

④ 지나치게 길지 않도록 하는 것이 좋다.
좋지 않은 예) "월 소득 100만 원 이하의 저소득 가정의 초등학생 방과 후 공부방 운영 효과 검증"

2. 목차

목차는 개요 작성의 요령에 따라 작성하되 글의 전체 흐름을 한눈에 볼 수 있게 작성한다. "서론, 본론, 결론"과 같이 너무 소략해 구체적 내용을 알아보기 어렵게 한다든지, 너무 상세해 글의 흐름을 파악하는 데 방해가 되지 않도록 유의한다.

3. 서론 : 이론적 배경, 연구 목적 및 연구 문제

서론 부분은 독자들이 본론 부분을 계속해서 읽어야 할지 말지를 빠르고도 정확하게 판단할 수 있는 자료나 본론을 시작하기 전에 알아두어야 할 예비지식을 제공하는 부분이다. 서론 부분에서는 보고서에서 다루고 있는 주제에 대한 이론적 배경과 연구의 필요성이나 목적, 주제와 관련된 중요한 개념에 대한 설명을 주 내용으로 구성한다.

■ 연구 목적 및 필요성

연구 목적 및 필요성은 보고서에서 다루고자 하는 주제가 연구할 만한 가치와 의의가 있는 것임을 설명하는 부분이다. 조사 연구는 막연한 호기심에서 시작할 수도 있지만, 대부분 특정한 목적 하에 진행된다. 자신의 연구가 기존의 연구와 어떤 점에서 차별화되며, 이 연구를 통해 무엇을 밝혀낼 수 있는지가 분명해야 연구의 가치를 인정받을 수 있다. 즉, 목적과 필요성이 분명할수록 좋은 연구가 될 가능성이 크다.

그러므로 서론에서 자신의 연구가 어떤 목적으로 시작되었으며, 이 연구가 반드시 필요한 이유가 무엇인지를 명확히 기록하는 것이 중요하다.

■ 연구 문제

연구 문제란 연구 주제를 조사 가능한 형태로 명료하게 정리한 것으로, 연구 문제는 연구하고자 하는 바를 집약적이며 분명하게 드러내는 역할을 한다. 따라서 잘 구상된 연구 문제는 그 자체만으로도 연구의 내용과 방법을 짐작할 수 있게 한다.

좋은 연구 문제를 작성하려면, 연구 문제를 결정하기 전에 자신의 연구 주제에 대한 선행 연구나 관련 연구를 비판적으로 검토해야 한다. 연구에 관한 이론적 배경을 갖추게 되면 자신의 연구 주제에 보다 체계적이고 구체적으로 접근할 수 있기 때문이다.

예1)

본 연구에서는 ○○지역 식수에 함유된 비소의 양을 측정하고 그것이 주민 건강에 끼치는 영향을 알아보고자 한다. 본 연구의 중점 연구 문제는 다음과 같다.

1. 물 1리터당 비소의 양
2. 주민들의 식수사용실태
3. 식수사용실태와 건강과의 상관관계
4. 연구결과가 시사하는 수질 개선 방안

예2)

본 보고서에서는 최근의 지구촌의 세계화가 어떠한 경향을 띠고 있는지 분석하고, 이것이 개발 도상국들에게 어떠한 과제를 던져주고 있는가를 살펴보도록 한다.

4. 조사 방법 : 연구 대상, 절차, 분석 방법

이 부분에서는 연구 대상을 다루기 위한 연구 방법 및 절차, 검사(측정) 도구 등이 구체적으로 제시되어야 한다. 조사 방법은 무엇보다 실현 가능한 것으로 설정하는 것이 중요하다. 비슷한 연구 주제라도 연구 방법을 달리하며 다양한 측면에서 검증할 수도 있고 조사의 방식에 따라 연구 결과가 달라질 수도 있으므로, 조사 방법을 어떤 기준에 의해 정하였고 어떤 절차를 거쳐 조사를 진행하였으며, 어떠한 방법으로 결과를 분석하였는지 구체적으로 상세히 제시한다. 예를 들어 설문조사의 경우에는 설문 대상자에 대한 정보, 조사 장소와 기간, 조사 범위와 규모 등을 상세히 제시한다.

■ 검사(측정) 도구의 제작이나 선정 시 유의사항

1. 연구의 본질적인 목적이나 취지에 적합해야 한다.
2. 연구하고자 하는 구체적인 목표나 내용을 제대로 측정할 수 있어야 한다.
3. 측정 결과의 정확성과 일관성을 보장할 수 있어야 한다.
4. 주어진 여건과 상황에서 실행하기에 적절해야 한다.

■ 검사 도구를 평가하는 기준

- 적합도 : 대상과 방법이 연구의 목적에 부합하는 정도
- 타당도 : 검사 도구가 의도했던 목표나 내용을 제대로 측정하고 있는가의 정도
- 신뢰도 : 검사 도구를 이용해 수집한 정보가 얼마나 정확하고 일관성 있는가의 정도. (똑같은 과정을 반복할 경우 동일한 결과가 나와야 한다.)
- 실용도 : 검사 도구가 목적을 달성하기 위해 필요한 경비, 시간, 노력의 정도

5. 조사 결과

조사 결과 부분에서는 조사한 자료의 제시와 자료 분석 및 해석을 덧붙인다. 조사 결과는 조사한 자료 중 연구 문제와 관련을 갖는 유의미한 자료를 중심으로 정리하고 아무리 어렵게 입수한 자료라 할지라도 연구 문제와 직접적 관련이 없는 자료들은 제시하지 않는다. 조사 결과를 제시할 때는 표나 그림을 활용하는 것이 바람직하며 표나 그림을 제시할 때는 표나 그림만을 제시하지 않고 반드시 그에 대한 설명을 붙인다. 모든 표와 그림에는 번호와 제목을 붙인다. 번호와 제목은 표의 경우는 위쪽에, 그림의 경우는 아래쪽에 붙이는 것이 일반적이다.

6. 결론

결론 부분에서 본론의 주요 사항을 요약, 정리하는 내용과 결과에 대한 해석과 중요성 강조, 앞으로의 방향에 대한 예측과 제언을 제시한다.

7. 참고문헌

연구의 과정에서 참고했던 자료들을 해당 분야의 관례에 따라 제시한다. 자신이 직접 찾고 참고한 자료를 위주로 하고, 다른 사람의 연구 결과물에서 언급된 것이지만 자신이 직접 읽지 않은 자료들은 제시하지 않는다.

8. 부록

조사를 수행하는 과정에서 입수한 자료로, 연구와 관련이 있으나 분량이나 내용상 본문에 직접 넣지 못한 자료나 조사 과정에서 사용한 설문지와 같은 조사 도구 등을 부록으로 제시한다.

읽고 나서 해 보기

1. 조별로 연구 주제를 정하고, 연구 문제를 하나의 문장으로 작성한 후 그에 대한 세부 내용을 적어도 3개의 항목으로 나누어 정리해 봅시다.

예)

본 연구는 글로칼라이제이션(glocalization)의 개념을 정리하고 글로칼라이제이션의 실제적 사례 분석을 통해 성공적 글로칼라이제이션의 발전 방향에 대해 모색하고자 한다.

1) 글로칼라이제이션의 의미와 조건
2) 글로칼라이제이션의 적용 사례 분석
3) 글로칼라이제이션의 성공 조건과 바람직한 방향

2. 연구의 배경, 연구의 목적과 필요성에 대해 정리해 보고 이를 두 개의 단락으로 완성해 봅시다.

3. 연구 주제에 맞는 실현 가능한 조사 방법을 찾아 적합도, 타당도, 신뢰도, 실용도 측면에서 비교 평가해 봅시다.

4. 조사 일정과 방법에 대한 계획표를 작성해 봅시다.

5. 아래의 자료를 통해 추론할 수 있는 내용을 5가지 이상 정리해 봅시다.

<표 4> 연령계층별 구성비의 변화

(단위 : %)

	1970	1980	1990	2000	2005	2010	2020	2030	2050
0-14세	42.5	34.0	25.6	21.1	19.2	16.2	12.3	11.4	8.9
15-64세	54.4	62.2	69.3	71.7	71.7	72.9	72.0	64.4	53.0
65세+	3.1	3.8	5.1	7.2	9.1	11.0	15.6	24.3	38.2

자료 : 통계청(2006), 「장래인구추계결과」.

<표 8> 초혼 연령의 변화

(단위 : 세)

	1960	1970	1985	1990	2000	2002	2003	2007	2008
남성	25.4	27.1	27.0	27.8	29.3	29.8	30.1	31.1	31.4
여성	21.6	23.3	24.1	24.8	26.5	27.0	27.3	28.1	28.3

자료 : 통계청.

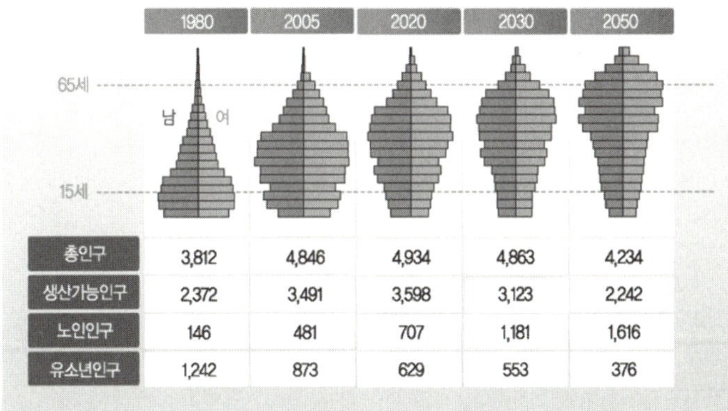

6. 5의 추론 결과를 통해 예측되는 현상과 이러한 현상에 대비해 제안하고 싶은 내용이 있다면 이야기해 봅시다.

07. 자료의 수집과 정리

완벽한 글은 더 이상 넣을 것이 없는 글이 아니라 더 이상 뺄 것이 없는 글이다.

– 생떽쥐베리

학 | 습 | 목 | 표

1. 자료 수집의 과정과 방법을 기획하고 상황에 맞는 다양한 방법을 활용할 수 있다.
2. 문헌 자료를 수집, 정리하는 방법을 이해한다.
3. 설문지 작성 및 설문의 절차에 대해 이해한다.
4. 자료의 분석과 정리 절차에 대해 이해한다.

논문이나 보고서, 제품 제안서 등의 글을 쓰기 위해서는 먼저 자료의 수집과 정리가 적절하게 이루어져야 한다. 특히 과학 글쓰기에서 자료 수집은 연구 및 설계의 실질적인 내용이 되는 자료를 생산하는 작업이므로 직접적인 글 생산의 바탕이 된다는 점에서 더욱 중요하다.

■ 자료 수집을 위한 준비

효율적인 자료 수집을 위해서는 목적에 따라 자료 수집의 방법과 접근을 달리해야 하기 때문에 필요한 자료의 종류와 양을 사전에 파악하고 수집 방법을 검토하는 준비 작업이 필요하다. 자료 수집의 준비 단계 역시 어떤 목적에 의한 것인가에 따라 달라질 수 있지만, 일반적으로 다음과 같은 3단계 과정을 기본으로 한다.

1) 자료 수집의 목적을 명확히 하고, 그에 따라 필요한 자료의 종류를 결정한다.

글쓰기에서 필요한 자료의 유형은 결과물이 될 글의 주제 및 목적과 직접적 관련이 있다. 따라서 자신이 수행하고자 하는 연구, 조사, 설계 등이 어떤 주제와 목적을 지니는가를 먼저 명확하게 해야만 필요한 자료의 종류를 정할 수 있다.

2) 자료 수집의 방법을 결정한다.

글쓰기와 관련된 자료 수집의 방법에는 크게 문헌조사, 설문조사, 실험, 관찰 등이 있다. 자신이 작성하고자 하는 글의 목적과 종류에 따라 가장 적절한 방식의 자료 수집 방법을 선택해야 한다. 경우에 따라서는 두 가지 이상의 방법을 병행해 자료 수집을 진행할 수도 있다.

3) 자료 수집과 관련해, 해야 할 일의 목록을 작성한다.

실제 자료 수집을 할 때 얻고자 하는 내용을 명확히 하고, 이를 얻어내기 위해 구체적으로 실행 계획을 세운다.

■ 자료 수집 유형

1. 문헌조사

글쓰기에서 행해지는 문헌조사의 목적은 다음과 같다.

- 기존의 연구 및 조사 결과 등을 참조하기 위해서
- 과거의 상황에 대한 새로운 해석을 하기 위해서
- 현재의 연구 및 상황과 비교하기 위해서

문헌조사의 장점은 상대적으로 자료 수집이 쉽다는 점이다. 직접 자료를 생산하는 것이 아니라 이미 생산된 자료를 활용하기 때문이다. 그러나 문헌조사를 통한 자료 수집이 간단하기만 한 것은 아니다. 원하는 종류의 문헌을 찾아내는 것이 쉽지 않을 수도 있을 뿐 아니라 찾아냈다고 하더라도 그 내용을 정확히 파악해 자료로서의 활용 가치를 판단하고 검토한 뒤에야 활용할 수 있기 때문이다.

문헌조사 시 자료 수집 요령은 다음과 같다.

[1] 도서관 자료 열람

원하는 도서관 검색 사이트에 접속해 자료를 검색한 뒤 대출하거나 열람한다. 각 대학마다 도서관 검색 사이트를 운영하고 있으며 국립중앙도서관, 국회도서관에서도 도서관 검색 사이트를 운영하고 있으므로 이를 활용한다. 자료명, 저자, 출판사 등을 입력해 검색하고, 정확한 정보를 모르는 경우에는 주제 검색어 입력을 이용한다. 자료를 확인한 뒤 자료를 대출하거나 열람한다. 열람 서비스만 제공하는 도서관의 경우에는 도서관 내부의 스캔, 복사 서비스를 이용한다. 최근에는 대학 도서관 간에 원격 대출 서비스를 체결한 경우도 있어 자신이 재학중인 대학의 도서관이 아니라도 책을 대출할 수 있는 경우도 있으므로 도서관에 해당 사항을 확인하고 이용하면 편리하다.

도서관 검색 사이트

국회도서관 http://www.nanet.go.kr
국립중앙도서관 http://www.nl.go.kr

[2] 인터넷 학술지 서비스 이용

인터넷에서 선행 연구자들의 연구 성과가 담긴 각종 학술지의 논문들의 원문을 열람할 수 있는 서비스를 제공하는 사이트들이 있다. 회원 가입이 필요하지만 일반적으로 많은 대학들이 기관 회원으로 가입된 상태이기 때문에 대학 재학 중인 학생이라면 기관 회원 자격으로 논문을 열람할 수 있다. 일반적으로 교내 인터넷망에 접속해 사이트에 들어가면 무료로 원문을 열람할 수 있다.

국내 학술지 검색 사이트

KISS 국내 학회지 서비스 http://kiss.kstudy.com
DBPIA 국내 학회지 서비스 http://www.dbpia.co.kr
한국 교육학술정보원 학술 정보 서비스 http://www.riss.kr

[3] 웹 사전 활용

최근에는 종이 사전을 구입하지 않고도 인터넷 상에서 편리하게 사전을 이용할 수도 있다. 각종 포털 사이트에서도 사전을 제공하고 있으므로 이용하기 편리하다. 그러나 좀 더 자세한 검색 결과를 원할 때는 용도에 따라 다음의 사전 서비스를 활용할 수 있다.

웹 사전 검색 사이트

국립국어원 표준국어 대사전 http://stdweb2.korean.go.kr
한국브리태니커 백과사전 http://www.britannica.co.kr
다국적 온라인 백과사전 위키피디아 http://www.wikipedia.org

※ 자료를 검색하면 자료의 목차와 간단한 설명을 볼 수 있는 경우가 많으므로 자신에게 필요한 자료인지를 미리 파악하고 대출, 열람을 결정할 수 있다. 이 때 모은 자료들은 모두 목록화해 두는 것이 좋다. 목록을 만들 때는 자신이 쓸 글에 직접 인용되거나 도움이 되는 자료, 간접적으로 도움이 되는 자료를 따로 구별해 정리해 놓으면 편리하다.

※ 네*버, 다*, *글 검색은 이제 그만.
주요 포털 사이트에 키워드를 입력하고 긁어 붙이는 방식의 자료 수집은 출처를 명확히 하기 어려우며 근거가 불확실한 저급의 정보만을 수집하게 되기 쉬우므로 자제하는 것이 좋다. 포털 사이트를 통한 검색은 일반적인 사항을 빠르게 검색해 알아볼 때만 활용하고 본격적으로 문헌자료를 수집할 때는 전문 자료가 모여 있는 온·오프라인 상의 경로를 잘 알아보고 활용하는 것이 좋다.

2. 설문조사

설문조사는 자료 수집의 대상자가 어떤 경향을 가지고 있는지를 파악하기 위해 행해진다. 설문조사는 자연과학이나 공학 분야보다는 사회과학 분야에서 주로 행해지지만 최근 자연과학과 공학 분야에서도 연구 분야와 관련된 일반인의 의견을 파악하거나 성향을 조사하기 위해 자주 행해진다. 설문조사 방법을 사용할 경우 많은 양의 정보를 신속하게 수집해 통계적으로 분석을 할 수 있다는 장점이 있다. 설문조사 방법은 설문의 매체에 따라 전화 조사, 서면 조사, 우편 조사, 인터넷 조사 등으로 나눌 수 있다.

자료 수집을 위해 설문조사 방법을 이용할 때에는 다음과 같은 진행 단계를 거친다.

1) 설문 기획 단계

설문조사의 목적을 분명히 하고 목적에 따라 어떤 내용을 조사할 것인가, 어떤 매체를 사용해 조사할 것인가, 어떤 사람을 대상으로 어떤 규모로 조사할 것인가, 어떤 일정으로 조사를 진행할 것인가 등을 결정하고 설문을 설계한다.

2) 설문지 작성 단계

설문조사에서 가장 중요한 것은 설문지 작성이라고 할 수 있다. 설문지가 자료 수집의 핵심적 역할을 하기 때문이다. 설문지가 정확하지 않으면 수집된 자료의 결과를 신뢰할 수 없을 뿐 아니라 설문조사 과정에서 투자한 시간과 노력도 헛된 것이 된다. 설문지는 응답자들이 심리적 부담을 가지지 않고 쉽게 응답할 수 있도록 만들되, 자료 수집의 목적에 부합하도록 구성되어야 한다.

3) 예비조사 단계

설문지 작성 후 본 조사 단계에 들어가기 전, 설문 내용의 타당성과 유효성을 확인하기 위한 확인 단계가 필요하다. 이것이 예비조사 단계이다. 예비조사 단계에서는 응답자의 반응에 따라 설문 내용을 전반적으로 점검하고 설문의 순서를 조정한다.

4) 본 조사 단계

응답자가 설문 내용을 명확히 작성하는지 검토하면서 정해진 일정에 따라 설문을 시행한다.

5) 분석 단계

설문지 응답을 부호화하고 통계 프로그램을 사용해 체계적으로 분석한다.

설문지의 구성

도입부	설문조사 주체, 목적, 활용의 범위에 대해 소개한다.
본론부	설문의 실제 내용을 기술하는 부분으로 자료 수집에 필요한 질문을 배치한다.
결론부	설문 결과를 활용할 때 필요한 인구 통계학적 내용(성별, 나이, 수입, 학력, 지역 등)에 대한 질문을 배치한다. 응답자의 신상에 관한 질문을 본론부 앞에 제시하는 경우도 있으나 개인 신상을 밝히는 것을 꺼리는 응답자의 경우 설문 자체에 응하지 않을 가능성도 있으므로 결론부에 제시하는 것이 일반적이다.

설문지 작성 시 유의점

1) 설문지의 질문 항목은 조사의 목적에 부합하는 질문만을 명확히 한 다음 기술한다.
2) 한 가지 질문에 하나의 내용만을 담고, 질문의 성격에 따라 유사한 것들을 묶어서 제시한다.
3) 질문의 항목들을 배열할 때 포괄적인 질문을 먼저 제시하고 구체적, 세부적인 질문을 그 다음에 제시한다.
4) 설문지의 객관성을 유지할 수 있도록 유도 질문은 하지 않는다. 설문 대상자에게 편견을 심어주는 표현을 사용해서도 안 된다.
5) 누구나 쉽게 읽고 의미를 파악할 수 있도록 하며 전문 용어나 어려운 한자어를 사용하지 않는다.
6) 응답 항목을 만들 때는 하나의 질문에 5개 이상의 답을 만들지 않도록 하며 유사한 응답 항목을 동시에 제시하거나 불균형적으로 제시하지 않도록 주의한다.

3. 실험 · 관찰

실험 · 관찰은 과학 글쓰기와 관련된 대표적인 자료 수집의 방법이다. 실험 · 관찰 과정에서 체계적으로 자료를 수집하기 위해서는 실험노트를 작성하는 것이 필수적이다. 실험·관찰 노트에는 실험·관찰이 어떻게 진행되었는지, 진행 과정에서 어떤 문제가 발생했는지를 정확하게 기록해 두어야 한다. 어떤 실험 · 관찰이냐에 따라 실험 · 관찰 노트는 달라지지만 대체로 반드시 포함되어야 할 항목은 다음과 같다.

■ **실험·관찰 노트 작성 항목**

① 제목
② 날짜
③ 장소
④ 실험, 관찰자
⑤ 조건(기온, 습도, 기압, 풍향 등 실험·관찰에 영향을 주는 모든 요소)
⑥ 목적과 원리
⑦ 실험의 재료와 장비
⑧ 실험·관찰 방법과 과정
⑨ 실험 결과
⑩ 결과에 대한 해석과 논의

이밖에 추가 가능한 항목들 : 참고 논저, 기타 참고사항 등.

■ 자료의 정리와 분석

자료 수집이 끝나면 자료를 정리해야 한다. 자료 정리는 자료를 분석하고 제시하기 위한 기초 작업이 된다. 자료를 수집하는 과정도 중요하지만 자료를 수집한 다음, 그 자료를 어떻게 정리하고 분석하는가에 따라 결과물의 신뢰도와 완성도가 달라진다.

자료 정리와 분석의 단계는 다음과 같다.

① 수집된 자료의 전체 내용과 윤곽을 파악한다.
② 수집된 자료를 항목별로 정리한다.
③ 수집된 자료들 간의 관계를 파악하고 진위를 확인한다.
④ 분석 도구를 선택한다.

⑤ 분석을 실행한다.
⑥ 분석 결과를 정리하고 해석한다.

읽고 나서 해 보기

1. '노인을 위한 제품 개발'이라는 주제로 자료를 수집, 정리하려고 합니다. 다음 각 단계에 맞게 자료 수집의 목적과 방법, 구체적으로 실행할 내용에 대해 계획을 작성해 봅시다.

진행 순서	1차	2차	3차
목적	개념 이해	실태 조사	가능성 타진
방법	문헌 조사	설문조사	구상 및 실험
실행 내용 (시간, 장소, 인원, 준비물, 비용, 기타)	• 인터넷 검색 - 고령화, 스마트 시니어, 노인 복지, 노인 문제 등 주요 키워드 검색 - 통계 자료 수집 - 관련 제품 검색 • 도서관 자료 열람 - 관련 서적 및 논문 열람 • 인터넷 학술지 검색	• 설문 기획 • 설문지 작성 • 예비 조사 • 설문지 수정 보완 • 본 조사 • 분석	

2. 각 조별로 제품 개발을 위해 가장 적절한 조사 방법을 선정해, 자료를 조사하고 그 결과를 발표해 봅시다.

08. 바른 글쓰기를 위한 정서법

위대한 글쓰기는 존재하지 않는다. 오직 위대한 고쳐쓰기만 존재할 뿐이다.

– E. B. 화이트

학 | 습 | 목 | 표

1. 국어 어문 규범의 목적과 내용을 이해한다.
2. 틀리기 쉬운 정서법 규정을 미리 익혀 바른 문장을 쓸 수 있도록 한다.

■ 바르게 쓰기 위한 10가지 원리

1. 소리 나는 대로 적되 어법에 맞도록 쓴다.

우리가 흔히 잘못 사용하는 말 중에 하나가 "세종대왕이 한국어를 만드셨다"는 것이다. 한국어는 세종대왕 이전에도 있었다. 세종대왕이 만드신 것은 언어인 한국어가 아니라 한국어를 표기하는 글자인 한글이다. 한글은 글자이므로 '한글 맞춤법'이란 글을 쓸 때 지켜야 할 원칙이다. 즉 말을 할 때는 맞춤법이 필요 없지만 글로 적을 때는 맞춤법이 필요한 것이다.

잠시 초등학교에서 받아쓰기를 했던 기억을 떠올려보자. 그때는 많은 사람들이 "개나리 꽃과 진달래 꽃이 피고 날씨도 따뜻해졌습니다."라고 써야할 것을 "개나리 꼬꽈 진달래 꼬치 피고 날씨도 따뜨태져씀니다"와 같이 써서 틀렸던 경험이 있을 것이다. 지금은 당연히 "개나리 꽃과 진달래 꽃이 피고 날씨도 따뜻해졌습니다."와 같이 써야 한다는 것을 알고 있다. 이는 우리가 자기도 모르는 사이에 한글 맞춤법이 정한 한글 표기 원칙에 이미 익숙해져 있기 때문이다. 우리는 왜 "개나리 꼬꽈 진달래 꼬치 피고 날씨도 따뜨태져씀니다"와 같이 쓰지 않는가?

한글 맞춤법에서는 한국어를 한글로 적을 때 두 가지 원칙을 지키라고 정해 놓았다. 하나는 '소리대로 적을 것'이고, 하나는 '어법에 맞도록 쓸 것'이다. 글로 적을 때 말을 소리대로 적는 것은 자연스러운 일이다. 이 원칙에 따라서 우리는 아버지를 아버지라고 적으며 형을 형이라고 적는다. 그렇다면 어법에 맞도록 적어야 한다는 것은 무슨 뜻일까? "밥을 먹는다"를 소리나는 대로 쓰면 "바블 멍는다"이고, "밥만 먹었다"를 소리나는 대로 쓰면 "밤만 머겄다"이다. 똑같은 '밥'과 '먹다'를 사용하는데 원형인 '밥'과 '먹-'이라는 모양은 위의 예에서 찾을 수 없다. 심지어 곡물로 지은 '밥만' 먹은 것인지 견과류인 '밤만' 먹은 것인지도 구별하기 어려워진다.

바블 / 밤만 / 밥또
먹다 / 멍는 / 먹찌 / 머거서

이처럼 소리나는 대로만 쓰게 되면 글을 읽을 때 소리 내서 읽어보지 않고 눈으로만 보아서는 빨리 내용을 알아차리기 어려울 뿐 아니라 중의적으로 해석되어 오해가 생기는 예들도 수없이 발생하게 될 것이다. 이러한 혼란을 막기 위해 글로 쓸 때 '밤만 멍는다'가 아니라 '밥만 먹는다'라고 '밥'과 '먹다'의 '먹-' 부분의 원형을 밝혀서 적도록 한 것이 바로 '어법에 맞도록 적으라'는 원칙인 것이다.

그렇다면 어떤 것은 소리 나는 대로 적고 어떤 것은 원형을 밝혀서 적을 것인가?

원래의 뜻에서 멀어진 것은 소리 나는 대로 적는다.

'설거지'가 맞을까? '설겆이'가 맞을까? 답은 '설거지'다. 현대 국어를 사용하는 우리들은 '설겆다'라는 말을 쓰지 않는다. 따라서 '설겆이'라고 원형을 밝히지 않고 '설거지'라고 소리 나는 대로 사용하는 것이다. 이처럼 원래의 의미와 형태에서 멀어져서 원형을 밝혀 적는 것이 큰 의미가 없어진 단어들의 경우에는 소리 나는 대로 적는다. 이와는 반대로 '얼음'을 '어름'이라고 소리 나는 대로 적어서는 안 되는 이유는 '얼음'의 의미가 우리가 사용하는 '얼다'라는 말의 원형에서 크게 멀어지지 않았기 때문이다.

2. 준말을 쓸 때는 본말을 확인한다.

사람들은 말을 할 때도 최대한 경제적으로 하고자 한다. 짧게 말하면서 말하고자 하는 의도가 정확하게 전달될 수 있다면 길게 말하는 것보다 훨씬 더 경제적이므로 같은 말도 최대한 짧은 형태로 줄여서 하려 한다. 특히 사람들이 자주 사용하는 말의 형태는 일반적으로 짧게 줄인 형태가 더 많이 사용돼 오히려 본말의 형태가 원래 무엇이었는지조차 잘 모르는 경우도 생긴다. 그래서 이로 인해 잘못된 표현을 사용하는 경우가 자주 발생한다. 보통 준말은 본말의 모음이나 자음이 축약된 형태인 경우가 많은데, 본말의 형태에 대한 지식이 부족하다보니 올바른 축약 형태를 알지 못하고 잘못된 형태를 사용하는 것이다. 따라서 이러한 오류를 방지하기 위해서는 우리가 일반적으로 사용하는 준말의 본말 형태를 정확히 알고 올바른 준말을 사용해야 한다. 지금부터는 주의해야 할 준말의 형태들을 차례로 살펴

보도록 하겠다.

① '돼-'는 '되어'의 준말이다. '되어'로 바꿀 수 없는 곳에서만 '되'를 쓸 수 있다. 따라서 '안 돼!'는 맞지만 '안 되!'라고는 쓸 수 없다. '안 된다'는 맞지만 '안 됀다'는 틀린 말이다.

② '왠'은 '왜인'의 준말이다. 따라서 '왠지'는 있어도 '웬지'는 없다. 오늘은 왠지 기분이 좋을 수는 있어도 오늘은 웬지 기분이 좋을 수는 없는 것이다.

③ '잖-'은 '-지 않-'의 준말이다. '-지 않-'은 줄어서 '쟎-'이 아니라 '잖-'이 된다. 따라서 '적지않은'은 '적잖은'으로 줄고 '남부럽지 않다'는 '남부럽잖다'로 줄어든다. 마찬가지로 '찮-'은 '-하지 않-'의 준말이다. 즉 '만만하지 않다'는 '만만찮다'로 줄어들고, '변변하지 않다'는 '변변찮다'로 줄어든다. 이런 것들을 잘 지켜서 쓰는 것이 만만찮겠지만 그렇다고 '만만챦다'와 같이 잘못된 준말을 써서는 안 되는 것이다.

⑤ '-대'는 '-다고 해'의 준말로 간접경험을 나타내고, '-데'는 '-더라'의 의미로 직접경험을 나타낸다. 따라서 남에게 들은 이야기는 '철수가 말하기를 영희가 아프대'와 같이 '-대'를 쓰고 '내가 어제 보니까 영희가 많이 아파 보이데'와 같이 과거에 내가 한 직접 경험을 나타낼 때는 '-데'를 쓰는 것이다.

⑥ '않'은 '아니 하-'의 준말이다. 따라서 '아니'로 바꿀 수 있는 경우에는 '안'을 써야 한다. 따라서 '그 빵을 내가 먹지 않았어'는 '그 빵을 내가 먹지 아니 하였다'의 준말이므로 '않'을 쓰는 것이 맞다. 그러나 '그 빵을 내가 안 먹었어'는 '그 빵을 내가 아니 먹었어'로 바꿀 수 있는 것이지 '그 빵을 내가 아니 하 먹었어'가 될 수는 없는 노릇이므로 '그 빵을 내가 않 먹었어'와 같이 써서는 안 되는 것이다.

⑦ '뵈어'의 준말은 '봬'이다. 따라서 일반적으로 사람들이 많이 사용하는 '내일 뵈요'와 같은 표현은 잘못된 것이다. '내일 뵈어요'의 올바른 준말은 '내일 봬요'가 맞다. '뵈어'가 줄어들어서 '봬'가 되는 것이므로 '뵈어'로 바꿀 수 있는 자리에는 '봬'를 쓰고 그렇지 않은 곳에는 '뵈'를 써야 한다. '내일 뵙겠습니다'와 같은 문장은 '뵈어'로 바꿀 수 있는 자리가 아니므로 '내일 뵙겠습니다'와 같이 써서는 안 된다.

3. 두음법칙을 올바로 이해한다.

우리말은 단어의 첫머리에 ㄹ음이나 ㄴ음(니, 냐, 녀, 뇨, 뉴)이 오는 것을 피하는 성격이 있다. 이것을 두음법칙이라고 한다. 그러나 대한민국에서 교육을 받고 한국어를 모국어로 하는 사람이라면 굳이 이것을 외울 필요가 없다. 두음법칙이 없다면 우리는 '여자 화장실'을 '녀자 화장실'로, '노동'은 '로동'으로 적겠지만, 특별히 신경 쓰지 않고도 우리는 아무도 '녀자'라거나 '로동'이라고 쓰지 않는 것이다. 오히려 문제는 두음법칙의 예외다. 두음법칙에는 몇 가지 예외가 있는데 우리가 주의해야 할 것은 바로 이것이다.

① '렬' '률'
모음과 ㄴ받침 뒤에서 '열, 율'로 적고 나머지는 '렬, 률'로 적는다. 따라서 모음 뒤에서는 '비율, 실패율'과 같이 적고, ㄴ받침 뒤에서는 '운율, 선율'과 같이 적고 나머지 자음 뒤에서는 '법률, 확률, 성공률'과 같이 적는다. 그렇다면 '황금율'이 맞을까? '황금률'이 맞을까? 물론, '황금률'이 맞다.

② 두음법칙은 본래 단어의 첫머리에 ㄹ음이나 ㄴ음(니, 냐, 녀, 뇨, 뉴)이 오는 것을 피하는 것이다. 그러나 두 단어가 합해질 때 뒤에 오는 단어는 첫머리가 아니라도 두음법칙을 지킨다. 즉 '육체+노동'의 경우에는 '육체로동'이 아니라 '육체노동'이라고 적고, '서울여자대학교' 역시 '서울녀자대학교'로 적지 않는다.

③ 의존명사의 경우 ㄹ, ㄴ으로 시작하는 의존명사는 두음법칙을 지키지 않고 그대로 적는다. 의존명사란 일반적으로 혼자서도 독립적으로 쓰이는 명사들과는 달리 혼자 쓰일 수 없고 반드시 앞에 의미를 보충해 주는 말이 나와야만 쓰일 수 있는 '-리, -것, -수'와 같은 말들과 단위를 나타내는 '-자루, -개, -년' 등이다. 이러한 의존 명사들 중에 ㄹ이나 ㄴ으로 시작하는 말들이 있는데 이 때는 두음법칙을 지키지 않는다는 것이다. 따라서 우리는 '그럴 니가 없다'가 아니라 '그럴 리가 없다'라고 쓰고 '2010연이 아니라 2010년'이라고 쓴다.
단, 단위를 나타내는 의존명사가 아닌 '년도'는 '연도'로 적어야 한다.
예) 졸업 연도, 제작 연도

④ 외래어는 두음법칙을 지키지 않는다. 100여 년 전, 서양식 외래어가 처음 들어온 시기에는 외래어의 경우에도 두음법칙을 지키는 경우가 있었고, 이러한

흔적이 방언에 남아있는 경우도 있다. 그래서 '라디오'를 '나지오'라고 쓴다거나 '리본'을 '니본'이라고 쓰기도 하였다. 그러나 현대 국어에서는 외래어의 경우 두음법칙의 예외로 규정하고 있다.

⑤ 고유어 뒤나 외래어 뒤에 한자어가 결합한 경우는 뒤의 한자어 형태소가 하나의 단어로 인식되므로 두음법칙을 적용한다. '개-연(蓮)', '구름-양(量)', '가십-난(欄)' 등을 예로 들 수 있다.

4. 사이시옷 사용의 조건을 안다.

한국어를 모국어로 하는 사람이라면 자연스럽게 '냇가', '찻집'이라고 쓰고 [내까], [차찝]이라고 읽는 것이 자연스럽지 '내가' '차집'이라고 쓰고 [내가], [차집]이라고 읽지 않을 뿐 아니라 그렇게 쓰고 읽을 경우에는 의사소통이 잘 되지 않는다는 것을 잘 알고 있다. 즉 자기도 모르는 사이에 자연스럽게 '사이시옷'을 잘 사용하고 있다는 것이다. 그런데 모든 경우 사이시옷의 사용 여부가 명확하기만 한 것은 아니다. '건너방'이 맞는가, '건넛방'이 맞는가? '최대값'이 맞는가, '최댓값'이 맞는가? 한글 맞춤법에 따르면 '건넛방, 최댓값'이 맞다. 사이시옷의 사용은 자주 사용하는 단어가 아닐 경우에는 특히 혼란이 심할 수 있다. 다음은 그러한 상황에 대비해 알고 있어야 할 것이 사이시옷 사용의 조건이다.

사이시옷은 두 단어가 합쳐져서 한 단어가 될 때, 그리고 그 두 단어 중 하나 이상이 고유어일 때 그 중간에 표기되는 ㅅ을 말하는 것이다. 사이시옷이 들어가면 뒷말의 첫소리가 된소리로 발음되거나 단어 중간에 ㄴ발음이 덧나게 된다.

한국어에서 사이시옷이 들어가는 환경은 다음과 같다.

① 뒷말의 첫소리가 된소리로 발음될 때 쓴다.

예) 냇가, 혓바늘, 최댓값, 찻집, 모깃불, 아랫집, 등굣길

② 단어 중간에 ㄴ발음이 덧날 때 쓴다.

예) 아랫니, 뒷일, 나뭇잎, 팻말, 훗날, 제삿날. 쇳조각

③ 한자어+한자어로 된 단어에는 사이시옷을 넣지 않는다.

예) 치과, 초점

④ 위의 ③에는 여섯 개의 예외가 있다.

예) 곳간, 셋방, 숫자, 횟수, 툇간, 찻간

5. 띄어쓰기의 단위를 파악한다.

띄어쓰기는 언제 시작되었을까? 세종대왕이 처음 훈민정음을 창제하였을 때는 띄어쓰기를 하지 않았다. 띄어쓰기가 처음 시작된 것은 19세기 말 독립신문에서였다고 전해진다. 띄어쓰기를 하지 않을 경우 내용을 이해하는 것이 불가능한 건 아니었지만, 간혹 이 말이 앞말에 이어지는 단어인지 뒷말에 이어지는 단어인지 불확실한 경우가 있는데다가 글을 읽고 이해하는 속도가 느려져서 불편했기 때문에 시작된 것이다. 받아들여야 할 새로운 정보의 양이 급속도로 팽창되고 글을 읽는 사람의 숫자도 급격히 증가한 당시의 시대 상황상 띄어쓰기는 새로운 시대의 요구에 해당하는 사항이었을지도 모른다. 글을 쓸 때 띄어쓰기를 하는 것이 헷갈리고 귀찮다고 느낄 수도 있지만 많은 정보를 담고 있는 긴 글이 띄어쓰기 없이 빽빽하게 쓰여 있을 경우 얼마나 읽기가 불편할 것이며 내용을 이해하는 데 오래 걸릴지를 생각해 보면, 띄어쓰기의 원리를 잘 익혀서 약속된 대로 적절히 띄어쓰기를 하는 것이 더 효율적임을 알게 된다.

띄어쓰기의 기본 원칙은 다음과 같다.

〈띄어쓰기 원칙①〉 한 단어는 붙여 쓰고 두 단어는 띄어 쓴다.

예) 키가 큰 아버지
아버지의 형님이신 큰아버지

하지만 두 단어가 합쳐져서 하나의 단어로 된 것이 있는가 하면, 아직 하나의 단어로 합쳐졌다고 인정받지 못한 것들도 있다. '돼지고기'는 한 단어일까? 두 단어일까? '돼지 껍데기'는 한 단어일까? 두 단어일까? 한 단어라면 붙여 써야 할 것이고 두 단어라면 띄어 써야 할 것이다. 이런 것들은 어떻게 구별하는 방법은 사전을 찾아보는 것이다. 사전에 등재되어 있다면 한 단어로 굳어졌다고 인정을 받은 것이고 사전에 등재가 되어 있지 않다면 아직 하나의 단어로 합쳐져서 굳어졌다고 인정받지는 못한 것이다.

〈띄어쓰기 원칙②〉 조사는 붙여 쓴다.

- 조사에는 어떤 것들이 있나?

  국어의 조사에는 '법-이', '법-을' 등과 같은 격조사와 '법-은', '법-마저', '법-밖에', '법-에서', '법-만', '법-까지', '법-도', '법-부터', '법-은커녕', '법-대로', '법-처럼', '법-조차' 등과 같은 보조사, '법-이다(입니다)'와 같은 서술격 조사, '-고', '-라고'와 같은 인용격 조사 등이 있다.

- 조사가 여러 개 겹쳐져 있어도 다 붙여 쓴다.
  예) 학교에서만이라도, 여기에서부터입니다.

〈띄어쓰기 원칙③〉 띄어 써야 하는 한 글자 단어들.

- 수, 데, 것, 바, 줄, 간, 및, 등
  이 밖에 단위를 나타내는 명사들은 다 띄어 쓴다.
  예) 두 가지, 세 마리, 십 년, 일곱 권,

  단, 앞에 숫자가 나오면 붙여 쓴다.
  예) 2가지, 3마리, 10년, 7권

〈띄어쓰기 원칙④〉 똑같이 생겼는데 붙여 쓰기도 하고 띄어쓰기도 하는 것들

- 대로, 만큼, 뿐.
  예) 사실대로 말해 (조사)
  네가 하고 싶은 대로 해라 (의존명사)
  철수도 영수만큼 키가 크다. (조사)
  나도 할 만큼 했다. (의존명사)

- -씨
  전체 이름 뒤에서는 띄어 쓴다.
  예) 홍길동 씨

  성 뒤에서는 붙여 쓴다.
  예) 홍씨

〈띄어쓰기 원칙⑤〉 보조용언은 한 개에 한해 앞말에 붙여 쓸 수 있다.

'고기를 잡아 본다'나 '고기를 잡아본다'가 모두 가능하다. 단, '-아/어' 뒤에 '서'가 줄어진 형식에서는 뒤의 단어가 보조용언이 아니므로 붙여 쓸 수 없다. '사과를 깎아 드린다'는 가능하나, '사과를 깎아(서)드린다'는 허용되지 않으며 반드시 '사과를 깎아(서) 드린다'와 같이 앞의 용언과 띄어 써야 한다.

6. 형태나 의미는 유사하지만 실제 용법은 다른 단어들을 구별한다.

단어의 용법을 잘못 알고 사용하는 오류는 글 전체의 신뢰성을 떨어뜨릴 수 있으므로 발음, 형태, 의미상 유사한 면이 있으나 실제 용법에는 차이가 있는 표현들을 정확히 알고 구별해 사용하는 것이 필요하다. 일반적으로 가장 많이 실수하는 용례들은 다음과 같다.

갱신 : 운전면허 갱신, 계약 갱신
경신 : 세계기록 경신

이따가 : 조금 뒤에
있다가 : ~에 머물러 있다가

장이 : 어떤 일에 대한 기술을 가진 장인.
쟁이 : 기술과 상관없는 특징.

-박이 : 무언가 박혀 있는 것 -점박이, 차돌박이, 오이소박이
-배기 : 그 나이를 먹은 아이 -세 살배기

든, 든지 : 선택
던, 던지 : 과거 회상

늘리다 : 많게, 크게 하다.
늘이다 : 길이를 길게 하다.

벌리다 : 간격을 넓히다.
벌이다 : 일을 시작하거나 확대시키다.

가르치다 : 교육
가리키다 : 방향 지시

채 : ~는 상태
체 : ~하는 척, 시늉
째 : 그것 전부

붙이다 : 붙게 하다.
부치다 : '붙다'와 관계없는 의미.

띄다 : 눈에 뜨이다, 간격을 뜨게 하다.
띠다 : 어떤 색깔, 모양, 성질을 가지다.

반드시 : 꼭, 필수적으로
반듯이 : 반듯하게

다르다 : 차이가 있다.
틀리다 : 맞지 않다.

결재 : 상사가 부하 직원이 제출한 안건을 승인하는 것.
결제 : 돈을 주고받아 거래 관계를 맺는 것.

일절 : 전혀, 절대로(부정, 금지 표현과 함께 사용)
일체 : 모두, 전체

웃- : '아래'와 짝을 이루지 않는 것.
윗- : '아래'와 짝을 이루는 것.

7. 된소리 표기에 주의한다.

많은 학생들이 실제 발음할 때는 된소리를 많이 사용하지만 글로 쓸 때는 된소리를 쓰면 맞춤법에 어긋난다고 생각한다. 실제로 우리는 [밥을 먹꼬 이따]고 말하지만, 이를 글로 쓸 때는 '밥을 먹고 있다'라고 쓴다. 그러나 이러한 생각이 너무 지나쳐서 '내가 지금 갈까?'라고 써야할 것을 '내가 지금 갈가?'라고 과도하게 된소리를 피해 표기하는 경우도 생긴다. 특히 종결어미들 중에서는 반드시 된소리로 써야 할 것들도 있으므로 경우 더욱 주의해야 한다. 종결어미들 중 예사소리로 적는 것에는 '-ㄹ걸, -ㄹ게'가 있고, 된소리로 적는 것으로는 의문형 어미인 '-ㄹ꼬?, -ㄹ쏘냐?. -ㄹ까?' 등이 있다.

한편, 같은 말을 된소리로 적느냐 예사소리로 적느냐에 따라서 의미가 아예 달라지는 경우도 있다. 다음의 예를 살펴보자.

1) 학생으로서의 책임과 의무
2) 의지와 노력으로써 얻어낸 성과

1)에서 사용된 '-로서'는 자격의 의미를, 2)에서 사용된 '-로써'는 수단과 방법의 의미를 가진다. 따라서 이 둘을 바꾸어서 사용해서는 안 된다.

8. 피동 표현을 남발하지 않는다.

한국어에서는 동사에 '이, 히, 리, 기'를 붙여서 '그런 행위를 당하다'라는 의미의 동사를 만든다. 예를 들어서 '듣다-들리다', '섞다-섞이다', '감다-감기다' 등, 그 예가 매우 많다. 이 뿐만 아니라 '삶다-삶아지다', '말하다-말해지다' 등과 같이 '-어지다'를 붙여서 피동 표현을 만들기도 한다.

그런데 피동의 의미가 아닌데도 피동형으로 쓰는 경우가 있다. 즉 '마음이 설레다', '목이 메다', '날씨가 개다'라고 써야 할 것을 '마음이 설레이다', '목이 메이다', '날씨가 개이다'라고 쓰는 것이다. 그러나 이러한 표현은 잘못된 것으로 피동 의미가 아닌 단어를 피동형으로 사용해서는 안 된다. 또 '-어지다'를 붙일 필요가 없는 말에 '-어지다'를 붙이는 것도 지양해야 한다. "저도 그렇게 생각되어집니다."와 같이 말하는 것은 잘못이다. "저도 그렇게 생각됩니다."라고 하거나 "저도 그렇게 생각합니다."라고 하는 것이 적절하다.

9. 한자어를 사용할 때는 올바른 한자음을 확인한다.

많은 학생들이 한자를 자유자재로 쓰고 읽지 못하지만, 실제 우리가 사용하는 단어의 약 70% 이상이 한자어에 해당한다. 사실 신문 본문에서 한자 표기가 사라진 것도 1990년대였으니, 한자를 읽지 못해도 신문을 읽을 수 있게 된 것도 20여 년이 채 되지 않은 것이다. 그러나 그동안 성장한 학생들의 경우, 한자를 실제로 접하는 일이 많지 않았고, 이로 인해 한자어를 사용하면서 본래 한자음을 제대로 확인하지 않아 틀린 단어를 사용하는 경우가 종종 발생하게 된다. '다른 나라의 아주 먼 곳'을 뜻하는 '이역만리'는 '異域萬里'를 읽은 것이다. 그런데 '아주 먼 곳'이라는 의미에만 집중하고 본래 한자음이 무엇인지 잘 모르고 사용하는 사람들이 간혹 '이억만리'라고 쓰는 경우가 있다. 2,000,000,000리라고 해도 아주 먼 곳이라는 의미가 통하기는 하겠지만 잘못된 표현임에는 분명하다.

또는 반대로 한자어가 아닌 단어를 한자어로 착각해 '한자어다운' 발음으로 제멋대로 변환시켜 버린 경우도 있다. '천둥'이라는 의미의 '우레'는 한자어가 아니다. 그럼에도 불구하고 많은 사람들이 한자 '우레 뢰(雷)'자를 떠올리고는 '우뢰'라고 쓴다. '어이없다'라고 써야 할 것을 '어의없다'라는 한자어로 유추하여 새로운 단어를 만들기도 한다.

10. 반드시 퇴고한다.

글을 쓰는 매순간 올바르게 쓰고 있는지 점검하는 습관을 길러야 한다. 특히 글을 다 쓴 다음 퇴고하면서 문장, 표현, 표기가 적절한지 확인하는 것은 아주 중요한 습관이다. 각종 오피스 프로그램 등에 포함되어 있는 한글 맞춤법 점검 프로그램도 맞춤법 오류를 상당 부분 교정해 주기는 하지만 100% 교정은 불가능하므로 자기가 쓴 글을 직접 점검하는 작업이 반드시 이루어져야 한다. 이를 위해서는 글쓴이 자신이 정서법 원리를 잘 알고 있어야 할 것이다.

이 책에 수록된 정서법의 원리는 사람들이 가장 많이 틀리는 정서법의 기본 원리를 빠른 시간 안에 익힐 수 있도록 하기 위해 정리된 내용들이다. 따라서 가장 자주 범하는 오류들의 경우는 앞의 내용을 학습함으로써 비교적 쉽게 교정될 수 있으나, 우리가 실제 글을 쓸 때 범할 수 있는 모든 오류와 관련된 정보가 수록되어 있는 것이 아니다. 따라서 앞으로 '제대로 쓰는' 법에 더 많은 관심과 주의를 기울여 글을 쓰는 과정을 통해 더 깊이 있게 익혀나가야 할 것이다. 국립국어원 누리집에 수록되어 있는 한국어 어문 규정이나 한글맞춤법 무료 온라인 강의 등을 적극적으로 활용하도록 하자.

배우고 나서 해 보기

1. 생활 속에서 맞춤법이 틀린 예들을 찾아 사진을 찍거나 맞춤법에 어긋난 웹상의 화면을 캡처한 후 바르게 고쳐 봅시다.

2. 국립국어원 누리집에 있는 한글 맞춤법 무료 온라인 강의를 수강해 봅시다.
   주소: http://www.korean.go.kr/kculture/lecture/mat/index.jsp

3. 주어진 연습 문제를 풀어 봅시다.

연습문제 100문항 / (맞춤법, 표준어, 띄어쓰기, 외래어 표기법)

맞춤법

1. ①있슴 ②있음
2. ①그러면 안 돼요 ②그러면 안 되요
3. ①담배를 않 피움 ②담배를 안 피움
4. ①공사 중이니 돌아가 주십시오. ②공사 중이니 돌아가 주십시요.
5. ①내가 도와줄게 ②내가 도와줄께
6. 그것은 {①책이예요 ②책이에요}
7. ①백분률 ②백분율
8. ①초점 ②촛점
9. ①대가 ②댓가
10. ①생각건대 ②생각컨대
11. ①깨끗이 ②깨끗히
12. 국립국어연구원은 어문 정책 전반에 관련된 연구를 주관하는 {①기구로써 ②기구로서} 국어사전 편찬과 각종 어문 규정의 제정, 보급을 통하여……
13. 사건의 전말이 {①드러났다 ②들어났다}
14. ①수도물 ②수돗물
15. ①가던지 오던지 알아서 해. ②얼마나 울었던지 눈이 퉁퉁 부었다.
16. ①어제 보니까 혜정이가 참 예쁘대. ②사람들이 진옥이가 예쁘대.
17. ①넓따랗다 ②널따랗다
18. 동호인 회장에게 일괄 배부해 관리케 {①함으로써 ②하므로써} 사용과 보존에 철저를 기하고자 합니다.
19. 불을 {①붙이다 ②부치다}

20. 밥을 {①앉히다 ②안치다}
21. ①편지를 붙이다 ②편지를 부치다.
22. ①실력을 늘이다 ②실력을 늘리다.
23. ①만만찮다 ②만만잖다
24. 얘가 우리 집 {①세째야 ②셋째야 }
25. 감정의 골이 깊이 {①팬 ②패인} 상태이다.
26. 어깨가 {①쳐졌다 ②처졌다}
27. 휴가를 마치고 오니 일거리가 {①싸여있다. ②쌓여있다}
28. ①세 살바기 ②세 살배기 ③세 살박이
29. 이 자리를 {①빌려 ②빌어} 한 말씀 드리겠습니다.
30. ①일찌기 ②일찍이
31. 4만달러 시대에 {①걸맞는 ②걸맞은} 국민의식이 요구된다.
32. 목이 {①메다 ②메이다}
33. 일을 많이 {①벌렸다 ②벌였다}
34. 두 사람 사이의 신뢰가 {①두껍다 ②두텁다}
35. 저녁에 우리 집에 잠깐 {①들러 ②들려}.
36. 활기를 {①띠다 ②띄다}
37. 퀴즈의 정답을 {①맞혀보세요 ②맞춰보세요}
38. 너에 대한 믿음이 {①뿌리채 ②뿌리째} 흔들린다.
39. 김치를 {①담가 먹다 ②담궈 먹다}
40. ①사랑니 ②사랑이
41. 불량배들이 한 아이를 {①둘러쌓고 ②둘러싸고} 있었다.
42. {①알맞는 ②알맞은} 답을 고르세요.
43. 10만원을 카드로 {①결제 ②결재} 하였다.
44. 부장님께 보고서를 {①결재 ②결제} 받았다.
45. ①안절부절하다 ②안절부절 못하다

표준어

46. ①웃어른 ② 윗어른
47. {①설레는 ② 설레이는} 마음
48. {①우레 ②우뢰}와 같은 박수 소리
49. ①상추 ②상치

50. ①무 ②무우
51. ①귀걸이 ②귀고리
52. ①하마터면 ②하마트면
53. {①일체 ②일절} 금지
54. 우리의 {①바람 ②바램}은 남과 북의 주민들에게 모두 이익이 되는 통일을 이루는 것이죠.
55. ①돌 ②돐
56. ①멋장이 ②멋쟁이
57. ①숫돼지 ②수퇘지
58. ①주책 ②주착
59. ①으레 ②으례
60. ①아지랑이 ②아지랭이

외래어 표기

61. ①파일(file) ②화일(file)
62. ①커피숍 ②커피샾 ③커피숖
63. ①리더쉽 ②리더십
64. ①디스켙 ②디스켓
65. ①쥬스 ②주스
66. ①케이크 ②케익 ③케잌
67. ①로봇 ②로보트
68. ①테이프 ②테입 ③테잎
69. ①플라자 ②프라자
70. ① 센터 ② 센타

띄어쓰기

71. 술 {①한잔, ②한 잔} 합시다.
72. 나는 그를 {①설득하는데 ②설득하는 데} 자신 있다.
73. {①여기에서부터는 ②여기에서 부터는} 혼자 가겠다.
74. 시험에 떨어져 풀 죽어 있는 것을 보니 {①안됐더라, ②안 됐더라}
75. {①나보다 ②나 보다} 그 사람이 더 낫다.

76. ①국가간의 계약 ②국가 간의 계약
77. {①도착한 지 ②도착한지} 하루 됐다.
78. 그 형은 늘 {①큰형처럼, ②큰 형처럼} 우리를 다독거린다.
79. {①예상밖으로, ②예상 밖으로} 일이 커졌어.
80. 아이는 {①기대밖의, ②기대 밖의} 점수를 얻었다.
81. 나는 어린 시절 {①책밖에, ②책 밖에} 모르던 소녀였다.
82. ① 7 미터 ② 7미터
83. {①이와같이, ②이와 같이} 행운은 늘 예기치 않은 데서 온다.
84. {①아프기는커녕 ②아프기는 커녕} 멀쩡하기만 하더라.
85. 가장 중요한 것은 {①질서입니다 ②질서 입니다}
86. 나도 {①너만큼, ②너 만큼} 그 사람을 좋아해.
87. {①노력한만큼, ②노력한 만큼} 결과는 나오게 되어 있어.
88. {①십년만에, ②십 년만에, ③십 년 만에} 고국 땅을 밟았다.
89. {①형만한, ②형 만한, ③형만 한} 아우 없다.
90. 학교 밥도 {①먹을만하다, ②먹을 만하다, ③먹을만 하다}.
91. {①매달아 두다 ②매달아두다}
92. {①홍길동 ②홍 길동}
93. {①홍길동씨 ②홍길동 씨}
94. {①김씨 ②김 씨}
95. {①김과장 ②김 과장}
96. {①할 수있다. ②할수 있다. ③할 수 있다}
97. 이젠 집에 {①갈 수밖에 ②갈수 밖에}없다.
98. 나는 {①앉은채로 ②앉은 채로} 그냥 있었다.
99. 그러다 {①후회할 걸 ②후회할걸}?
100. 그렇게 {①후회할 걸 ②후회할걸} 왜 싫다고 했어?

09. 글쓰기 윤리와 올바른 인용의 방법

언어는 무엇이 공정하고 무엇이 불공정한지 선언하고, 옳고 그름을 구별한다.
우리는 이런 것들을 말로 파악하고 말로 표현한다.
언어는 선을 식별하고 고민하는 매체이다.

– 아리스토텔레스

학 | 습 | 목 | 표

1. 글쓰기 윤리와 관련해 학술적 글쓰기를 할 때 올바른 자료 인용 방법을 이해한다.
2. 정확한 주석 달기와 참고문헌 작성 방법을 이해한다.

■ 학문 활동과 글쓰기

대학은 무엇보다도 학문 활동을 하는 곳이다. 학문 활동은 새로운 지식을 찾고 이를 다듬고 완전하게 만들어가는 과정이라 할 수 있다. 학문 분야마다 실제적인 과정은 매우 다양한 모습으로 나타나지만, 근본적으로 학문 활동은 '읽기'에서 시작한다. 자신의 전문분야에 속한 다른 학자들의 책과 논문은 물론이거니와 다른 분야의 글들을 읽는 것은 학문 활동에서 매우 중요한 요소이다.

학문의 진정한 발전을 위해서 가장 먼저 전제되어야 할 바탕이 바로 연구의 정직성이다. 대단히 중요한 연구 성과가 알고 보니 자료를 조작한 것이었거나 다른 사람이 공들여 이룬 업적을 자신의 것인 양 훔친 것이었다면, 학문에서 추구하는 진리는 그 의미가 사라질 수밖에 없을 것이다. 그렇게 되면 부정직한 사람이 이익을 얻게 되고, 대학은 범죄의 온상이 되어 미래의 범죄자를 양성하는 기관으로 전락할 수도 있을 것이다.

과학기술부가 제정한 "연구 윤리·진실성 확보를 위한 지침"은 연구 부정행위를 위조, 변조, 표절, 부당한 논문저자 표시 등으로 구분하고 있다.[1] 위조나 변조가 심각한 탈선이라는 점은 명백하지만, 부당한 논문저자 표시처럼 오랫동안 관례로 굳어져 온 비윤리적 행위도 최근 들어 심각한 쟁점으로 떠오르고 있다. 무엇보다 심각한 것은 표절이다. 표절은 타인의 아이디어, 연구 내용 또는 결과 등을 정당한 승인 또는 인용 없이 도용하는 행위를 가리킨다. 표절을 허용해야 한다고 주장할

1) 여기에서 '위조'는 존재하지 않는 데이터 또는 연구 결과 등을 허위로 만들어내는 행위를 가리키며, '변조'는 연구 재료, 장비, 과정 등을 인위적으로 조작하거나 데이터를 임의로 변형, 삭제함으로써 연구 내용 또는 결과를 왜곡하는 행위를 말한다. '부당한 논문저자 표시'는 연구 내용 또는 결과에 대해 중요한 공헌을 한 사람에게 정당한 이유 없이 논문저자 자격을 부여하지 않거나, 기여가 없는 자에게 감사의 표시 또는 예우 등을 이유로 논문저자 자격을 부여하는 행위를 말한다. 더 상세한 것은 "연구 윤리 · 진실성 확보를 위한 가이드라인" 제4조 및 그에 대한 해설 참조.

사람은 아무도 없지만, 의외로 많은 사람들이 자신의 행위가 표절인지 아닌지 정확히 판단하지 못하고 있다. 또한 어느 정도의 표절은 용납될 수 있는 가벼운 잘못이라고 여기거나 그 결과가 그다지 심각하지 않다고 생각하는 사람도 많다. 특히 윤리적 글쓰기에 대한 학생들의 이해 정도는 매우 낮은 편이다. 이번 장에서는 윤리적인 글쓰기에 대해 학생들이 알아야 할 기본적 내용을 질문과 답변 형식으로 상세히 살펴보고 윤리적 글쓰기를 실천하기 위한 실제적 방안에 대해 생각해 보도록 한다.

■ 글쓰기 윤리에 관한 몇 가지 질문

1) 전문 연구자가 아닌 학생에게도 글쓰기 윤리가 필요한가?

다른 글쓰기에서도 마찬가지겠지만 특히 대학에서 이루어지는 학술적 글쓰기는 자신의 생각과 다른 사람의 생각을 구별해 제시하고 남의 생각을 나의 것인 양 꾸미지 않는 윤리적 자세가 매우 중요하다. 대학은 지식을 가진 자가 그렇지 못한 자에게 일방적으로 지식을 전수하는 곳이 아닌 지적 주체들이 능동적으로 지식을 습득하고 평가하고 생산하는 지식의 생산지인 동시에 지적 결과물을 주고받는 소통의 장소이다. 이런 의미에서 대학은 단순한 지식의 전달 장소가 아닌 각 개인이 지적 행위의 주체가 되는 방법을 훈련하는 곳이다. 그러므로 대학에서는 학생이라고 해서 지적으로 교수에게 의존해 일방적으로 배우기만 하는 사람이 아니며 배운 것에 대해 주체적으로 평가하고 이를 바탕으로 다시 새로운 지식을 생산해 내는 방법을 스스로 습득해 가는 하나의 지적 주체로 인정된다. 따라서 학생이 대학을 졸업하고 연구에 종사하는 전문적 연구자가 되지 않는다고 하더라도 대학의 본질에 부합하는 지적 성원으로 있는 동안은 지적 주체로서 갖추어야 할 조건을 기억하고 훈련해야 하는 것이다.

대학에서 글쓰기는 지적 활동의 수단인 동시에 결과이다. 따라서 지적 주체가 되기 위한 훈련은 다른 사람의 지적 결과물인 글을 읽고 이를 참조해 자신의 생각과 주장을 글로 쓰는 훈련을 포함한다. 지적 주체로서 글을 쓰는 사람에게 요구되는 여러 가지 덕목 중 가장 기본이 되는 것은 독창성과 공정성이다. 독창성은 각각의 지적 주체들이 독창적으로 사고하고 이를 객관적으로 표현할 수 있어야 하는 동시에 타인의 독창성을 존중할 줄 아는 것을 말한다. 한편, 공정성은 선행 연구에 대한 공정한 평가와 올바른 가치 부여, 자신의 생각과 다른 사람의 생각을 정확히 구별해 제시하고 이에 대해 책임지는 것을 의미한다. 공정성은 이외에도 다루고자 하는 대상과 그 대상에 대한 다양한 사람들의 견해에 대한 공정한 태도 등을 포함한다.

2) 다른 사람의 글을 읽고 인용하는 것은 독창성을 해치는 것인가?

물론 그렇지 않다. 학문적 독창성은 아무도 생각하지 않았던 현상에 대해 처음으로 생각하고 자기 방식으로 말하는 예술적 독창성과는 구별된다. 일반적으로 학문적 독창성은 1)새로운 현상에 대한 새로운 연구, 2)선행 연구의 부족한 점이나 잘못된 해석에 대한 수정·보완, 3)비교 가능한 이론이나 현상에 대한 비교, 4)새로운 방법이나 시각에서 기존의 현상들을 재조명, 5)새로운 자료의 발견 제시·해석, 6)현상에 대한 새로운 해석 등을 말한다. 이 중 하나가 이루어질 경우 학문적 독창성은 인정된다.

학문적 독창성은 아무도 생각지 못한 기발한 생각을 기발한 방법으로 표현하는 것을 통해 이루어지는 것이라기보다는 오히려 다른 사람의 연구와 생각들을 꼼꼼히 살피고 이를 바탕으로 자신의 생각을 세우는 것을 통해 확보된다. 새로운 현상에 대한 최초의 언급을 하는 경우에서조차도 이에 대한 타당성을 주장하기 위해 관련된 다른 연구에 대한 언급이 불가피하다. 또한 자기 연구의 독창성은 이제까지 누구의 어떤 연구가 어느 정도의 성과를 거두었으며, 기존 논의의 한계는 무엇이고, 자신의 연구와 차이는 무엇인가에 대한 자세한 언급을 통해 강조되고 설득될 수 있다. 따라서 독창적 연구는 반드시 다른 사람의 선행 연구에 대한 철저한 이해와 이에 대한 평가를 바탕으로 이루어져야 하며 무엇을, 어디에서, 어떻게 읽었는지에 대한 정보를 글이라는 결과물 속에 명확히 제시함으로써 강조되어야 한다.

3) 선행 연구에 대한 언급은 어느 정도까지 자세히 이루어져야 하는가?

학생들 중에는 자신의 글을 쓰기 전에 읽고 참고한 글이나 말에 대해 언급하는 것이 옳다는 것에 수긍이 간다 해도 어느 정도까지 자세히 밝혀야 하는가에 대해서는 명확히 알지 못하는 경우가 많다. 인용에 대한 정확한 지식을 갖고 있지 못한 학생들의 경우 아래의 예1)에서와 같이, 자신이 참고한 글의 저자 이름이나 혹은 책 제목을 밝히는 것이면 충분하다고 생각한다. 하지만 그것으로 충분치 않으며, 글이라면 기본적으로 ①저자 이름, ②출판연도, ③글 제목, ④책 제목, ⑤출판사 이름, ⑥출판지 이름, ⑦출판 기관, ⑧인용한 부분의 쪽수 등에 대한 정보를 각주나 참고문헌 목록을 통해 제시해야 한다. 아래 예2)와 예3)은 학생들이 작성한 소논문의 일부로 각각 내주 방식과 외각주 방식으로 참조한 선행 연구의 서지적 정보를 제시한 예이다.

예 1) 불충분한 참조의 예

<관광마케팅 개론>이라는 책에 따르면, 축제를 운영함에 있어서 사전에 면밀히 준비되어야 될 요소는 홍보이며, 홍보 활동은 제품 시장에의 직접적인 영향보다는 다른 촉진 활동에서의 효과를 개선하며 지역의 이미지에 중대한 영향을 미치게 된다. 따라서 홍보는 축제의 성패에 많은 영향을 미친다. 축제가 개최되는 지역마다 주최자가 다르고 지원하는 단체가 다르므로 제한된 예산으로 홍보를 하려면 다양한 방법이 존재한다.

최강수는 논문에서 지역 축제에서 홍보의 유형을 크게 매체별 유형과 대상별 유형으로 나누었다.

예 2) 내각주 형식

축제를 운영함에 있어서 사전에 면밀히 준비되어야 할 요소는 홍보다. 이선희(1993:402)에 따르면, 홍보 활동은 제품시장에의 직접적인 영향보다는 다른 촉진 활동에서의 효과를 개선하며, 지역의 이미지에 중대한 영향을 미친다. 따라서 홍보는 축제의 성패에 많은 영향을 미친다. 김선영(2002:19)은 축제 지원금 중 홍보비의 비율이 높다고 그에 비례해 축제 관람객이 많아진다는 주적 상대평가는 비합리적이지만 다양하고 체계적인 홍보가 그 축제에 대한 국내 관광객들의 인지도를 높이고 관심도를 높이는 데 중요한 역할을 한다는 것은 언급한 바 있다.

예 3) 외각주 형식

축제를 운영함에 있어서 사전에 면밀히 준비되어야 할 요소는 홍보다. 홍보 활동은 제품시장에의 직접적인 영향보다는 다른 촉진 활동에서의 효과를 개선하며, 지역의 이미지에 중대한 영향을 미치게 된다.[1] 따라서 홍보는 축제의 성패에 많은 영향을 미친다. 축제 지원금 중 홍보비의 비율이 높다고 그에 비례해 축제 관람객이 많아진다는 수적 상대평가는 비합리적이지만 다양하고 체계적인 홍보가 그 축제에 대한 국내 관광객들의 인지도를 높이고 관심도를 높이는데 중요한 역할을 하는 것이 사실이다.[2]

1) 이선희, 관광마케팅 개론, 대왕사, 1993, p. 402.
2) 김선영, 지역축제 활동화 방안 연구, 한남대 지역개발대학원, 2002, p. 19.

4) 선행 연구에 대한 자세하고 정확한 인용은 어떤 유익을 주는가?

자신이 참조한 선행 연구에 대해 출처를 밝히는 일은 글쓴이 자신과 학문 공동체에 여러 가지 유익을 준다. 첫째, 글쓴이 자신에게는 글의 논리성과 학문적 권위를 보장해 준다. 글쓴이가 피력하는 주장이 학생의 근거 없는 개인적 의견에 그치는 것이 아닌 이론적 배경을 갖고 기존 논의의 연장선상에서 이루어지는 것이며, 권위 있는 학자들의 의견 논거에 의해 뒷받침 되는 논리적 주장으로 보이게 해 좋은 평가를 얻을 수 있게 한다. 둘째, 정확한 인용은 저자가 글을 작성하기 위해 얼마나 성실히 이전의 연구들을 참고하였는가를 나타내 주는 것인 동시에, 남의 생각과 자신의 생각을 구별해 제시함으로써 다른 사람의 지적 결과물을 자신의 것인 양 가로채지 않는다는 양심선언과도 같은 역할을 해 글쓴이의 성실성과 글의 신뢰도를 높여 준다. 셋째, 학문 공동체 발전에 도움을 준다. 글을 읽고 쓰는 것을 일종의 지적 협동 작업으로 이해해 자신이 축적한 지식을 다른 사람과 공유함으로써 지적인 활동에서 불필요한 시간적, 정신적 낭비를 줄이고자 하는 협동과 배려의 마음을 나타내는 표시이기도 하다. 누구나 지식의 출처를 정확히 밝힌 글들을 통해 관련 분야의 논의들을 새롭게 찾아야 하는 수고를 덜고 거기에서 제시된 글을 찾아보면서 관련 분야에 대한 이해를 넓힐 수 있었던 경험이 있을 것이다. 글을 쓸 때, 정확한 자료 제시가 있었던 글을 통해 자신이 누렸던 편의를 다른 사람에게 제공함으로써 학문 공동체의 발전에 기여할 수 있다.

5) 대학에서 쓰는 모든 글에 각주나 참고문헌을 동일한 방식으로 달아야 하는가?

모든 글에서 같은 정도, 같은 방식으로 참고한 자료의 출처를 밝혀야 하는 것은 아니며 글의 목적과 종류에 따라 정도와 방식은 달라질 수 있다. 예를 들어, 실험 보고서나 현장 보고서, 서평 및 감상문, 논설문이나 기사 등과 같은 글을 쓸 때는 저자 혹은 작가의 이름, 작품명이나 연도를 간단히 언급하고 지나가는 정도로 무방하다. 그러나 어떤 사실에 대해 자세히 설명하는 연구 보고서나 학문적 주장을 담은 학술 논문의 경우는 반드시 앞서 말한 ①저자 이름, ②출판연도, ③글 제목, ④책 제목, ⑤출판사 이름, ⑥출판자 이름, ⑦출판 기관, ⑧인용한 부분의 쪽수 등과 같은 서지적 정보를 정확히 밝히는 것이 원칙이다.

한 가지 더 기억해야 할 것은 참고한 자료를 인용하고 출처를 밝히는 방식은 각 전공분야마다 다르고 같은 분야라 할지라도 세부전공에 따라 달라질 수 있다는 것이다. 예를 들어, 예술 분야나 사회과학 분야는 작품 자체 혹은 현상 자체에 대해 객관적 제시가 중요하므로 직접 인용의 방법을 많이 쓰는 반면, 자연과학 분야 혹은 심리학·교육·공학 분야와 같이 실험을 중시하는 논문에서는 직접 인용이 자주 쓰이지 않는다. 이들 분야에서는 선행 연구들을 찾아서 요약하는 방식을 취하기 때문에 선행 연구의 결과를 자신의 말로 바꾸어 제시하는 것이 일반적이다. 한편, 주(註)를 다는 방식에 있어서도 철학이나 문학과 같은 분야는 저자의 생각이 깊고 복잡해 논점에서 벗어나지 않기 위해 인용하는 부분을 각주나 미주 등 외각주 형식으로 처리하는 것이 일반적이다. 이에 비해, 자연과학 분야에서는 자신의 논의가 특정 연구자 그룹이나 대가의 연구와 일치하거나 그 연장선상에 있음을 나타내기 위해 저자와 연도를 중심으로 나타내는 내각주 방식을 선호한다. 사회과학 분야나 언어학과 같은 인문 분야에서도 내각주 방식을 선호하는 분야가 있다.

따라서 글을 쓸 때는 참고문헌과 주 달기 방식에 관해 지도교수에게 묻고 지도를 받도록 한다.

6) 내 것이 아닌 누군가의 말이나 글은 빠짐없이 다 출처를 밝혀야 하는가?

각 분야에서 상식으로 여겨지는 정보는 꼭 출처를 밝히지 않아도 된다. 예를 들어, 역사적 사건의 연도, 어떤 개념에 대한 일반적 정의, 사상이나 학파에 대한 간략한 언급, 어떤 사상가의 유명한 말, 한 국가의 인구나 면적, 사회적 특징 등에 대해 언급할 때는 구태여 출처를 밝힐 필요가 없다. 자신이 언급하는 내용이 상식적인 것인지 아닌지 분별하기 어려울 때는 지도교수에게 물어 확인한다.

만일 말하고자 하는 내용이 그 분야에서는 상식이 아니고 논쟁거리가 될 만하거나 새롭게 조사된 내용, 혹은 특정 개인의 새로운 해석일 경우 반드시 출처를 밝혀 누구의 지식인지를 명시해야 한다.

7) 한 편의 글을 다른 목적으로 두 번 이상 사용하는 것은 허용될 수 있는가?

어떤 목적으로 쓴 글을 다른 곳에 중복해서 제출하는 것은 원칙적으로 허용될 수 없다. 많은 학생들이 자신의 노력으로 자신의 생각을 정리한 글의 지적 재산권이 학생 자신에게 있으므로 그것을 사용하는 권한은 스스로 행사할 수 있다고 생각해 중복 제출이 왜 문제가 되는지 물어오는 경우가 많다. 지적 재산권이 학생 자신에게 있는 것은 사실이나 자신의 글이 공적인 목적으로 제출되고 이를 통해 학점이나 기타 이익을 받았다면 이것은 이미 공적인 지식으로 인정된 것으로, 또 다른 개인적 이익을 위해 사용할 수 없는 것이 원칙이다. 하지만 이미 작성해 비공식적으로 발표한 바는 있으나 공식적으로 발표되지 않은 상태로 이를 통해 개인적으로 어떠한 이익도 취하지 않은 상태일 경우 이를 다시 제출할 수 있다. 예를 들어, 자신의 글을 학회나 기타 공모에 제출하였으나 심사에 통과되지 못한 상태로 묻혀 버렸을 경우 새로운 기회에 다시 제출하는 경우는 무방하다. 그러나 하나의 글을 두 곳에 동시에 중복 제출하는 것은 허용될 수 없으며 만약 심사를 통과하였다고 해도 중복 제출이 밝혀지면 당선이 취소되는 것이 일반적이다. 하지만 과제 제출과 관련해 이미 쓴 글과 동일한 주제를 반복해서 다루어야 하는 불가피한 사정이 생겨 새로 글을 쓴다고 해도 작은 수정·보완 이상이 어렵고 이미 쓴 내용과 상당 부분이 중복될 수밖에 없다고 판단될 경우에는 담당 교수와 상의해 결정하는 것이 바람직하다.

8) 공식적으로 발표되지 않은 다른 사람의 생각도 반드시 출처를 밝혀 주어야 하는가?

글을 쓰기 전에 다른 사람과 토론을 하거나 조언을 구하는 과정에서 얻은 다른 사람으로부터 중요한 아이디어나 결정적 근거가 될 만한 새로운 지식을 얻게 되었을 때 그것을 반드시 글에 밝혀 주어야 하는가, 혹은 아직 글로 완성이 되지는 않았지만 소그룹 토의나 수업 중에 다른 사람이 발표한 내용을 자료로 사용하려고 할 때 그것의 출처를 반드시 밝혀야 하는가에 대한 질문의 대답은 명백하다. 아직 글의 형태로 완성되어 발표되지는 않았다 할지라도 그것은 분명 그 사람의 생각이고 그 사람이 정리한 자료이므로 자신의 해당 부분에 명백히 밝혀 주어야 한다. 개인적 논의에서 도움을 받은 다른 사람의 생각에 대해서는 아래의 예4)에서와 같이 각주의 형식으로 자신이 언급하고 있는 내용이 어떤이와의 논의에서 얻은 것인지를 밝힐 수 있으며 큰 학회의 발표 내용이 아닐지라도 공식적 발표 자료로 발표된 경우는 예5)에서와 같이 출처를 밝혀 준다.

예 4)

영어강의는 교수의 일방적인 강의만을 염두에 두고 시행하는 것이 아니다. 영어 강의를 통해 영어로 대화하고 글을 쓰는 능력 또한 향상시키고 자신감을 갖게 하겠다는 것이다. 영어강의는 전공지식을 습득하고 의견을 공유하는 장이다. 관련 주제를 정해서 영어로 발표하고 수시로 진행되는 질의응답과 토론 등을 통해 학생들은 관련 전공의 영어 구사능력을 높일 수 있다.[1)]

1) 2007년 12월 13일 000교수(서울대, 경영학)와의 대화에서 참조.

예 5)

현행 PSAT의 언어논리영역에 출제된 문항에 대한 한계와 문제점으로는 다음과 같은 것이 지적된 바 있다. 1)문제가 너무 어렵고 사변적이다 2)지문이 문학적이지 않다 3)국어 문법, 어휘 등도 평가해야 한다 4)문학적 이해 및 표현 능력도 평가해야 한다 5)표현 능력이 굳이 논리적일 필요는 없다 6)실질적 글쓰기 능력을 평가해야 한다 7)논리적 분석은 일상적 의미를 왜곡한다 8)형식논리에 집착하는 측면이 있다 등.[3)]

3) PSAT문항평가회 자료집, 중앙인사위원회, 2007. p. 21.

9) 공동 연구의 결과를 참여자의 한 사람으로서 개인의 성과로 사용할 권리가 있는가?

여러 사람이 한 팀이 되어 함께 수행한 연구에서 실험이나 조사 활동을 통해 얻은 연구 결과를 한 사람이 대표로 작성하고 이를 자신의 이름으로 제출하는 일, 혹은 여러 사람의 이름으로 작성해 제출한 경우라도 공동 연구의 내용 중 자신이 직접 수집하지 않은 자료나 참여하지 않은 실험의 결과를 자신의 이름으로 사용하는 것은 부적절 행동이다. 함께 수행한 연구이고 자신이 그 연구 결과물의 공동 저자 중 한 사람이라 하더라도 다른 사람의 실험 결과나 자료를 사용할 때는 그것을 수행한 사람, 수집한 사람의 이름을 언급해 주어야 한다. 단, 함께 쓴 글의 전체적 주장, 논지, 입장에 대한 것은 함께 연구를 수행하는 과정에서 합의한 내용이므로 자신의 의견으로 사용할 권리가 있다.

10) 다른 사람이 정리한 선행 연구에 대한 부분을 내 글에서 재인용하는 것은 잘못된 일인가?

앞서 언급하였던 바와 같이, 자연과학이나 교육공학 계통의 학술 논문의 경우, 관련된 선행 연구를 정리해 제시하는 것이 관례이며, 선행 연구를 정리하는 것이 하나의 독립된 장으로 정해져 있다. 따라서 자신이 다루고자 하는 내용과 관련된 선행 연구를 보면 그 글 안에 자신이 다루고자 하는 주제와 관련된 선행 연구의 목록과 연구 내용이 요약 제시되어 있는 경우가 일반적이고, 따라서 글을 쓰는 사람은 참조한 글에 제시된 선행 연구에 대한 내용이 자신의 글에서도 거의 반복되어 제시될 것이 확실하므로 다른 논문에서 정리한 내용을 그대로 재인용하고 싶은 유혹에 빠지기 쉽다. 그러나 바로 앞선 글에서 제시된 내용이 많은 부분 중복된다고 하더라도 이를 자신의 글에 그대로 재인용하는 것은 옳지 않다. 원칙적으로 그 자료를 직접 찾아 확인한 경우에만 자신의 글에 참고 자료로 인용할 수 있으며 확인하지 않은 자료를 다른 글에서 보고 그럴 것으로 받아들여 그대로 재인용하는 것은 옳지 않은 일이다. 다른 사람의 글에 인용된 자료에 대해서는 스스로 다시 찾아 확인하고 이를 인용하도록 해야 하며, 부득이 자료를 찾기가 어려워 확인하지 못하였으나 논의에 있어 빠져서는 안 될 중요한 자료인 경우 어디에서 재인용하였는지를 밝히고 언급해야 한다.

11) 내 주장과 동일한 주장을 그대로 인용함으로써 내 주장을 대신하는 것은 적절한가?

자신이 주장하고자 하는 바와 일치하는 자료를 자신의 주장 대신 그대로 제시하고 간단히 출처만 밝혀주는 것은 적절하지 않다. 많은 학생들이 아래의 예6)에서와 같이 자신의 주장과 일치하는 다른 사람의 글을 그대로 쓰고 각주를 통해 출처를 밝혀지는 것으로 올바른 자료 제시가 이루어졌다고 생각한다. 출처를 밝혔으므로 그것 자체로 윤리적 책임을 다했다고 생각하는 경우가 많은 것이다. 그러나 올바른 글이 되기 위해서는 예7)에서와 같이, 자신의 주장을 쓰고 아무개의 어떤 글도 자신의 주장과 동일한 내용을 주장한 바 있다는 식으로 고쳐 쓰는 것이 바람직하다. 주장하는 내용은 동일하다고 해도, 글쓴이의 주장과 인용하는 자료의 저자의 주장은 각각의 독립된 지식으로서 인정하는 것이 적절하기 때문이다.

예 6) 다른 사람의 논의를 자신의 주장 대신 그대로 옮겨 적은 예

관료 부패의 대표적인 예로는 수하르토 대통령을 들 수 있다. 수하르토 대통령은 인도네시아의 군인·정치가로 대통령 수카르노에게서 치안 대권을 위양 받고 총리·국방치안 장관·육군 장관·육군총사령관을 겸임했으며 제2대 대통령에 선출되었다. 6선 대통령이 되었지만 대규모 반정부시위로 몰락했다.[1] 부의 편중 현상은 수하르토 대통령의 장기집권과 일가친인척의 경제력 독점으로부터 나타났다.

"수하르토 대통령의 3남 3녀를 위시한 그의 친일족 20여 명은 항공, 통신, 자동차, 석유, 금융 등 각 부문에서 거대한 이권을 보유하고 있었는데, 장녀 시티는 집권 골까르당의 부총재로 시트라그룹의 소유자이자, 택시회사 '스테디 세이프'의 주주이며, 450km에 걸친 유로통행료 사업과 18억 달러짜리 탄중야티 발전소 건설 등을 총지휘하고 있었다. 장남 시지트도 인도네시아 최대 살림그룹과 차남이 운영하는 비만타라그룹 지분을 갖고 있으며 차남 밤방은 비만타라 그룹과 현지 최대의 위성통신 회사인 PT 새틀린도의 주식 60%와 방송, 천연가스, 호텔 등 소유하고 있다. 막내아들 후토모는 홈푸스그룹의 총수이자 국민차 티모르회사의 사주이다. 차녀 시티 헤디야티와 3녀 시티 후타미는 살림그룹의 주주로 있으며 이들이 갖고 있는 재산은 정확한 액수의 산정은 불가능하지만 약 400억 달러 이상으로 추정되고 있다. 이와 같은 일가 친인척의 독선적 지배체제는 부의 왜곡된 편중을 불렀고 급격히 변화하는 국제경제사회의 능동적으로 대처해 나가는 데 장애가 되었으며 특히 1998년 3월 치러진 선거가 1997년부터 시작된 외환 위기와 맞물리면서 엄청난 국내외 파장을 일으키기 시작하였다."[2]

결국 수하르토 대통령의 일가친척의 부의 축적은 돈의 유동성 마비와 루피아 화 가치의 폭락을 불러왔다. 이로 인해 부의 재분배가 이루어지지 않아 서민경제에 어려움을 주게 되었다.

1) 두산동아대백과 사전: http://100.naver.com/100.nhn?docid=97615 인용날짜: 2007년 12월 8일.
2) 정영규, 『인도네시아 경제론』, 서울: 한울 아카데미, 1998, pp. 285~28.

예 7) 다른 사람의 논의를 자신의 말로 풀어쓰고 출처를 제시한 예

관료 부패의 대표적인 예로는 수하르토 대통령을 들 수 있다. 수하르토 대통령은 인도네시아의 군인·정치가로 대통령 수카르노에게서 치안 대권을 위양 받고 총리·국방치안장관·육군 장관·육군총사령관을 겸임했으며 제2대 대통령에 선출되었다. 6선 대통령이 되었지만 대규모 반정부시위로 몰락했다.[1] 부의 편중 현상은 수하르토 대통령의 장기집권과 일가친인척의 경제력 독점으로부터 나타났다. 수하르토 대통령의 자녀와 그의 친일족 20여 명은 항공, 통신, 자동차, 석유, 금융 등 각 부문에서 거대한 이권을 보유하고 있었다. 예를 들어, 장녀는 시트라그룹을 소유하는 것을 비롯하여, 택시회사 '스테디 세이프'와 유로통행료 사업 및 탄중야티 발전소 건설 등을 총지휘하고 있었으며, 장남과 차남도은 인도네시아 최대 살림그룹과 차남이 운영하는 비만타라그룹 지분을 갖고 있으며 차남과 막내아들, 차녀도 살림회사를 비롯 국가의 주요 사업의 대주주로 혹은 소유자였다. 이들이 갖고 있는 재산은 정확한 액수의 산정은 불가능하지만 약 400억 달러 이상으로 추정되고 있다. 이와 같은 일가 친인척의 독선적 지배체제는 부의 편중을 초래하고 급변하는 국제경제사회에 능동적으로 대처하는 것을 방해했다. 1998년 3월 치러진 선거는 1997년부터 시작된 외환 위기와 맞물리면서 엄청난 국내외 파장을 일으켰다.[2] 결국 수하르토 대통령의 일가친척의 부의 축적은 돈의 유동성 마비와 루피아화 가치의 폭락을 불러왔다. 이로 인해 부의 재분배가 이루어지지 않아 서민경제에 어려움을 주게 되었다.

1) 두산동아대백과 사전: http://100.naver.com/100.nhn?docid=97615 인용날짜: 2007년 12월 8일
2) 정영규, 『인도네시아 경제론』, 서울: 한울 아카데미, 1998, pp. 285~286

12) 아이디어를 정리하고 연구에 필요한 물심양면의 지원을 하였지만 직접 글쓰기에는 참여하지 않는 사람도 공동 저자로 인정해야 하는가?

공동 연구의 결과물을 글로 정리할 때, 글쓰기에 직접 참여하지는 않았다 하더라도 연구의 진행에 중요한 역할을 한 사람은 공동 저자로 인정하는 것이 일반적

이다. 개인의 개별적이고 독창적인 연구를 중시하고 글쓰기 자체가 연구의 많은 부분을 차지하는 인문이나 예술 분야와는 달리 실험실이나 일정 연구 그룹의 합동 연구 체제가 불가피한 자연과학이나 공학 분야의 경우, 실험이나 연구를 수행하거나 결과물을 글로 정리하는 일에 직접적으로 기여하지 않았다고 하더라도 실험을 위한 재원 및 연구 기자재를 마련하고, 연구 인력의 관리 등을 맡아 수행한 연구 책임자나 지도교수도 연구 결과를 내는 데 큰 기여를 한 것으로 인정해 연구 결과물의 공동 저자로 인정하는 것이 관례이다. 그러나 이것은 어디까지나 공동 연구라는 점을 합의한 상태에서 각자의 기여도를 상호간에 인정한다는 전제하에서 가능한 것이다. 만약, 공동 연구의 합의가 없었고, 논문의 주제를 잡는 과정에서 조언을 하거나 논문의 초고를 읽고 몇 번의 코멘트를 하는 정도의 지도와 도움만으로는 공동 저자로서의 자격을 부여받기 어렵다.

13) 글의 주제와 관련 자료, 글의 기본적 개요를 정리한 후 다른 사람에게 글쓰기를 맡겨 내 글을 완성하도록 하는 것은 합당한가?

기본 아이디어와 자료를 스스로 정리하였다 하더라도 자신의 논문을 다른 사람에게 맡겨 대신 쓰게 했다면 그것은 자신의 글로 인정될 수 없다. 아무리 글의 기본 아이디어와 내용이 자신의 것이라고 하더라도 당사자가 글을 쓰지 않았다면, 그리고 글을 쓰는 사람은 내용의 이해 없이 단순히 기술적으로 글을 대필하는 일만 했다면 두 사람 모두 단독 저자도 공동 저자도 될 수 없다. 논문의 대필은 명백한 비윤리적 행위이다. 공동 저자가 될 수 있는 경우는 함께 연구를 계획하고 함께 연구를 수행해 연구에 대한 공동의 이해와 기여가 인정되는 상황에서 일의 분업을 위해 한 사람이 대표 집필하는 경우다. 이때 연구에 참여한 모든 사람은 글의 공동 저자로 인정된다.

14) 지나친 출처 제시도 문제가 될 수 있는가?

너무 많은 자료를 서툰 방법으로 제시할 경우 글의 흐름을 방해해 어색하고 불완전한 글이 될 수 있다. 따라서 꼭 필요한 경우가 아니라면 가능한 인용의 횟수를 줄이고, 동일한 참고문헌이 중복되어 제시되는 경우가 없도록 유의해야 한다. 인용이 불가피한 경우는 인용 제시 방법을 달리해 글의 흐름이 끊기지 않도록 유의한다. 아래의 예8)은 연구 논문에서 선행 연구들을 소개하는 부분으로 여러 개의 선행 연구를 주어로 한꺼번에 나열함으로써 글의 흐름이 순조롭지 못한 글로 느껴지는 예이다. 이런 경우 선행 연구에 대한 소개는 불가피한 것이므로 예9)와 같이 인용의 제시 방법을 달리함으로써 글을 좀 더 매끄럽게 다듬는 것이 현명하다.

예 8)

CMC(computer-Mediated Communication)가 교육에 진정으로 교수와 학습에 효과적인 역할을 하는지에 대한 논의는 아직도 논쟁의 여지가 있다. Barnes & Greller(1994)와 Harashim(1993), Henri(1992)와 Kuehn(1994), 그리고 Rice & Love(1987) 등은 CMC가 시간이나 공간적 제약을 받지 않는다는 점이나 학습자가 스스로 정보를 습득하여 처리할 수 있는 시간을 제공하여 성찰적 학습 을 할 수 있는 기회를 제공한다는 면에서 긍정적 특징을 갖는다고 언급하였으며, Hara et al.(2000)는 기술적 측면에서 참여자들의 글이 기록으로 남아 학습을 위한 자료의 재활용이 가능하고 학생들의 학습 성취의 발전과정을 추적하거나 학생과 교수의 학습 활동에 대한 관찰이 가능하다는 점 등을 언급하였다.

예 9)

CMC(computer-Mediated Communication)가 교육에 진정으로 교수와 학습에 효과적인 역할을 하는지에 대한 논의는 아직도 논쟁의 여지가 있다. CMC에 대해서는, 시간이나 공간적 제약을 받지 않는다는 점이나 학습자가 스스로 정보를 습득하여 처리할 수 있는 시간을 제공하여 성찰적 학습을 할 수 있는 기회를 제공한다는 점(Barnes & Greller, 1994; Harashim, 1993; Henri, 1992; Kuehn,1994; Rice & Love, 1987), 더 나아가서, 기술적 측면에서 참여자들의 글이 기록으로 남아 학습을 위한 자료의 재활용이 가능하고 학생들의 학습 성취의 발전과정을 추적하거나 학생과 교수의 학습 활동에 대한 관찰이 가능하다는 점 등이 언급되고 있다(Hara et al., 2000).

15) 인터넷 자료를 학술적 글쓰기에 활용해도 되는가?

인터넷의 발달 이후 정보의 검색이 쉬워지고, 학생들의 표절 행위도 점점 증가하고 있는 추세이다. 이런 이유로 인터넷 표절에 대한 관심과 논의가 활발하다. 교수에 따라서는 인터넷에서 찾은 자료는 인쇄물로 출간된 자료에 비해 내용상 신빙성이 떨어지고 오려 붙이기나 짜깁기가 용의하다는 이유로 학술적 글쓰기에는 자료로 활용하기에 부적합한 것으로 분류해 인터넷 자료의 사용을 금지하는 경우도 많다.

하지만 인터넷을 통한 정보 소통이 급속도로 증가하고, 학술 자료들도 e-source를 통해 활발히 축적·유통되고 있는 상황에서 인터넷 자료의 활용은 불가피하다. 그럼에도 불구하고 인터넷에는 여전히 학술적 신빙성을 갖지 못한 내용을 담은 다수의 자료들이 생산되고 유통되는 만큼, 좀 더 신중한 자료 선택과 활용이 필요하다. 인터넷 자료를 활용할 때는 자료의 출처와 저자가 확실하고 저자의 전문성이 보장될 수 있는 자료에 한해 활용하고 자료의 출처에 대한 정보를 정확하고도 자세하게 밝히도록 한다.

◆ 표절을 피하는 10가지 황금률

1. 스스로 한 과제가 아니면 제출하지 마라.
2. 다른 수업에서 사용된 과제를 내기 전에 여러분의 선생님으로부터 서면으로 허락을 받아라.
3. 다른 출처로부터 세 단어 이상 인용할 때나 심지어는 여러분의 말투로 바꾸어 쓸 때도 다른 이의 아이디어를 사용한다면 언제나 인용, 각주, 미주 등을 통해 출처를 확실히 밝혀야 한다.
4. 다른 출처로부터 필기를 하거나 다운로드 받을 때에는 관련 내용 바로 옆에 모든 서지 자료 정보를 복사해 놓아야 한다.
5. 필기를 하거나 다운로드할 때, 출처로부터 바로 베낀 어떠한 말이 나 문구에 인용 부호가 표시되었는지 확인하라.
6. 필기를 할 때나 아이디어를 다른 말로 바꿀 때에는 자료를 외면하고 여러분만의 말로 바꿔서 쓰고 기존의 단어를 사용하지 않았는지 다시 한 번 확인한 후에 여러분만의 언어로 표현되었다는 것을 나타내기 위해 그 문장에 표시를 하라. 여러분은 아직도 아이디어와 관련된 정확한 참조문의 인용이 필요할 것이다. 그렇다면 모든 서지 자료를 적어보아라.
8. 여러분이 베껴 놓은 모든 단어를 인용하라. 일반적인 표절은 한두 개의 문장만을 인용하고는 나머지 부분은 인용 부호 없이 베끼면서 발생한다. 이런 글은 학생이 직접 요약한 말이라고 생각하게 한다.
9. 단지 연구 목록을 불리기 위해 인용이나 참조를 거짓으로 쓰지 말라.
10. 집단 프로젝트를 할 때에는 항상 프로젝트의 소유권에 관한 교수의 구체적 지시를 받아라. 협동 작업의 결과를 각자 개인적으로 보고서로 쓸 때는 그룹의 다른 구성원이 낸 아이디어는 인용을 해야 한다.

배우고 나서 해 보기

*다음 글을 읽고 옳은 것에는 O표, 옳지 않은 것에는 X표 해 봅시다.

1. 변조는 연구 재료 장비 과정들을 인위적으로 조작하거나 데이터를 임의로 변형 삭제함으로써 연구 내용 및 결과를 왜곡하는 행위이다. (　　　)

2. 과학기술부가 제정한 연구 윤리 진실성 확보를 위한 지침은 연구 부정행위를 위조, 변조, 표절로 한정하고 있다. (　　　)

3. 학생들이 리포트를 쓸 때, 다른 사람의 글을 읽고 자신의 글에 인용하는 것은 독창성과 공정성의 측면에서 절대 해서는 안 되는 일이다. (　　　)

4. 다른 사람의 생각을 자신의 생각과 구분하지 않고 자신의 글에 쓰는 것도 표절 행위이다. (　　　)

5. 학문적 독창성은 반드시 다른 사람의 선행 연구에 대한 철저한 이해와 이에 대한 평가를 바탕으로 이루어져야 한다. (　　　)

6. 자신이 인용한 자료의 출처를 밝힐 때는 ①저자 이름 ②출판연도 ③글 제목 ④책 제목 ⑤출판사 이름 ⑥출판지 이름 ⑦출판 기관 등에 대한 정보를 각주나 참고문헌 목록을 통해 제시하되, 참고한 쪽수는 생략해도 무방하다. (　　　)

7. 각주나 참고문헌을 다는 방식은 학문 분야나 학회지에 따라 달라질 수 있다. (　　　)

8. 어떤 목적으로 쓴 글을 다른 목적으로 중복 제출하는 것은 지적 재산권이 작성자에게 있는 것이므로 허용될 수 있다. (　　　)

9. 소그룹 토의나 수업 중에 다른 사람이 발표한 내용을 자료로 사용하려 할 때는 공식적으로 발표된 글이 아니므로 구태여 출처를 밝힐 필요는 없다. (　　　)

10. 다른 사람의 글에서 인용한 글을 다시 자신의 글에 인용할 때는 그 자료의 원래 출처만 밝히고 어디에서 재인용하였는지는 밝히지 않아도 된다. (　　　)

11. 다음 중 표절 행위에 포함되지 않는 것은?
   ① 다른 학생의 리포트나 논문을 등을 자기 것으로 제출하는 경우
   ② 상품으로 판매하는 리포트나 논문을 구입해 제출하는 경우
   ③ 출처를 밝히지 않고 다른 글의 일부나 전체를 자신의 글에 붙이는 경우
   ④ 역사적 사건의 연도, 어떤 사상가의 유명한 말을 출처를 밝히지 않고 쓰는 경우

* 다음은 표절이 윤리적으로 또는 법적으로 문제가 되는 이유를 제시한 것입니다. 괄호 안에 들어갈 말을 써 봅시다.

12. 다른 사람의 (　　　　　)을/를 침해하는 행위이므로,

13. 다른 사람의 노력을 이용해 노력 없이 이익을 얻는 (　　　　　) 이므로

14. (　　　　　)을/를 붕괴시켜 연구의 진행을 방해하는 행위이므로,

15. 표절하는 사람의 (　　　　　)을/를 훼손하는 행위이므로,

16. 자신의 연구를 발전시킬 수 있는 (　　　　)이나 (　　　　)을/를 얻을 수 없으므로.

17. 정확한 출처 표시를 통해 얻을 수 있는 유익이 아닌 것은?
   ① 출처를 밝혀 자신의 연구 범위와 한계를 설정할 수 있다.
   ② 자신이 읽고 참고한 자료의 범위를 명시해 연구의 신뢰성을 높일 수 있다.
   ③ 작성자의 시간을 절약해 연구의 효율성을 높여준다.
   ④ 후속 연구를 위한 기반이 된다. 다른 연구자들이 그들의 연구를 위해 관련 출처를 검토하는 데 도움을 준다.
   ⑤ 전달하는 정보를 신뢰하게 한다.

18. 다음 중 학문적으로 독창성을 갖는 연구가 아닌 것은?
   ① 새로운 현상에 대한 새로운 연구
   ② 선행 연구의 부족한 점이나 잘못된 해석에 대한 수정 보완
   ③ 다른 사람이 한번도 사용하지 않은 독특한 표현을 사용
   ④ 비교 가능한 이론이나 현상에 대한 비교

⑤ 새로운 방법이나 시각에서 기존의 현상들을 재조명

⑥ 새로운 자료의 발견 제시, 해석

* 다음의 행위 중 적절한 것에는 O 적절하지 않은 것에는 X로 표시해 봅시다.

19. 자신이 주장하고자 하는 바와 일치하는 자료가 있을 때는 그것을 그대로 제시하고 출처를 밝혀 줌으로써 자신의 주장을 대신한다. (   )

20. 아이디어를 정리하고 연구를 물심양면으로 지원하였으나 글쓰기에는 직접 참여하지 않은 사람도 공동 저자로 인정한다. (   )

21. 글의 주제와 관련 자료, 글의 기본적 개요를 정리한 후 다른 사람에게 글쓰기를 맡겨 글을 완성한 후 자신의 이름으로 제출한다. (   )

22. 함께 연구를 계획하고 함께 실험을 수행해 함께 결과를 냈으나 일의 분업을 위해 한 사람이 대표 집필한 경우 참여한 모든 사람은 공동 저자로 인정한다. (   )

23. 출처와 저자가 불확실한 인터넷 자료를 주된 자료로 활용해 학술적 글을 완성하였다. (   )

24. 친구와 한 편의 글을 나누어 쓰고 이를 각각 자신 이름으로 제출하였다. (   )

25. 일의 효율을 위해 친구에게 자료 정리를 부탁해 그 자료를 가지고 내가 글을 써서 내 이름으로 제출하였다. (   )

주석과 참고문헌 작성

■ 인용의 종류와 방법

인용은 논문 작성 시 남의 글이 꼭 필요한 경우 따오는 것을 말한다. 정말 필요한 자리에 적절한 구절을 인용하도록 하며, 인용문은 짧을수록 좋다.

■ 직접인용

- 남의 글이나 생각을 있는 그대로 인용하는 것으로 법률 조문, 정부 시행령, 중요 포고문, 수학과 과학의 공식, 원작자가 표현한 대로 옮기는 것이 절대적으로 중요할 때(예: 문학 작품), 어떤 특수한 생각이 특별한 표현 방법을 통해서만 표현되었을 때 직접인용을 한다.
- 직접인용 시에는, 맞춤법, 구두점, 문단 등을 원문 그대로 정확히 인용해야 한다. 인쇄된 행수로 3행 이내일 경우는 인용부호로 인용 사실을 표시하고 3행 이상일 때는 행을 바꾸어 다른 문단으로 취급하되, 인용부호는 뺀다.

■ 간접인용

- 남의 생각을 필자의 말로 바꿔 인용하는 것으로, 간접적으로 인용했다 할지라도 그 아이디어는 다른 이의 것을 빌린 것이므로 반드시 인용 사실을 밝혀야 한다.
- 인용부호는 쓰지 않고 끝에 주석번호를 달고 주석에 그 출처를 명시한다.

■ 기타: 생략과 보삽(補揷: 보충해 삽입함), 강조

- 직접인용 시 원문의 일부분을 생략하는 경우가 있다. 이때 주의할 점은 원문의 뜻을 다치지 않는 범위에서 생략할 것과 생략된 부분에는 반드시 생략부호(……)로 그 부분을 표시해야 한다는 점이다.
- 원문에 오식이나 오자가 있을 경우, 마음대로 잘못을 바로잡지 않고 잘못 표현된 글자 다음에 [원문대로]라는 표현을 기입해 필자의 오류가 아님을 명시한다.

- 인용문의 일부분을 강조하고 싶을 때는 강조 부분에 밑줄을 긋거나 진하게 표시하고 필자가 원문에 없는 표현을 했다는 사실을 밝힌다.

예) 이놈은 루바시카/또 한놈은 보헤미안 넥타이(밑줄 필자)

■ 주석 달기와 참고문헌 제시

주석을 다는 이유는
첫째, 자료의 타당성을 입증하기 위해서
둘째, 본문에서 다루기 어려운 논의를 보충하기 위해서
셋째, 도움을 받은 사실을 명시해 지적 재산권을 보호하기 위해서이다.

■ 외각주로 주석 달기

A. **단행본**

- 저자, 출판사, 출간연도 등이 명시된 판권지(copyright page)를 참조한다.
- 참고자료의 종류에 따라 적절하게 응용하도록 한다.
- 아래와 같은 순서(ㄱ, ㄴ, ㄷ, ㄹ……)로 기재한다.
  ㄱ. 필자 또는 편자 이름 : 편자의 경우 '편', '공편'(복수인 경우)이나 'ed.'(1인인 경우)', 'eds.'(2명 이상인 경우)라는 표시를 해주어야 한다.
  ㄴ. 책명 : 구미어 도서일 경우, 밑줄을 긋거나 이탤릭체로 표기한다.
  ㄷ. 번역자 또는 편자 : '역', 'trans. by' 또는 '편', 'ed. by'를 붙인다.
  ㄹ. 판수 : 초판이 아닌 경우만 기재한다. <예> 2nd; 제2판;.
  ㅁ. 출판지 : 출판지 명은 도시 이름으로 표시한다. <예> New York: 서울:
  ㅂ. 출판사 이름
  ㅅ. 출간연도
  ㅇ. 참조 페이지 : 영문으로 쓰는 경우 소문자 'p.'로 나타내며, 두 페이지 이상 인용할 때는 복수를 나타내는 페이지 기호 'pp.'를 사용한다. 한글로 쓰는 경우 '쪽', '면'으로 표기해도 좋다.
  ㅈ. 마지막에 마침표를 찍는다.

예)

1) W. 부스, G. 컬럼, J. 윌리엄스, 『학술논문 작성법』, 양기석 역, 서울: 나남출판, 2000, p. 336.
2) 김영희, 『한국어 통사 현상의 의의』, 서울: 도서출판 역락, 2005, p. 144.
7) J. Gibaldi, *MLA Handbook for Writers of Research Papers*, 6th; New York: The modern language Association, 2003, pp. 25-28.

B. 논문 및 기타 간행물

ㄱ. 필자 이름
ㄴ. 논문 제목
ㄷ. 단행본 또는 정기간행 학술지 명칭
ㄹ. 권 번호 및 호수
ㅁ. 출간연도
ㅂ. 계절명 또는 월명
ㅅ. 참조 페이지
ㅇ. 마침표

예)

3) 존 피스크, 「소비자주의, 가부장제, 저항의 즐거움」, 이은미 역, 『성 · 미디어 · 문화』, 김명혜 · 김훈순 · 유선영 공편, 서울: 나남출판, 1994, pp. 218-9.
6) 정민, 「한반도 호랑이 지도론」, 『문헌과 해석』, 통권 27호, 2004, 여름, p. 123.
8) 진수정, 「문항 유형에 의한 문항의 차별적 기능 탐색」, 이화여자대학교 석사학위논문, 2004, pp. 59-60.

C. 전자 자료

ㄱ. 포터블 데이터베이스 : 인쇄 자료의 기입 형식에 맞춰 매체 종류, 정보 제공회사, 전자 자료 출판 연월 등을 첨가한다.
ㄴ. 온라인 데이터베이스 : 인터넷으로 얻은 자료의 경우, 저자명(없을 경우 생략), 제목, 전체 제목, 출판 연도 또는 마지막 수정일, http 주소, 접속일 등을 기입한다.

예)

9) 국회도서관 편, 『국회도서관 문헌 정보: 한국박사 및 석사학위논문 총목록: 정기 간행물 기사색인; 단행본 목록』, CD-ROM(서울: 1997).
10) 「총선연대, 탈세의혹 등 87명 공개」, 『조선일보』, 2000. 4. 10 <http://www.chosun.com/w21data/html/news/200004/200004100108.html> (2000. 4. 10)

D. 두 번째 나오는 문헌의 경우

가. 바로 위에서 인용한 자료 : 각주 4)를 쓰는데, 해당 자료를 3)에서 인용한 경우
- '상게서', '위의 책', 'Ibid.'와 같이 기재한다.
- 인용 면수가 다른 경우, 해당 페이지를 표기한다.

예)

3) 존 피스크, 「소비자주의, 가부장제, 저항의 즐거움」, 이은미 역, 『성 · 미디어 · 문화』, 김명혜 · 김훈순 · 유선영 공편, 서울: 나남출판, 1994, pp. 218-9.
4) 위의 책, p. 220.

나. 바로 위의 각주에서 인용되지 않은 자료 : 각주 5)를 다는데, 2)에서 인용한 자료를 다시 참조한 경우
- '전게서', '앞의 책', 'op.cit.'와 같이 기재한다.
- 앞에 나온 자료 중 어느 문헌인지 명시하기 위해 필자의 이름을 써 준다.
- 인용 면수가 다른 경우, 해당 페이지를 표기한다.

예)

2) 김영희, 『한국어 통사 현상의 의의』, 서울: 도서출판 역락, 2005, p. 144.
3) 존 피스크, 「소비자주의, 가부장제, 저항의 즐거움」, 이은미 역, 『성 · 미디어 · 문화』, 김명혜 · 김훈순 · 유선영 공편, 서울: 나남출판, 1994, pp. 218-9.
4) 위의 책, p. 220.
5) 김영희, 앞의 책.

E. 외각주의 예

은유가 인식론적인 힘을 가지며, 세계를 이해하는 방법으로 정착되기 위해서는, 그 독창성이 일방적으로 강조되기보다 그것이 갖는 본질과 한계점이 명확하게 제시되어야 한다고 생각한다. 본고는 은유가 우리의 삶과 사유를 뒤덮는, 일상적이고 관습적이라는 사실에서 논의를 출발시켜야 한다고 생각한다.37) 따라서 가족사나 개인사의 문제가 아니라, 관습적이고 개념적인 은유를 어떻게 낯설게 활용했으며, 일상의 방식에서 벗어나 어떤 새로운 은유적 사고를 제시했는지에 초점을 맞춰 이상 시의 은유가 논의되어야 하는 것이다.

[중략(中略)]

은유를 문법적 관계로 분류하는 형식적 논의에서는, 두 영역 간의 짝짓기에 <같이>, <처럼>, <마냥>, <듯>과 같은 관계사가 쓰인 것은 직유라 하고 그렇지 못한 것, 즉 관계사가 감추어진 것은 은유라고 불렀다.50) 그러나 은유의 형식적 연구에 대한 반성이 일면서 직유와 은유의 구별이 갖는 유용성이 의심받고 있다. 특히 윌라이트는 이에 대해 강력하게 문제를 제기하는데, 그 저서의 일부를 인용해 보기로 한다.

> 우선 부정적인 측면에서 종래의 문법학자들이 말해 오던 은유와 직유의 낡은 식별법은 그것들이 별로 요점을 갖지 않기 때문에 대체로 무시하기로 하자. 예를 들어 문법적으로 직유인 <오 내님은 붉고붉은 장미와 같습니다>라는 번즈의 시행과 문법적으로 하나의 은유라 할 수 있는 그 축약형 <사랑은 붉은 장미>와를 비교해 보라: 아마 후자보다는 전자가 그 긴장감이나 은유의 활력이 더욱 강력하다는 데 누구나 동의하게 될 것이다. ……(중략)…… 어떤 표현이 본질적으로 은유인가 아닌가의 문제는 문법적 형태의 법칙 문제가 아니라 이에서 발휘되는 의미 변화의 질에 관한 문제이다.[51)]

은유는 되풀이되는 직접 경험과 지식, 상식에 의존한다. 기본 개념적 은유는 "경험의 기본적 본질로부터 힘을 얻고 우리의 인식에 없어서는 안 되는 것"으로 존재한다.66) 존슨과 레이코프가 『삶으로서의 은유』에서 개념의 의미를 확대하고 이를 은유와 결합하는 시도를 했다는 것은 앞에서 살펴본 바와 같은데, 지금까지 인식되지 못했던 은유의 측면을 밝혀냈다는 점에서 이 '기본 개념적 은유'는 이들이 일구어낸 가장 커다란 성과물 가운데 하나라고 할 수 있다.

---

37) G. Lakoff and M. Turner, *More than Cool Reason*, Chicago: The University of Chicago, 1989, <Preface>.

·
·
·

50) 미들턴 머리는 은유와 직유가 수사의 '형식적 분류'를 연상시킨다고 하면서, 양자를 포괄하는 용어

로서 '심상'을 제안한 바 있다. R. Welleck and A. Warren, *Theory of literature*, London: Penguin Books, 1949, p. 188.
51) P. Wheelight, 『은유와 실재』, 김태옥 역, 문학과지성사, 1983, pp. 67-69.
.
.
.
66) G. Lakoff and M. Turner, 앞의 책, p. 84.

■ 내각주로 주석 달기(자연 · 사회 계열)

사회계열과 이공계열의 논문에서는 외각주 형식의 완전주석을 변형한 형태의 주석을 사용한다. 대표적인 것이 미국 심리학회(The American Psychological Association)에서 양식화한 APA 양식과 미국 언어학회(The Modern Language Association of American)의 MLA 양식이 있다.

A. 기본 형식

위의 두 양식은 본문 안에 괄호를 치고 참고도서의 저자, 출간연도 등을 기록하므로, 내주(內註)에 속한다.

(저자이름, 연도, 쪽수)의 형식으로 쓰고 저자가 서양인인 경우 저자의 성을 쓴다.

예)

(김철수, 1995, p. 53) (Marcuse, 1975, p. 197)

B. 내각주의 예

외국의 경우, 대부분의 표준화 검사들은 매우 적은 비용으로 학생들의 학문적 능력과 지식에 대한 많은 정보를 얻을 수 있기 때문에 선다형 검사를 광범위하게 사용하여 왔다(Cole, 1997). 그러나 최근에는 많은 대규모 검사들은 서술형 또는 단답형을 포함하고 있거나 포함해 왔으며, 이 문항들은 학생들이 몇 개의 제공된 답들 중에서 선택하는 것보다 다른 방식으로 지식을 드러내는 것을 요구한다. 특히 수학과 과학의 대규모 검사에서의 성차는 일반적으로 남학생들이 유리한 경향을 보인다(Comber & Keeves, 1973; Doolittle & Cleary, 1987; Erickson & Erickson, 1984; Hanna, 1986; Harris & Carlton, 1993; Linn & Hyde, 1989; Stanley, 1987). 그러나 현재까지 대부분의 대규모 검사는 선다형 문항들이었기 때문에 반응구성문항에서도 같은 결과를 보이지는 않을 수도 있다.

Pomplun과 Sundbye(1999)에 따르면, 미국의 경우 더 많은 주와 지역 평가가 반응구성문항을 포함함에 따라 여성이 선다형보다 반응구성문항에서 더 잘 문제를 수행한다는 것이 밝혀지고 있다. 이것은 처음 Murphy(1997)가 선다형 검사들보다 논술형 문항들이 우세하게 사용되어 온 시험 체계에서 소개하였다. 그 이래로 성 유형 차이는 English basic skills(Breland & Griswold, 1982), English admission tests(Pomplun, Wright, Oleka & Sudlow, 1992), Advanced Placement(AP), 역사 검사 등을 포함한 다양한 검사 프로그램에 지배적으로 나타난다.

■ 참고문헌 작성법

☑ 주석 쓰기와 다른 점

- 각주번호, 인용 면(단행본의 경우)을 쓰지 않으며, 전게서(앞의 책)·상게서(위의 책) 표현도 생략한다.
- 논문 자료의 경우, 참조 페이지를 기재하지 않고 해당 학술지의 논문 시작 페이지와 마지막 페이지를 기재한다.
- 구미어 자료의 경우, 필자 이름에서 성이 앞으로 나온다. 필자가 여러 명인 경우에는 첫 번째 저자만 성을 앞으로 옮긴다. 성과 이름 사이에 쉼표를 찍는다.

☑ 참고문헌 게재 문헌은 아래 원칙에 따라 수록 순서를 정한다.

- 국한문 문헌을 먼저 수록하고, 구미 문헌을 수록한다.
    - 국한문 문헌은 필자 성명의 '가나다'순으로 하고, 구미 문헌은 last name (성)의 알파벳 순서로 수록한다.
- 한 필자의 문헌이 여러 개인 경우는 출간연도 순으로 수록한다.
- 단행본, 논문 자료를 먼저 수록하고, 기타 자료를 수록한다.

☑ 2-(2)-가의 완전주석을 참고문헌으로 옮겨 적는 경우이다.

가. 주석

1) W. 부스, G. 컬럼, J. 윌리엄스, 『학술논문 작성법』, 양기석 역, 서울: 나남출판, 2000, p. 336.
2) 김영희, 『한국어 통사 현상의 의의』, 서울: 도서출판 역락, 2005, p. 144.
3) 존 피스크, 「소비자주의, 가부장제, 저항의 즐거움」, 이은미 역, 『성·미디어·문화』, 김명혜·김훈순·유선영 공편, 서울: 나남출판, 1994, pp. 218-9.

4) 위의 책, p. 220.

5) 김영희, 앞의 책.

6) 정민, 「한반도 호랑이 지도론」, 『문헌과 해석』, 통권 27호, 2004, 여름, p. 123.

7) J. Gibaldi, *MLA Handbook for Writers of Research Papers*, 6th; New York: The modern language Association, 2003, pp. 25-28.

8) 진수정, 「문항 유형에 의한 문항의 차별적 기능 탐색」, 이화여자대학교 석사논문, 2004, pp. 59-60.

9) 국회도서관 편, 『국회도서관 문헌 정보: 한국박사 및 석사학위논문 총목록: 정기 간행물 기사색인; 단행본 목록』, CD-ROM(서울: 1997).

10) 「총선연대, 탈세의혹 등 87명 공개」, 『조선일보』, 2000. 4. 10 <http://www.chosun.com/w21data/html/news/200004/200004100108.html> (2000. 4. 10)

나. 참고문헌

김영희, 『한국어 통사 현상의 의의』, 서울: 도서출판 역락, 2005.

부스, W., G. 컬럼, J. 윌리엄스, 『학술논문 작성법』, 양기석 역, 서울: 나남출판, 2000.

정민, 「한반도 호랑이 지도론」, 『문헌과 해석』, 통권 27호, 2004, 여름, pp. 114-134.

진수정, 「문항 유형에 의한 문항의 차별적 기능 탐색」, 이화여자대학교 석사논문, 2004.

피스크, J., 「소비자주의, 가부장제, 저항의 즐거움」, 이은미 역, 『성 · 미디어 · 문화』, 김명혜 · 김훈순 · 유선영 공편, 서울: 나남출판, 1994.

Gibaldi, J., *MLA Handbook for Writers of Research Papers*, 6th; New York: The modern language Association, 2003.

국회도서관 편, 『국회도서관 문헌 정보: 한국박사 및 석사학위논문 총목록: 정기간행물 기사색인; 단행본 목록』, CD-ROM(서울: 1997).

「총선연대, 탈세의혹 등 87명 공개」, 『조선일보』, 2000. 4. 10 <http://www.chosun.com/w21data/html/news/200004/200004100108.html> (2000. 4. 10).

☑ 내각주 형식의 참고문헌 사례는 다음과 같다

김영희(2005), 『한국어 통사 현상의 의의』, 서울: 도서출판 역락.

부스, W., G. 컬럼, J. 윌리엄스(2000), 『학술논문 작성법』, 양기석 역, 서울: 나남출판.

정민(2004), 「한반도 호랑이 지도론」, 『문헌과 해석』, 통권 27호.

Erickson, G. L. & Erickson, L. J.(1984). Females and science achievement: Evidence, explanations, and implications. *Science Education, 68*, pp. 63-89.

Gibaldi, J.(2003), *MLA Handbook for Writers of Research Papers*, 6th; New York: The modern language Association..

Hanna, G.(1986). Sex differences in the mathematics achievement of 8th graders in Ontario. *Journal of Educational and behavioral Statistics, 23(3)*, pp. 244-253.

읽고 나서 해 보기

1. 자신의 전공과 관련해 대표적인 학술지를 알아보고, 학술지를 발행하는 학회 홈페이지에 들어가서 논문 투고 형식에 대해 알아봅시다.

2. 다음의 내용을 외각주 형식으로 제시하고, 참고문헌은 내각주 형식으로 정리하시오.

1) (단독 저자의 단행본 초판) 한철수 시인의 시집 『느티나무에 대한 추억』 23면을 인용했다. 이 시집은 서울에 있는 천년의 시작에서 2003년에 처음 펴냈다.

2) (단행본 증판) 유종호 교수가 펴낸 『문학이란 무엇인가』는 1989년 서울 민음사에서 초판을 찍고 1994년에 개정증보판을 펴냈는데, 인용자는 개정증보판 321쪽을 인용했다.

3) (제2판, 증보판, 개정판의 중쇄) 『독서의 기술』 판권에는 다음과 같이 쓰여 있다. 인용한 책은 2001년에 발행된 것이며, 면수는 24-25쪽이다.

1986년 3월 12일	초판 1쇄	지은이: 모티머 J. 애들러, 찰스 밴 도런
1992년 11월 4일	초판 4쇄	옮긴이: 민병덕
1993년 7월 25일	2판 1쇄	발행처: 범우사
1999년 2월 8일	2판 9쇄	주 소: 서울시 종로구 관훈동 7
2001년 10월 31일	2판 10쇄	

4) (공동 저자의 단행본) 김윤식, 김현이 함께 쓴 『한국문학사』 66면을 인용했다. 이 책은 1973년 서울의 민음사에서 출간되었다.

5) (여러 사람의 글을 엮음) 톰 네언이 쓴 「민족주의의 양면성」이란 글 일부를 인용했는데, 이 글은 백낙청 교수가 엮은 『민족주의란 무엇인가』에 실려 있다. 1981년 서울에서 처음 출간된 이 책은 파주의 창비에서 2003년에 제2판을 펴냈는데, 인용 면수는 제2판 237이다.

6) (이차 이상 인용A) 위 5번에서 제시된 톰 네언의 글 237쪽을 또다시 인용했다.

7) (이차 이상 인용B) 위 1번의 책 211페이지를 인용했다.

8) (이차 이상 인용C) 위 1번의 책 214쪽을 또 인용했다.

9) (학위 논문) 이기훈 씨의 학위 논문「에이전트 기반 시스템 통합 및 자동화 방안」68쪽을 인용했다. 이 논문은 서울대학교 석사학위 논문으로 2003년에 인준을 받았다.

10) (논문집에 실린 논문) 길창용 씨의「청계천과 천변; 공간과 상징의 역사적 변천」27페이지를 인용했다. 이 논문은 서울시립대의 서울학연구소에서 2000년에 펴낸『서울학연구』제18집에 실려 있다.

11) (외국인 필자의 번역물) M. 엘리아데가 쓴『성과 속』112면을 인용했다. 이동하 교수가 번역한 이 책은 1983년 서울의 학민사에서 발행되었다.

12) (외국 도서) Paul de Man의 저작 The Resistance to Theory의 37페이지를 인용했다. 이 책은 University of Minnesota Press에서 1986년에 펴냈으며 인용자가 사용한 책의 출판지는 London이다.

13) (참조, 요약 제시) 위 11번의 책에서 '신성한 공간'에 대해 15-21페이지를 읽고 짧게 요약했다.

14) (신문 기사) 한겨레신문에 나온 대통령 탄핵에 관한 기사 "대통령 탄핵, 민주주의의 심화인가"의 일부를 인용했다. 이 기사는 2004년 3월 13일자 3면에 게재되어 있다.

15) (신문 칼럼) 이동하 교수가 한국일보에 기고한 칼럼 "외국인 노동자의 인권"을 인용했는데 이 칼럼은 2004년 3월 19일자 A17면에 실려 있다.

16) (인터넷 검색 정보) 인터넷 영화동호회 '시네마천국'에서 영화 <실미도>를 보고 한 네티즌이 2006월 12월 3일에 올린 감상평을 2007년 3월 15일에 보고 인용했다. 네티즌의 아이디는 neomovie이고 글 제목은 '국가권력과 개인의 관계'였으며, 주소는 www.cinema.co.kr/~critic이다.

3. 직접인용 형식을 취한 다음 글을 간접인용 형식으로 바꾸고, 괄호 안의 내용으로 외각주 1을 작성해 봅시다. (직접인용 부분은 레온티에프가 쓴 경제학의 역설이란 책의 250쪽에 있는 것으로, 2010년에 홍길동이 번역해 서울출판사가 펴냈다.)

노벨상 수상자인 경제학자 레온티에프는 기계문화의 발달과 대량 실업으로의 이행에 대해 다음과 같이 경고했다.

> 마치 농경시대에 있어서 말의 역할이 트랙터의 도입에 의해 감소되고 제거된 것처럼 더 정교한 컴퓨터의 도입으로 인하여 가장 중요한 생상요소로서의 인간의 역할이 감소할 것이다.
>
> 다국적 기업들은 증가하는 세계적 경쟁과 인건비 상승으로 인간 노동으로부터 기계 노동으로의 이행을 서두르고 있는 것으로 보인다.

4. 다음의 각주에서 틀린 곳을 바르게 고쳐 봅시다.

1) 김상균, 현대사회와 사회정책, 서울대출판부, 1987, pp.21.

2) 이명선, 현진건의 역사의식 연구, 국어국문학, 국어국문학회, 1981, 제55호, p.60-84.

3) 김상균, Ibid., p.72.

4) op. cit., 현진건의 역사의식 연구, 이명선, p.66.

5) 이진경, 수학의 몽상, 푸른숲, p.100, 2000.

5. 다음은 보고서를 작성하면서 참고한 문헌들이다. 참고문헌 목록을 작성해 봅시다.

1) 김상균, 현대사회와 사회정책, 서울대출판부, 1987.
2) 양우진 외, 한국 자본주의 분석, 일빛, 1991.
3) 송호근, 시장과 이데올로기, 문학과지성사, 1992.
4) Howard, Glenerster ed., The Future of the Welfare State, Aldershot : Gower, 1983.
5) 송호근, 권위주의적 노동정치와 노동운동의 성장, 아시아문화 제6호, 한림대학교 아시아문화연구소, 1990.
6) Forder, Anthony, Concepts in Social Admini

Ⅳ. 창조적 사고, 명료한 설명

01. 공학적 사고: 수직적 사고와 수평적 사고

새로운 의견은 아직 일반적이지 않다는 이유만으로 언제나 의심 받고 반대에 부딪힌다.

– 존 로크

학 | 습 | 목 | 표

1. 과학기술 분야의 학문적 전통과 글쓰기 방식에 대해 이해한다.
2. 공학적 문제 해결을 위해 필요한 창의적이고 수평적인 사고의 필요성에 대해 이해한다.
3. 문제 해결자로서 공학자의 역할과 관련해, 수직적 사고와 수평적 사고를 어떻게 활용해야 하는지 이해한다.

앞서 I부 제2장에서 논의했던 바와 같이 과학자는 자연의 현상을 탐구하는 탐구자인 반면, 공학자는 과학자가 탐구를 통해 밝힌 자연 과학적 지식을 바탕으로 인간의 현실적 문제를 해결하는 사람이다. 아인슈타인의 말처럼 자연과학자는 이미 존재하는 것을 발견하는 사람인 반면, 공학자는 새로운 것을 발명하거나 창조하는 사람인 것이다.

따라서, 공학자는 자연과학적 지식 탐구를 위해 '본질이 무엇인가?'라는 질문을 던지며 논리적이며 분석적인 태도로 대상을 꼼꼼히 관찰하고, 일정한 기준을 가지고 비판적으로 분석하는 과학적 사고를 해야 한다. 그러나 이와 함께 공학자가 반드시 지녀야 할 것은 현실적 문제를 풀기 위해서는 '무엇이 가능한가?'라는 질문을 던지며 건설적이고 창조적인 문제해결방안을 모색하는 진보적인 사고이다. 공학자의 역할은 옳고 그름을 판단해 진리를 발견해내는 것이 아니라 모든 가능성을 열어 놓고 가장 효율적으로 문제를 해결해낼 수 있는 새로운 대안, 새로운 가치를 창조해 내는 것이기 때문이다.

읽으면서 배우기

읽을거리 1 Reading

근대 과학의 연구 방법

신선경, "과학 탐구와 과학 글쓰기에 대한 텍스트언어학적 접근", 『텍스트언어학』 24, 텍스트언어학회, 2008, pp.75~99.

철학과 과학이 구별되어 있지 않던 고대에, 자연에 대한 탐구는 철학자들에 의해 이루어졌으며 이들의 자연 연구는 자연에 대한 성찰(speculation)과 형이상학적 이론화였다. 르네상스 시대를 거치면서 체계적 관찰과 그를 바탕으로 하는 추론의 방법이 과학 연구의 방법론으로 추가되었고, 17, 18세기에 이르러 과학은 실험을 통한 측정과 수치화를 바탕으로 하는 근대 과학의 틀을 갖추게 되었다 (Darian 2003 : 4−46). 17세기 이후 과학 연구의 방법은 일반적으로 관찰(observation)과 가설 세우기(hypothesis formation), 실험(experimentation)과 검증(verification)의 4단계로 고착되었고 이 과정은 개별적 사물 혹은 현상에 대한 관찰에서 출발해 보편적 진리를 찾아내는 귀납적 사고에 기초한다.

과학적 탐구는 각 단계별로 논거 발견을 위한 다양한 사고 활동을 통해 이루어지며 이러한 사고의 결과는 글의 형식으로 반영되고 소통된다. 관찰과 가설 세우기, 실험 및 검증의 과정은 순환적(recursive)으로 반복되면서 논증이 완성되는데 이때 분류, 비교와 대조, 인과적 분석, 수량화와 추론 등 다양한 논거 발견의 방법은 과학 탐구의 전 과정에서 필요에 따라 반복적으로 활용되며 이러한 과학 연구의 방법과 논거 발견의 방식은 과학 텍스트의 논거 배열과 구문 구조, 어휘 등에 반영되면서 과학 텍스트의 언어적 특성으로 실현된다.

과학 연구의 첫 번째 단계인 관찰 단계에서, 연구자는 하나의 현상을 관찰하고 관찰을 통해 파악한 내용을 자신이 이전에 경험했던 유사한 현상들을 떠올리며 경험했던 현상과 비교하며 유사점과 차이점을 찾아낸다. 두 현상 간의 유사점과 차이점을 파악한 후에는 이를 일정한 기준에 따라 분류하고 각 집합들 사이의 관련성에 대해 생각하는 한편, 일정한 순서를 두고 발생한 현상들에 대해서는 현상들 사이의 전후 관계와 인과 관계를 따져 현상 간의 연관성을 파악한다. 관찰에 대한 기술 방식에 있어, 인문학 연구의 관찰과 달리 자연과학의 관찰에서 중요시되는 것은 수량화이다. 관찰 내용의 신빙성과 타당성은 수치와 수량의 제시를 통해 인정되는데 이는 가설 세우기와 실험, 검증 등 자연과학 연구의 전 단계에 걸쳐 강조된다.

두 번째 단계인 가설을 세우는 단계에서는 두 변수 사이의 관계를 인과관계에 기초해 예측하고 이를 "만약 A이면 B이다" 형식의 잠정적 진술로 정리하는 작업이 이루어진다. 모든 과학적 가설은 단순한 관찰만으로 입증될 수 없으며 반드시 실험을 통해 시험되고 입증되어야 한다는 점에서 철학이나 다른 인문학의 가설과 구별된다.

과학적 탐구의 세 번째 단계인 실험 및 자료 정리의 단계는 과학적 탐구가 다른 방식의 탐구와 구별되는 가장 특징적인 단계이다. 실험의 단계에서는 실험 대상 및 과정에 대한 관찰과 측정이 이루어져야 하며 이를 위해 모든 변인들은 관찰 가능하고 측정 가능한 용어로 정의되어야 한다. 이러한 이유로 과학 연구에서 현상에 대한 정의는 조작적 정의(operational definition) 방식을 중심으로 이루어진다. 정의하고자 하는 대상과 관련된 일련의 현상들이 발현하는 과정을 중심으로 대상을 정의하는 조작적 정의(operational definition) 방식이 과학적 정의에서는 자주 사용되는 것이다. 조작적 정의를 통해 제시된 일련의 과정은 실험을 통해 반복될 수 있는 관찰 가능하고 측정 가능한 결과를 설명할 수 있기 때문이다. 이러한 방식으로 정의된 과정과 결과는 검증의 단계에서 검증의 근거로 역할하게 되는데 이를 위해 구체적 수치나 수식의 제시가 연구 대상의 정의 내용에 제시되는 것이 일반적이다.

마지막 검증의 단계에서는 실험이나 자료 수집을 통해 얻어낸 결과가 가설을 지지하는지 혹은 반박하는지를 보기 위해 자료를 분석한다. 이때, 검증의 신빙성을 보장하는 것은 실험의 반복 가능성(replicability)으로, 똑같은 실험이 반복되어도 동일한 결과를 얻을 수 있는가 하는 것이 과학 논증에서는 매우 중요시된다.

과학 논문의 배열 방식

17세기 이후 성립된 '관찰－가설－실험－검증'을 기본으로 하는 실험 중심의 근대 과학의 연구 방법론은 과학 논문의 논거 배열 방식에 그대로 반영되었으며 세기를 거듭하면서 논거 배열 방식은 더욱더 엄격해지고 논문의 형식이 논문의 출판 여부에 결정적 기준이 될 만큼 중요한 요소로 자리잡게 되었다.

서양에서 과학 전문 학술지가 처음으로 발간된 것은 1665년으로 프랑스의

Journal des Scavans(교양잡지)와 영국의 Philosophical transactions of the Royal Society of London(런던 왕립학회 철학회보)이 처음이었다. 이후 여러 세기에 걸쳐 이루어진 자연과학의 급격한 발전으로 연구자 단체와 학술지의 수는 기하급수적으로 늘어나 현재, 세계적으로 약 70,000여 종의 학술지가 발간되고 있다. 17세기 초까지 과학자들은 독립적으로 연구를 수행했으며 연구의 산물은 편지나 책을 통해 개별적으로 확산되었다. 그러나 과학 학술지의 발간이 시작된 17세기 후반부터 과학 논증은 더 이상 개별적이고 독립적으로 이루어지는 활동이 아닌 협동과 경쟁을 수반하는 사회적인 활동으로 규범화되기 시작한다. 과학 지식이 일정한 규범과 규칙 하에 논문으로 정리되고 소통되면서 과학 논문 고유의 독자적인 글쓰기 방식이 생겨났고 이 방식은 과학 연구자 집단을 지배하는 일종의 수사적 힘을 갖는 규율로 정착되었다. 이러한 과학 논증의 규범화는 과학 탐구의 방법적 전통과 깊은 관련을 맺고 있다. 앞서 언급한 실험의 반복 가능성이나 측정 가능성, 검증 가능성을 위한 수량화 등 실험 과학이 지향하는 특성 등은 과학 논증의 배열 방식과 내용의 규범화의 기초가 되었다.

17세기 이후 과학 연구에서 실험을 중시하는 경향이 정착되면서 서서히 발전해 20세기에 들어 대부분의 과학 학술지에서 채택하게 된 과학 논문의 배열 방식은 IMRAD(Introduction, Materials and Method, Result, and Discussion)이다. 이는 논의의 배열이 '서론 - 재료와 방법 - 결과 - 논의 - 참고문헌'의 순서로 전개되는 과학 논문의 배열 방식으로. 과학 논증에서 실험의 중요성이 강조되고 특히 과학 실험의 반복 가능성과 측정 및 검증 가능성이 강조됨에 따라 정착된 방식이다.

과학 논문의 형식은 배열 방식에서뿐 아니라 각 부분에 담아야 할 내용 면에서도 일정한 방식으로 통일되는 규범화의 경향을 보인다. 첫 번째 부분인 서론 부분에서는 다루고자 하는 대상의 의미와 범위를 한정하는 정의하기를 시작으로, 연구의 배경과 선행연구에 대한 정리, 그리고 연구의 목적과 방법에 대한 개략적 소개가 기본 내용으로 들어간다. 선행연구 제시는 17세기말 이후부터 과학 연구가 협동화·분업화되고 학회지 게재 시기와 발견의 우선권 등이 문제시됨에 따라 강조되기 시작하였는데, 저자와 연도 표시를 중시하는 제시 방식은 이러한 학문적 전통에 기인하는 것이다. 선행 연구에 대한 자세한 소개는 논문 작성자의 이론적 깊이와 성향, 관점, 지향하는 연구 방향 및 그가 속해 있는 연구자 그룹에 대한 정보를 제공한다. 두 번째 부분인 재료 및 방법 부분은 실험이나 연구를 수행하는 데 필요한 재료, 시약, 장비, 연구 장소 및 기상 조건, 자료 출처, 자료 수집의 방법 및 계산 방법, 통계 분석에 관한 정보를 제공하는 부분으로, 누구라도 실험을 재현할 수 있도록 하는 반복 가능성이라는 근대 실험 과학의 지향이 이 부분에서 가장 잘 드러난다. 세 번째로, 실험의 결과를 제시하는 부분에서는 묘사적 서술과 표와 그래프, 수식을 통한 검증 가능한 자료 제시가 일반적이다. 이는 앞서 언급한 과학 탐구의 한 특징인 수량화의 특징을 잘 드러낸다. 마지막 논의 부분에서는 결과를 분석해 그 결과가 어떠한 의미를 갖는지 밝히고 그것이 갖는 구조적인 메커니즘을 밝힌다. 논의 부분에서도 선행 연구에 대해 언급이 중요시되지만 서론에서와는 달리 논의 부분에서는 선행 연구와 자신의 연구의 차별성에 대한 강조를 위해 선행 연구에 대한 언급이 활용된다는 면에서 차이를 갖는다. 논의 부분에서 다루어지는 것 중 주목해 볼 만한 것은 연구 결과의 중요성과 응용 가능성(applicability)에 대한 내용이다. 과학과 기술이 별개의 분야로 나뉘어져 있던 산업 혁명 이전의 과학 연구의 전통은 응용 가능성에 대한 논의에 크게 관심을 기울이지 않았다. 과학자들은 자신의 설명에 일관성, 합리성, 정확성과 체계성을 추구하되 실제적 효용이나 일반 대중의 인정보다는 동료 과학자들의 인정을 중요시하였다. 따라서 자신의 관찰과 실험이 동료 과학자들에 의해 인정될 수 있는 반복 가능하고 검증 가능한 것인가에 대한 논의에 집중했던 것이다. 그러나 산업 혁명기를 지나면서 과학과 기술이 밀접한 관계를 맺게 됨에 따라 과학도 응용 가능성, 실용 가능성에 관심을 기울이게 되었고 결과의 분석을 다루는 논의 부분에서 응용 가능성에 대한 언급은 중요한 부분을 차지하게 되었다.

이와 함께 개인적 후견인의 경제적 지원을 받아 수행되던 과학연구가 국가적 차원의 재정 지원을 받는 국가적 사업으로 변모해 감에 따라 과학글쓰기는 연구 공동체의 연구자 집단 간의 정보 공유와 설득을 위한 글쓰기에서 더 나아가 재정적 지원을 결정하는 일반인을 이해시키고 설득하는 글쓰기까지 확장되었는데, 이러한 시대적 변화는 과학 논문의 구성에도 영향을 미치게 되었다. 그 중 한 예가 연구비 신청서 양식과 그 영향이다. 과학 연구비 신청 양식의 가장 중요한 부분인 연구 내용의 배열 방식은 일정한 규범에 따라 정해져 있으며 결과 보고 또한 신청서의 연구 내용에 맞추어 잘 수행하였느냐에 초점이 맞춰진다. 이때, 과학논문에서는 크게 중시되지 않는 결과에 대한 기대 효과를 언급하는 부분이 필수적으로 들어가게 되는데, 이러한 부분은 과학 연구와 그 산물인 과학 논문의 내용에 영향을 미쳐 20세기 후반부터는 다수의 과학 논문에서 연구의 적용 가능성에 대한 언급이 추가되는 경향을 낳았다.

읽을거리 2 Reading

논쟁 대 수평적 사고

에드워드 드 보노, 『여섯 색깔 모자(Six Thinking Hats)』, 정대서 옮김, 한언, 2001, pp. 30-36.

기존의 사고 기법은 2300년 전 그리스의 유명한 세 철학자들에 의해 고안된 토론 방식에 기초한 것입니다. 소크라테스는 논증과 논쟁을 강조했습니다. 그러나 그의 제자인 플라톤에 의하면 소크라테스가 관여했던 대화의 80% 정도는 아무런 건설적인 결론도 내지 못했다고 합니다. 소크라테스는 단지 오류만을 지적했기 때문이지요. 즉, 그는 정의나 사랑 같은 개념들의 잘못된 활용을 지적함으로써 그 명백한 의미를 밝혀내고자 했습니다.

반면 플라톤은 궁극적인 진리는 겉에 보이는 것 뒤에 숨어 있다고 믿었습니다. 그가 사용한 유명한 비유 중에 쇠사슬에 묶인 채 동굴 속에 갇혀서 동굴의 뒷벽밖에 볼 수 없는 사람들에 관한 것이 있습니다. 동굴의 입구에는 모닥불이 피워져 있어서 어떤 사람이 그 동굴에 들어오면 그 사람의 그림자가 동굴의 뒷벽에 드리워지게 됩니다. 그런데 이 쇠사슬에 묶여 있는 사람들은 몸을 돌릴 수 없기 때문에 그 그림자밖에 볼 수 없고 그 그림자를 실체라고 믿어버리는 것입니다. 이 동굴의 비유를 통해서 플라톤은 우리가 인생을 살면서 볼 수 있는 것은 단지 '진실의 그림자'뿐이라는 주장을 했죠.

아리스토텔레스는 포함/배제(inclusion/exclusion) 논리를 체계화했습니다. 이 논리에 따르면 우리는 과거의 모든 경험을 상자 속에 집어넣든가 상자 바깥에 놓아두든가 이렇게 두 가지 중 한 가지를 선택할 수 있습니다. 그 상자는 우리가 정의, 카테고리, 혹은 원칙이라고 부는 것들이지요. 그래서 우리는 어떤 새로운 것을 보면 먼저 그것을 어느 상자에 넣을 것인가를 생각하게 됩니다. 그리고 상자가 선택되면 그 새로운 것은 상자에 속하거나 그렇지 않거나 둘 중 하나만 될 수 있습니다. 반쯤은 안에 들어 있고 나머지 반쯤은 바깥에 있거나 다른 제3의 장소에 있을 수는 없죠.

지금까지 살펴본 세 명의 위대한 철학자들에 의해 기초가 다져진 기존의 사고방식은 분석과 판단, 그리고 논쟁을 통해 '본질이 무엇인지(What is)'를 밝혀내는 데에는 상당히 쓸모가 있는 시스템입니다. 그러나 인간의 사고에는 전혀 다른 또 하나의 측면이 있습니다. 그것은 바로 '무엇이 될 수 있는가(What can be)'에 관한 것이죠. 이 '무엇이 될 수 있는가'에 대한 사고는 건설적인 사고, 창조적 사고, 진보적 사고를 포함하는 것입니다. (...중략...)

변화하는 세상

논쟁 방식이 전적으로 잘못되었다는 것은 아닙니다. 단지 자동차의 바퀴 네 개 중에 하나만 멀쩡한 것만으로는 충분하지 않다는 얘기를 하고 싶은 것입니다. (…중략…)

변화가 없는 세상이라면 이러한 과정은 아주 효율적인 방법일 것입니다. 그러나 우리가 실제 살고 있는 세상은 어떻습니까? 변화가 가장 중요한 속성이 된 세상입니다. 변화하고 있는 세상에서는 표준적 상황이라는 것이 더 이상 존재하지 않습니다. 변화하는 세상에서 우리는 우리가 어느 길로 갈 것인가를 선택하는 대신에 우리가 앞으로 어디로 길을 낼 것인가를 결정해야 합니다. 단순한 판단이 아니라 디자인을 해야 하고 현재의 상태를 확인만 하는 것이 아니라 가능성을 찾아야만 하는 것입니다.

평행적 사고란?

자, 여기 아주 크고 멋진 집이 하나 있습니다. 한 사람은 그 집 앞쪽에 서 있고 다른 한 사람은 그 집 뒤에 있습니다. 그리고 또 다른 두 사람은 그 집의 양 옆에 있습니다. 이 네 사람에겐 그 집이 서로 다른 모양으로 보이겠죠. 이 사람들은 휴대폰을 들고 서로 자기가 보고 있는 집 모양이 정확한 것이라고 주장을 합니다.

평행적 사고는 이렇게 주장하는 대신에 네 사람이 함께 그 집의 사면을 돌아가며 집을 관찰하는 방법입니다. 여러 사람이 어느 한 순간 동일한 관점에서 함께 본다는 의미에서 이 방법을 수평적 사고라고 하는 것입니다.

이것은 의도적으로 반대의 관점에서 서서 서로 토론과 논쟁을 벌이는 방법과는 전혀 다른 것입니다. 왜냐하면 수평적 사고는 모든 사람들이 동일한 방향을 함께 바라보는 방법이기 때문입니다. 수평적 사고는 여기서 그치지 않습니다. 전통적인 사고 기법은 두 사람의 의견이 일치하지 않으면 서로 상대방이 틀렸다는 것을 증명하기 위해서 논쟁을 벌이게 됩니다. 그러나 평행적 사고는 서로 대립되는 견해를 일단 모두 기록해 두고 서로 다른 견해들 중에 꼭 하나를 선택해야 하는 경우에만 선택의 시도를 하면 됩니다. 만약 이런 선택이 불가능하다면 양쪽의 가능성을 다 포용할 수 있는 새로운 대안을 짜내야 하는데 수평적 사고는 항상 이 점에 초점을 맞춥니다.

읽을거리 3 Reading

판단의 연기

에드워드 드 보노, 『톡톡 튀는 아이디어가 샘솟는 드 보노의 수평적 사고(Lateral Thinking)』, 이은정 옮김, 한언, 2005, pp. 112–114.

사고를 하는 목적은 정확하기 위한 것이 아니라 효율적이기 위한 것이다. 효율적이라는 것은 결국 정확한 것을 포함하지만 그 둘 사이에는 매우 중요한 차이가 있다. 정확하다는 것은 항상 정확하다는 것이고 효율적이라는 것은 마지막에 정확하다는 것이다.

수직적 사고는 항상 정확해야 한다. 모든 단계에서 판단하여 정확하지 않으면 한 단계도 나아갈 수 없다. 수직적 사고는 불필요한 것을 제외시키면서 선택한다. 판단은 제외시키는 방법이고 no나 not 등을 사용하는 부정은 제외시키는 도구이다.

수평적 사고는 마지막에는 반드시 정확해야 하지만 그 과정에서 잘못되는 것과 확실한 재구성을 유발하기 위해 고의적으로 확실하지 않은 정보의 배열을 사용하는 것을 허용한다. 또한 정보의 적당한 위치를 찾기 위해 적당하지 않은 위치로 이동하기도 한다.

수평적 사고는 정보의 배열 그 자체보다는 정보의 배열을 유도하는 정보에 관심을 갖는다. 따라서 각 배열을 판단하고 확실한 배열만을 받아들이는 대신 판단을 연기한다. 그것은 판단을 하지 않는 것이 아니라 단지 연기하는 것이다. 또한 수평적 사고의 과정은 증명하는 것이 아니라 변화시킨다. 따라서 특정한 패턴이 확실한지보다는 그 패턴이 새로운 패턴을 만들어내는 데 유용한지를 따진다. (…중략…)

항상 정확해야 하는 것은 새로운 아이디어를 만드는 데 가장 큰 장애물로 여겨진다. 항상 정확해야 하기 때문에 아이디어를 가질 수 없는 것보다는 잘못된 아이디어가 포함될 수 있는 풍부한 아이디어를 갖는 것이 낫다.

통찰력의 재구성을 유도하기 위해 정보의 배열을 도발적으로 사용할 필요는 스스로를 극대화하는 기억 시스템인 의식의 작용에 의해 부각된다. 실제로 그 필요는 판단을 연기하는 것으로 충족될 수 있다. 사고의 생성 단계에서 판단을 연기하면 선택 단계에서 적용할 수 있다. 이러한 시스템의 특징은 어떤 단계에서 잘못된 아이디어도 나중에 옳은 아이디어가 될 수 있다는 것이다. 리 드 포레스트는 전기적 자극이 가스버너의 작용을 변화시켰다는 잘못된 생각을 계속 진전시켜 열이온관을 발명해냈다. 마르코니는 땅의 굴곡을 따라 전파가 움직인다는 잘못된 생각을 계속 진전시켜서 대서양을 가로질러 전파를 보내는 데 성공했다.

항상 정확해야 하는 것에는 다음과 같은 위험이 있다.

- 잘못된 전제에서 시작되었을 수도 있다.
- 지금은 정확하지 않지만 나중에 정확하게 될 수 있는 아이디어가 너무 이른 단계에서 버려진다.
- 정확한 것만으로 충분하다는 가정이 더 좋은 배열의 가능성을 차단한다.
- 실수하는 것을 두려워하게 만든다.

읽고 나서 해 보기

1. 근대 과학의 연구 방법과 과학 논문의 형식은 어떤 것인지 설명하고, 전공과 관련해 이러한 방식이 적용되고 있는 활동은 무엇인지 이야기해 봅시다.

2. 수직적 사고와 수평적 사고의 특징을 비교해 설명하면서, 공학자가 하는 일과 관련해 이러한 사고방식들을 어떤 단계에서 어떻게 활용해야 하는지 이야기해 봅시다.

3. 현실적 문제들을 좀 더 창조적으로 풀어나가기 위해 어떤 방식으로 문제를 보고, 문제를 정리하여, 해결책을 모색해야 하는지, 그리고 그 해결책을 공학적으로 어떻게 구현할 수 있는지 이야기 해 봅시다.

02. 제품 제안하기: 아이디어의 구상과 설명

천 명을 만난다고 치면, 그 중에 그들이 쓰는 도구나 기계 그리고 그들이 제작하는 물건에 대해 웬만큼 또렷하게 설명할 줄 아는 사람이 열댓 명만 있더라도 운이 좋은 셈이다.

- 드니 디드로

학 | 습 | 목 | 표

1. 문제를 발견하고 이에 대한 다양한 대안을 제시하는 법을 익힌다.
2. 자신이 찾은 대안을 제품으로 구상하고 다른 사람에게 설명하는 법을 익힌다.
3. 두 대상의 유사점과 차이점을 기준으로 삼아 비교하고 글과 말로 설명한다.

사람들은 새로운 아이디어의 구상이라고 하면 새로운 기계 장치의 발명이나 새로운 전산 프로그램의 개발 등을 떠올린다. 아마도 이러한 것들이 새로운 아이디어 구상의 전형적 형태이기 때문일 수도 있다. 그러나 새로운 아이디어의 구상은 어떤 일을 처리하는 새로운 방식이나 사물을 보고 이것과 새로운 방식으로 상호작용하는 일련의 활동을 모두 포함한다.

따라서 아이디어 구상은 없던 것들을 만들어내는 것뿐 아니라 있던 것들을 제거하거나 재배치하는 것, 기존의 있는 방식을 다시 발견해 적용해 보는 것 등을 모두 포함하는 활동이다.

■ 문제에 대한 이해와 문제 정의하기

1) 문제에 대한 이해

문제는 심각하고 시급하게 해결해야 할 사건이나 대상만을 의미하는 것이 아니고 지금 우리가 가지고 있는 것과 가지고 싶은 것의 차이, 즉 현재 상태와 긍정적으로 변화되었으면 하는 것 사이의 격차이다. 문제를 해결하기 위해서는 우리가 원하는 것이 정확히 무엇이며 이를 위해 피하거나 제거해야 할 것, 새롭게 얻거나 덧붙여야 할 것이 무엇인지를 이해하는 것이 중요하다. 드 보노(1970/2005:64)는 문제의 형태를 3가지로 정리한 바 있다.

첫째, 문제 해결을 위해 더 많은 정보나 뛰어난 기술이 필요한 문제
둘째, 새로운 정보가 아닌 사용 가능한 정보의 재배열, 즉 통찰력의 재구성이 필요한 문제
셋째, 문제가 없는 것이 문제가 되는 문제, 즉 현재의 정보 배열이 적절해서 보다 나은 정보의 배열을 시도할 필요성을 느끼지 못하는 상태이다.

첫째는 수직적 사고를 통해, 둘째와 셋째는 수평적 사고를 통해 해결할 수 있다.

2) 문제의 발견

해결해야 하는 문제가 무엇인가를 정확하게 파악하기 위해서는 다음과 같은 점에 유의하는 것이 바람직하다.

(1) 정확성보다는 효율성에 중점을 두어 가능하면 많은 문제와 그에 대한 대안들을 찾아내도록 한다. 항상 정확해야 한다는 생각이 새로운 문제를 찾아내는 데 가장 큰 걸림돌이 되므로, 마지막 단계에서 정확성을 문제 삼는 효율성에 바탕을 두고 활동을 진행한다.
(2) 문제 발견 단계에서는 즉각적 판단을 피하고 판단을 연기한다. 판단을 연기함으로써 다음과 같은 효과를 얻을 수 있다.
   ① 더 많은 문제들을 발견하고 문제들을 확보할 수 있다.
   ② 판단 기준의 차이 때문에 발생하는 가치관의 충돌을 피할 수 있다.
   ③ 판단을 보류함으로써 차후 기존의 판단 기준의 오류를 발견할 수 있다.

3) 문제 정의의 1단계 : 문제의 선택

현실에서 우리를 불편하게 하는 것 혹은 좀 더 나은 방향으로 개선될 필요가 있다고 느끼는 것, 즉 문제를 의식하는 것만으로 문제가 해결되지는 않는다. 문제의식을 갖는 것은 문제 해결의 가장 기본적이면서도 중요한 일이지만 그것이 진정 해결 가능한 문제로 정의되기 위해서는 다음과 같은 단계를 거쳐야 하는 것이다.

(1) 문제의식을 정리한다.

예) 전철에서 오래 서서 가는 것이 힘들다

(2) 문제들을 정리한다.

예) a. 한 사람이 너무 오래 앉아 있는 것이 문제다.
b. 앉아 있는 사람이 언제 내릴지 미리 알 수 없는 것이 문제다.
c. 서로 배려하고 양보하지 않는 이기주의가 문제다.

(3) 그 문제가 공학적으로 해결 가능한 문제인지 공학 외적인 문제인지 판별한다.

예) 앉아 있는 사람이 얼마나 오래 갈지 예측할 수 없는 것이 문제다.(공학적 문제)
한번 앉으면 내릴 때까지 계속 앉아서 가는 것이 문제다.(사회적 관행에 관한 문제)

(4) 공학적으로 해결 가능한 문제 중 한 가지를 선택해 정리한다.

예) 선택한 문제 : 앉아 있는 사람이 언제 내릴지 미리 알 수 없는 것이 문제다.

(5) 이제까지 이 문제를 해결하려는 시도는 없었는지, 없다면 왜 없었고 있었다면 어떻게 시도했는지에 대해 알아본다.

4) 문제 정의의 2단계 : 문제 정의

(1) 문제의 현재 상태와 개선된 상태를 정의한다.

- 현재 상태
앉아 있는 사람이 언제 내릴지 미리 알 수 없어 오래 서서 가게 되어 불편하다.
- 개선된 상태
각 좌석마다 앉은 사람이 내릴 역을 표시할 수 있는 장치를 달아 앉아 있는 사람이 언제 내릴지를 알게 해, 서 있을 자리를 결정할 수 있게 한다.

(2) 문제를 정확한 문장으로 작성한다.

문장 작성 시에 주어와 술어가 일치하는 문법적인 문장, 가능하면 간결한 문장, 긍정문, 능동문, 직설법 문장으로 작성한다.

5) 문제 정의를 할 때 유의할 점

(1) 너무 추상적이거나 너무 구체적으로 문제 정의를 하지 않도록 유의한다.

예) 문제의 정의가 너무 추상적인 경우

① 현대인은 건강관리가 필요하다. (추상적 문제 정의)

▸ 수정 : 활동하는 공간의 유해 가스의 종류와 양을 알면 건강관리에 도움이 된다.

▸ 해결책 제시: 공기 중의 유해 기체의 농도를 체크해 사용자에게 주위환경의 위험도를 알려줌으로써 건강관리에 도움을 주기 위해 휴대용 "유해 기체 알람시계"를 개발

② 현재 사용하고 있는 병따개는 불편하다(추상적 문제 정의)

▸ 수정 : 현재 사용하고 있는 병따개는 병뚜껑의 크기 조절이 불가능하다.

▸ 해결책 제시 : 병뚜껑의 크기에 따라 조절이 가능한 병따개를 개발

예) 문제의 정의가 너무 구체적인 경우

① 복잡한 쇼핑 장소에서 아이들은 엄마 손을 놓쳐서 길을 잃곤 한다. (성급한 판단에 의한 좁은 문제 정의)

따라서 아이가 잡을 수 있는 손잡이가 달린 쇼핑백을 개발해야 한다. (쇼핑백에 손잡이를 달면 아이들이 그 손잡이는 계속 잡고 있을 수 있는가?)

▸ 수정 : 아이들은 복잡한 장소에서 미아가 되는 경우가 많다

▸ 수정 : 아이들은 한 가지 일에 집중하면 나머지 것에 대해서는 관심을 쏟을 수 없다.

② 학생들이 공부하는 시간이 적어 성적이 오르지 않는다. (성급한 가정에 의한 좁은 문제 정의)

따라서 학생들이 책상 앞에 얼마나 앉아 있었는지 측정하는 의자를 개발(오래 앉아 있는다고 성적이 오를까? 집중력, 적절한 공부법 습득 등의 다른 요소도 작용)

▸ 수정 : 학생들의 성적이 오르지 않는다.

(2) 하나의 문제 정의에서는 하나의 문제만 다루도록 유의한다.

예) 여러 개의 문제가 동시에 정의된 경우

- 비바람이 부는 어두운 밤에는 우산을 써도 비를 맞는 경우가 많다. (비바람이 '분다 / 어둡다' 두 가지의 문제가 동시에 정의됨)
  따라서 불을 밝히는 전등이 장착되고 비바람을 막을 수 있는 바람막이가 달린 우산 개발

  ▸ 수정 : 비가 오는 어두운 밤에 길을 걸으면 사고의 위험이 높다.

  ▸ 수정 : 비바람이 불 때는 우산을 써도 비를 맞을 가능성이 높다.

(3) 성급한 해결에 근거해 문제를 정의하지 않도록 유의한다.

예) 성급한 해결에 근거해 문제를 정의한 경우

- 시각 장애우들은 e-book을 읽을 수 없다.
  따라서 시각 장애우들이 쉽게 휴대하며 읽을 수 있는 종이책을 개발(e-book에 대한 대안으로 휴대하기 편한 종이책을 생각한 후 문제 정의)

  ▸ 수정 : 시각 장애우들이 쉽게 휴대하며 읽을 수 있는 책이 필요하다 (종이책, 촉감을 감지하는 전자책, 오디오북 등 다양한 해결책이 가능)

■ 제품의 구상

새로운 제품을 구상하고 설계하는 전 과정에서 다음의 세 개의 질문에 대해 '예'라는 답이 나올 수 있도록 한다. 어떤 설계가 어떤 가치를 창출하는 제품으로 구현되기 위해서는 창의적이어야 하며, 공학적으로 구현 가능한 것이어야 하며, 그것을 사용하는 사람들이 처한 사회·문화·경제적 상황에 부합하면서도 사용자의 필요를 채워주는 적정성을 갖춘 제품이어야 하기 때문이다.

첫째, 내가 구상하는 내용이 창의적인가?
둘째, 구상한 내용을 공학적으로 구현할 수 있는가?
셋째, 이것을 사용할 사람이 처한 실제적 문제를 해결하고 지속적으로 필요를

채워줄 수 있는 제품인가?

넷째, 제품화를 위한 비용과 제품의 가격이 합리적인가? 상품화한다면 이윤 창출이 가능한가?

1) 창의성

어떤 공학적 아이디어가 창의적이라고 할 때, 사람들은 흔히 창조성(Creativity)만을 떠올린다. 그러나 창의성은, 특히 공학적 창의성은 아직 다른 사람이 생각하지 못했던 새로운 생각을 해내는 독창성(originality)뿐 아니라 이미 사람들이 알고 있는 생각이나 만들어진 제품을 재해석하거나 그것의 문제점을 찾아 수정, 보완해 또 다른 생각이나 대상을 만들어낼 수 있는 능력인 참신성(novelty)도 포함하는 개념이다.

따라서 새로운 제품 개발을 위한 아이디어를 낼 때, 세상에 없는 기상천외한 물건을 만들겠다는 생각을 하는 것도 좋지만 이미 알려진, 혹은 현재 사용하고 있는 시스템이나 제품 등을 사용자의 입장에서, 혹은 생산자의 입장에서 분석하고 이에 대한 문제점을 찾아 이를 해결하는 새로운 방법을 찾아보는 것도 창의적 제품 설계에 도움이 된다.

2) 공학적 구현 가능성

공학적 제품 설계와 문학적 창작의 차이는 구현 가능성에 대한 고려에 있다. 아무리 기발하고 훌륭한 아이디어라 해도 그것이 현재 설계자가 가진 공학적 지식이나 장비, 생산 환경, 경제적 여건 등을 고려할 때, 구체적 제품으로 만들어낼 수 없다면 그것은 좋은 설계로 인정받기 어렵다. 따라서 모든 공학적 설계는 각 단계별로 어떤 재료, 어떤 장비, 어떤 원리로 만들어지고 작동되는지에 대한 설명이 가능해야 하고 이를 바탕으로 실제 제품을 만들었을 때, 원래 목적한 대로 작동을 할 수 있어야 한다.

3) 적정성

설계의 아이디어가 매우 참신하고, 공학적으로도 구현 가능하다 할지라도 그것이 그것을 사용하는 사용자나 그것을 생산하는 생산자 입장에서 유용성을 갖지 못한다면 그것은 무용지물이 되거나 오히려 인간 삶을 파괴하는 문젯거리가 된다. 그러므로 새로운 제품을 설계할 때 창의성이나 구현 가능성과 함께 반드시 생각해야 하는 것이 제품이 생산과 사용에 있어서의 적정성의 문제이다. 제품의 생산이나 사용 과정에서 요구되는 재료나 장비, 에너지 보급 등 생산자나 소비자가 처해 있는 사회, 문화, 경제적 여건과 맞지 않아 지속적 생산 및 사용이 어렵다거나, 이를 지속적으로 생산 사용할 경우 심각한 사회적·환경적 문제가 야기될 수 있다면 그것을 좋은 설계가 될 수 없다. 따라서 제품 자체의 효율성이나 경제성뿐 아니라 그것을 생산하고 소비하는 과정에서도 인간의 삶을 유익하게 할 수 있는 적정한 제품인가에 대한 고려가 필요하다. 지속가능한 발전에 저해 요소가 되지 않고 윤리적으로도 문제가 발생하지 않는 제품으로 인정될 때 비로소 적절한 공학 설계로 인정될 수 있다.

4) 시장성

참신한 아이디어로 공학적 기술을 이용해 구현이 가능했고, 그것을 사용한 소비자에게도 매우 필요하며 매력적인 제품이라고 해도 그것을 만드는 데 드는 비용이 너무 커 제품의 기능이나 효능에 비해 지불해야 할 비용이 과다하다면 이러한 비용을 감안해 책정한 가격 또한 비쌀 수밖에 없다. 그 제품을 통해 얻는 효과에 비해 과다한 가격으로 그것을 구매할 구매자가 없다면, 제품은 시장에서 빛을 보지도 못하고 폐기되고 말 것이다. 따라서 제품을 고안할 때는 반드시 개발과 생산 과정에서 드는 비용을 최소화하고 제품을 합리적이고 현실적인 가격에 판매할 수 있을지를 판단하면서 제품 개발을 해야 한다.

■ 제품의 구상 및 내용 정리해 발표하기

제품을 구상해 이를 다른 사람에게 발표하기 위해 내용을 정리한다. 발표의 내용은 왜, 무엇을, 어떻게 만들 것인가를 중심으로 구성하고 이를 주어진 시간 안에 청중이 이해하고 개발에 동의할 수 있도록 설명한다. 내용의 구성과 언어 표현은 철저히 청중을 중심으로 작성한다. 한 번도 본 적도, 생각해 본 적도 없는 제품에 대해 설명을 듣게 될 청중이 발표자(혹은 제품 개발자)의 말을 잘 이해할 수 있도록 다음의 3가지 사항을 염두에 두고 제품 개발 계획을 정리한다.

1) 왜 : 개발의 필요성과 기대 효과

- 개발의 필요성에 대해서는 소비자들의 필요와 그에 대한 해결이라는 측면에서 제품을 만들게 된 동기와 목적에 대해 설명한다.

- 기대효과는 제품 개발을 통해 어떤 경제적, 사회적, 개인적 효과가 기대되는지 설명한다.

2) 무엇을? : 제품에 대한 정의

제품의 재질, 외부와 내부의 모양, 용도, 작동 원리 및 사용법 등 제품과 관련된 내용을 객관적인 언어, 그림, 도표 등을 이용해 설명한다.

(제품 정의 방법에 대한 구체적인 내용은 3장 제품 설명하기와 평가하기 참조)

3) 어떻게? : 구상한 제품의 제작 가능성과 방법

재료 및 제작 과정, 비용 등 제품을 실제로 구현하기 위해 필요한 과정을 시간적·공간적 순서에 따라 설명하고 제작에 필요한 시간 및 경비 등을 예상해 제시한다. 이때, 모든 내용은 '왜'에서 정의된 문제의 해결 방안을 기준으로 구성하고 단계별로 설명한다.

문제 해결 시 다음의 사항을 유의한다.

① 문제 해결의 우선순위가 제대로 설정되었는가?
② 문제 해결이 또 다른 문제를 일으키지는 않는가?
③ 재료의 구입 및 기타 비용과 가격 책정이 합리적으로 이루어졌는가?
④ 개발하는 제품의 유지 보수가 가능한가?
(지속가능한 기술로 개발된 제품인가?)

■ 발표 슬라이드 제작 시 유의 사항

(1) 표지 슬라이드
① 제품 혹은 제안하고자 하는 아이디어의 명칭을 제시할 것.
② 발표자의 이름과 이메일 주소 제시
③ 팀 프로젝트의 경우 이름을 기재할 때는 기여도가 큰 순서로 기재

(2) 목차 슬라이드
① 목차에는 원문자를 쓰지 않는다.
② 번호는 점문자를 사용해 상위 계층에서 하위 계층으로
1. → 1.1.→1.1.1.의 순서로 제시하든지, Ⅰ→1.→1)→(1)→①의 순서로 사용한다.

③ 목차의 내용은 명사구 혹은 문장 형식으로 제시한다. 단, 전체 목차는 하나의 언어 형식으로 통일한다.

(3) 내용면

① 필요성과 기대 효과를 설명하기 전에 문제가 무엇인지를 먼저 설명한다.

② 제안하는 제품이 기존에 있는 제품을 보완해 만든 제품이므로 기존 제품과의 차이점(장단점)을 제시한다.

③ 편리성을 강조하려면 왜 편한지, 무엇이 편한지에 대해 구체적으로 설명한다.

읽고 나서 해 보기

1. 〈가비오따스〉 혹은 〈바람을 길들인 풍차소년〉 등의 예를 통해 공학적 창의성이란 무엇이며 공학적 문제 해결에서 가장 중요한 요소는 무엇인지 이야기해 봅시다.

2. 아래 주어진 주제 중 하나를 선택해, 다음에 제시한 단계에 맞춰 문제를 찾아 정의하고 제품을 고안해 봅시다.

1. [정보통신] 마을 간 통신 시스템 마련

가. 대상지역: 앙골라/ Provincia do Moxico, Municipio Dos Bundas

나. 배경/개요

이 마을은 주요 마을과 거리가 멀고, 학교와도 멀리 떨어져 있기 때문에, 통신 네트워크 공급자가 많지 않으며, 통신 네트워크 자체가 잘 갖추어져 있지 않은 상태이다. 이 마을에서 다른 마을에 있는 사람들과 자유롭게 커뮤니케이션이 이루어질 수 있도록 마을 간 통신 시스템을 모색해 보도록 한다.

2. [정보통신] 인도 빈곤지역 문맹퇴치를 위한, 배터리로 작동하는 저전력 프로젝터 설계

가. 대상지역 : 인도/Bihar, India (제출자: 비하르 가나안변혁학교)

나. 배경/개요

인도 빈곤지역에서 진행되고 있는 문맹퇴치운동을 지원할 수 있는 저전력 프로젝터를 설계하라. 많은 수의 봉사자들이 인도 곳곳의 시골마을 깊숙이 돌아다니며, 문맹퇴치를 위한 교육활동을 수행하고 있다. 하지만 방문지역의 대부분이 전기가 공급되지 않아, 랩탑을 가지고 다니며 조그마한 화면을 이용해 수업을 진행하고 있는 상황이다. 배터리로 작동하는 프로젝터가 개발된다면 이 문맹퇴치 교육활동을 비롯한 다양한 개도국 교육지원 사업에 활용할 수 있게 될 것이다.

3. [물 에너지] Zimbabwe와 Zambia의 건기를 위한 우기의 물 저장

관련전공: 기계, 건축

[내용] Zimbabwe와 Zambia에서는 10월부터 4월까지가 우기이다. 이 기간에는 하천에 충분한 물이 흐르나, 5월에서 9월까지의 건기에는 적수량이 부족하다.

- 우기에 떨어지는 빗물이나 하천에 흐르는 물을 저장한다.
- 저장된 물은 건기 중에 활용할 수 있도록 증발되거나 부패되지 않아야 한다.
- 비용제약: 건기에 얻을 수 있는 물 1리터 당 2원 (가구당 건기 150일 중, 매일 100리터 정도 사용하는 경우 매년 30,000원 소요)
- 10가구에서 100가구 규모

4. [수질] Zimbabwe와 Zambia의 음용수 정수기 혹은 정수 시스템

관련전공: 기계, 생물

Client: Priscilla Muguti(Zimbabwe), Spriano Banda(Zambia)

[내용] 10월부터 4월까지의 우기에 물은 많지만 박테리아 세균에 의한 수인성 전염병이 유행

- 모든 불순물을 제거할 필요는 없지만, 최소 1 마이크로미터 크기의 병원균은 제거
- 에너지가 필요하다면 태양, 풍력, 인력으로부터 만들어 써야 함

- 비용제약: 시스템 유지보수를 포함해 리터당 5원
  (매일 10리터 정도 소비하는 경우 매년 18,250원 소요)
  (참고로, 한국은 수돗물이 리터당 0.5원 정도지만 하루 1인당 400리터를 소비한다)

5. [태양열 에너지]Malawi, Zambia, Tanzania의 태양열 발전

관련전공: 전자, 구조설계

[내용] 말라위에 태양열 패널을 제작해 태양열 전기를 생산하고 싶다. 더불어 현지인들을 위한 태양열 패널 설치를 위한 훈련이 병행되었으면 한다.

- 가구당 전력 사용수요: 조명, 핸드폰, TV, Computer, 선풍기, 냉장고 등
- 최소한 조명, 핸드폰, TV까지는 포함
- 초기 도입 비용은 10만 원 이내
- 부품 교체를 포함한 유지 보수 가격은 하루 100원, 연 36,500원 이내
- 사용된 기술은 교육 교재로 만들어 사용자 및 유지 보수 인력의 교육에 활용

6. [화학]Uganda의 축산 오물 처리

관련전공: 환경공학, 화학공학

[내용] 우간다의 축산 오물로 오염된 물이 사람들의 건강을 해치고 있다.

- 축산 오물 정화 시설을 설계하라.
- 에너지가 필요하다면 태양, 풍력, 인력으로부터 만들어 써야 함
- 10년 정도 유지할 수 있는 시스템
- 돼지와 소는 각각 하루 오물 1-2킬로그램 배출
- 오물 1킬로그램 처리에 1원 이내
  (가구당 소 10마리 돼지 20마리의 오물의 경우 매년 14,600원 소요)
- 10가구 규모

7. [전기] Bangladeshi를 위한 저가 IPS(Instant Power Supply) 혹은 대체품

관련전공: 전자

Bangladeshi에는 전력 공급이 매우 불안정하다. 현재 600VA 기준 소매가가 40만 원을 넘고 있어 보급에 한계가 있다. 300VA 정도 용량의 IPS 능력을 제공하는 저가 IPS 혹은 대체품을 생산자 원가 기준으로 10만 원에 실현할 수 있는 방안을 설계하라.

8. [기계] 아보카도 열매를 활용한 오일 제작 기계

관련전공: 기계

[내용] 1년에 3회 아보카도열매를 재배할 수 있는 기후이다. 열매의 과즙이 풍부해 과일을 그대로 먹거나, 오일로 만들어 판매하기도 한다.

- 생산 시기: 1년/3회(1개 열매 가격: 50원)
- 수확 방법: 남자 1명이 큰 나무를 흔들어서 열매가 바닥에 떨어지면 그것을 줍는다.
- 제작 비용: 2달러 미만

〈문제 정의와 제품의 고안〉

① 예상되는 불편이나 문제 상황에 대해 이야기하기
② ①의 문제 중 하나를 선택해 문제 정의 과정에 따라 문제 정의하기
③ 문제에 대한 가능한 한 많은 대안 찾기
④ 한 가지 대안을 선택해 제품화하기
⑤ 제품 개발 계획을 앞에서 설명한 방식에 따라 정리하기(왜, 무엇을, 어떻게)

03. 제품 설명하기와 평가하기: 제품에 대한 기술

어떤 문제를 정확히 설명하는 일은 그 해답을 찾는 일보다 훨씬 더 중요하다.

– 아인슈타인

학 습 | 목 | 표

1. 정의하기의 방법을 익히고 제시된 방식에 따라 제품을 글과 말로 정의한다.
2. 기술하기의 방법을 익히고 제품의 구조와 기능에 대해 글과 말로 설명한다.
3. 과정을 설명하는 방법을 익히고 제품의 작동 원리와 제작 과정을 글과 말로 설명한다.
4. 일정한 비교의 기준에 따라 제품을 비교, 평가하는 방법을 설명한다.

제2장에서 창의적이고 공학적으로 구현 가능하며 사용자의 필요를 채워줄 수 있어야 한다는 것을 기준으로 새로운 제품에 대한 아이디어를 정리하여 제안해 보았다. 제품 제안을 통해 제품에 대한 대강의 윤곽을 잡았다면 이제 본격적으로 자신이 개발하고자 하는 제품에 대해 구체적으로 구상하고 이에 대해 설명할 차례이다. 어떠한 제품에 대해 이해하기 위해서는 제품 제작의 목적 혹은 필요성, 모양과 기능, 재질과 제작 과정, 그것이 작동하는 원리와 사용 방법 등을 아는 것이 중요하다. 따라서 이에 대해 독자나 청자에게 이해하기 쉬운 말이나 글로 설명할 수 있는 방법을 익히는 것이 필요하다.

■ 제품 정의하기(Technical Definition)

1) 정의하기

정의하기는 어떤 말이나 사물의 뜻을 명백히 밝혀 규정하는 절차이다. 어떤 주제에 대해 어떤 글쓰기를 하든지 논의가 명확해지기 위해서는 우선적으로 거기에서 사용되는 용어의 의미가 명확해야 한다. 어떤 용어의 의미가 명확하다는 것은 글을 쓰는 사람과 글을 읽는 사람이 그 용어에 대해 동일한 의미를 공유한다는 것을 뜻한다. 대부분의 학술적 의사소통에서는 서론 부분에서 용어에 대한 명확한 정의를 한 후에 나머지 논의를 전개하는 것이 일반적이다.

정의하기는 정의하고자 하는 대상이 속하는 부류를 정하고(classification), 정의 대상과 동일 부류에 속하는 다른 대상들과의 차이를 들어 구별하는(differentiation) 과정을 포함한다. 그러므로 정의문은 아래와 같이, 정의되는 용어와 그것이 속하는 부류(범주), 그리고 동일 부류 안에 다른 대상과 구별되게 그 대상만이 갖는 개별적 특성에 대한 설명부 등 3부분으로 구성된다.

피정의항 (정의할 용어)	종차(대상의 개별적 특성)	유개념(범주 혹은 부류)
하이브리드카	내연 엔진과 전기 자동차의 배터리 엔진을 동시에 장착하거나 차체의 무게를 획기적으로 줄여 공기의 저항을 최소화하는 등 기존의 일반 차량에 비해 연비 및 유해 가스 배출량을 획기적으로 줄인	차세대 환경 자동차
적정 기술	한 지역 사회의 환경적 · 윤리적 · 문화적 · 사회적 · 경제적 특징을 고려해 설계된	기술

이러한 전형적인 정의는 문장 정의라고 한다. 그러나 문장 정의만으로는 어떤 용어를 충분히 설명할 수 없으므로 여러 가지 다른 보조적 방법을 동원해 정의 작업을 확대해 나가는 경우가 많다.

2) 확장 정의

문장 정의를 기반으로 더 확대된 정의를 확장 정의라고 한다. 정의는 다음과 같은 방법을 통해 확장될 수 있다.

① 정의하고자 하는 개념을 나타내는 말의 어원을 밝히는 방법
② 정의하고자 하는 개념이나 대상과 관련된 역사 및 배경을 밝히는 방법
③ 정의하고자 하는 개념이나 대상과 관련된 구체적 예를 제시하는 방법
④ 정의하고자 하는 개념이나 대상과 관련되는 글을 인용하는 방법
⑤ 정의하고자 하는 개념이나 대상과 그림을 보여 주는 방법
⑥ 관련된 개념이나 대상과 비교 및 대조를 하는 방법
⑦ 작동이 가능한 대상이라면 작동 원리를 설명하는 방법

3) 정의하기에 대한 유의 사항

(1) 정의하는 내용은 정의되는 용어보다는 쉽고 구체적이고 명확해야 한다.
(2) 정의하고자 하는 용어가 갖는 기본적인 특성에 맞게 정의한다.
- 추상적 개념을 정의할 때는 구체적인 예시나 관련된 개념과의 비교 등을 통해 구체화
- 구조나 기능을 갖는 기계를 정의할 때는 구조와 기능, 작동 원리를 제시
- 나라나 지역에 대해 정의할 때는 위치, 기후, 인구 구성 및 산업 등을 제시
(3) 독자와 저자의 목적과 문맥에 맞게 정밀성의 정도를 조절해야 한다.
- 같은 용어라도 전문가를 대상으로 하는가 일반인을 대상으로 하는가에 따라 내용의 깊이나 사용하는 용어의 선택 등을 달리해야 한다.
(4) 정의의 내용이 객관성을 갖도록 한다.
- 모든 용어는 정의자의 관점이나 목적, 맥락에 따라 달리 정의될 수 있으나 그 내용은 모든 사람에게 납득될 만한 객관적 내용을 담아야 한다.
(5) 논리적 오류를 저지르지 않도록 주의한다.
- 동어반복의 오류나 순환적 정의가 되지 않도록 주의한다.

4) 제품 정의하기

자신이 개발하고자 하는 제품에 대해 정의하기는 정의하기의 한 방식이므로 정의하기의 일반적인 방법과 규칙을 따르지만 구체적 목적을 가지고 새롭게 고안된 물리적 대상이라는 면에서 개념을 명료화하기 위해 명시해야 할 내용에 있어 다른 대상을 정의하는 방식과 구별된다.

(1) 제품을 한 문장으로 정의할 때는 제품의 목적이나 용도, 작동 방식, 구조적 특성 등에 대해 명시한다.

제품 정의의 전형적인 문장은 정의하고자 하는 제품(A)과 제품의 용도 및 목적(b), 구성 기관(c)과 작동하는 방식(d), 제품이 속하는 부류 혹은 범주(e)와 구성 및 구조(f) 등의 내용을 포함한다. 이에 덧붙여, 정의하고자 하는 대상과 유사하거나 대조되는 대상이 이미 존재할 경우 이에 대한 구체적 예를 들어 설명하거나(g) 이것과 비교·대조함으로써 좀 더 개념을 구체화할 수 있다. 경우에 따라서는 이 중 몇몇은 생략될 수 있으며 문장의 순서나 배열도 달라질 수 있다.

〈제품 정의문의 기본 구조〉

"A는 b하기 위하여 c를 d의 방식으로 작동하는 c로, f와 같은 구조를 갖는다. (A의 예로는 g와 같은 것이 있으며, A와 유사한 것으로는 B가 있으나 B와는 C라는 면에서 차이가 있다)"

예를 들면, 내연 기관에 대한 아래의 정의문을 제품 정의의 기본 형식에 따라 분석하면 이어지는 표와 같이 분석할 수 있다.

예시

내연기관(內燃機關)은 연료와 공기 따위의 산화제를 연소실에서 연소시켜 에너지를 얻는 기관이다. 연소실에서 연소되는 연료와 산화제의 발열 반응으로 인해 높은 온도와 압력의 기체가 생성되어 엔진의 피스톤 및 축차가 움직이게 해 엔진을 가동시킨다. 내연기관의 이러한 작동 방식은 기관 외부의 열을 이용하는 증기기관이나 스털링 기관과 같은 외연기관과 대조적이다. 대부분의 내연기관은 피스톤 운동을 통해 구동력을 얻는다. 그러나 반켈 엔진과 같이 회전 운동을 통해 구동력을 얻는 경우도 있다.

내연기관은 자동차, 트럭, 오토바이, 보트와 같은 탈 것이나 손에 들고 다닐 수 있는 비교적 작은 기계의 작동을 위해 주로 쓰인다. 내연기관은 오늘날 이동 수단의 구동력을 얻는 기관으로서 증기기관과 같은 외연기관을 대체하게 되었으나 제트기, 대형 선박과 같이 강력한 힘을 필요로 하는 이동 수단에서는 제트엔진과 같은 터빈을 이용한 엔진이 쓰이고 있다.

제품 정의 항목	내용
정의 대상	내연기관(內燃機關)은
작동 방식	연료와 공기 따위의 산화제를 연소실에서 연소시켜

제품 정의 항목	내용
목적	에너지를 얻는
부류, 범주	기관이다
구체적 작동 방식	연소실에서 연소되는 연료와 산화제의 발열 반응으로 인해 높은 온도와 압력의 기체가 생성되어 엔진의 피스톤 및 축차가 움직이게 해 엔진을 가동시킨다.
비교, 대조	내연기관의 이러한 작동 방식은 기관 외부의 열을 이용하는 증기 기관이나 스털링 기관과 같은 외연기관과 대조적이다
구체적 예시	대부분의 내연기관은 피스톤 운동을 통해 구동력을 얻는다. 그러나 반켈 엔진과 같이 회전 운동을 통해 구동력을 얻는 경우도 있다
용도	내연기관은 자동차, 트럭, 오토바이, 보트와 같은 탈 것이나 손에 들고 다닐 수 있는 비교적 작은 기계의 작동을 위해 주로 쓰인다. 내연기관은 오늘날 이동 수단의 구동력을 얻는 기관으로서 증기 기관과 같은 외연기관을 대체하게 되었으나 제트기, 대형 선박과 같이 강력한 힘을 필요로 하는 이동 수단에서는 제트엔진과 같은 터빈을 이용한 엔진이 쓰이고 있다.

(2) 공학적 고안품이나 개념에 대해 정의할 때는 정의를 하기 전에 예상 독자와 정의의 목적을 반드시 정하고 시작한다.

다른 정의하기에서도 마찬가지이지만, 특히 공학적 개념이나 고안품에 대한 정의에서는 정의의 목적이 무엇이며 예상 독자는 누구로 할 것이냐에 따라 정의의 내용과 형식이 달라진다. 내연기관에 대한 아래의 두 정의는 동일한 개념에 대한 정의이지만 대상 독자와 목적에 따라 용어 사용이나 문장의 형식, 정보의 양을 달리 할 수 있음을 보여준다.

예 1]

내연기관[內燃機關 / internal combustion engine]이란 연료를 기관 내부에서 연소시켜 얻은 열에너지를 이용해 동력을 얻는 기관을 가리킨다. 여기에는 피스톤 기관, 터빈 기관, 제트 기관, 로켓 기관 등이 있으며 일반적으로 내연기관이라고 하면 피스톤 기관을 말한다. 내연기관은 연료나 점화 방법, 작동 방식, 냉각 방식에 따라 여러 가지로 분류된다.

[사용 연료에 따른 분류] 내연 기관의 연료로는 가솔린, 등유, 경유, 중유 등의 액체 연료가 주로 쓰이며 그 밖에 액화 석유 가스(LPG)도 쓰인다.

① 가스 기관 : 액화 석유 가스 등을 사용하는 기관으로 주로 공장 동력용으로 이용된다.
② 가솔린 기관 : 가솔린을 사용하는 기관으로, 자동차와 2륜차는 거의 가솔린 기관이다.
③ 등유 기관 : 등유와 경유 등을 사용하는 기관이며 농업용으로 쓰인다.
④ 디젤 기관 : 경유와 중유를 사용하는 기관으로 중유 기관이라고도 한다. 선박, 자동차, 기관차 등에 쓰인다.

[점화 방법에 따른 분류] 불꽃 점화 기관과 압축 착화 기관이 있다. 불꽃 점화 기관은 공기와 연료의 혼합 기체에 전기 불꽃을 일으켜 점화·연소시키는 기관이다. 압축 착화 기관은 실린더 속의 공기를 압축하고 연료를 뿜어 압축열로 자연 발화 연소시킨다.

[작동 방식에 따른 분류] 흡입·압축·폭발·배기 작용을 크랭크축이 1회전해 완성하는 2행정 사이클 기관과 크랭크축이 2회전해 완성하는 4행정 사이클 기관이 있다.

[냉각 방식에 따른 분류] 실린더 둘레를 물로 냉각시키는 수랭식 기관과 공기로 냉각시키는 공랭식 기관이 있다. 공랭식 기관은 이동용 기관의 냉각 방식으로는 좋으나 수랭식보다 냉각 효과가 떨어진다.

예 2]

내연기관(內燃機關)은 연료와 공기 따위의 산화제를 연소실에서 연소시켜 에너지를 얻는 기관이다. 연소실에서 연소되는 연료와 산화제의 발열 반응으로 인해 높은 온도와 압력의 기체가 생성되어 엔진의 피스톤 및 축차가 움직이게 해 엔진을 가동시킨다. 내연기관의 이러한 작동 방식은 기관 외부의 열을 이용하는 증기기관이나 스털링 기관과 같은 외연기관과 대조적이다. 대부분의 내연기관은 피스톤 운동을 통해 구동력을 얻는다. 그러나 반켈 엔진과 같이 회전 운동을 통해 구동력을 얻는 경우도 있다.

내연기관은 자동차, 트럭, 오토바이, 보트와 같은 탈 것이나 손에 들고 다닐 수 있는 비교적 작은 기계의 작동을 위해 주로 쓰인다. 내연기관은 오늘날 이동 수단의 구동력을 얻는 기관으로서 증기기관과 같은 외연기관을 대체하게 되었으나 제트기, 대형 선박과 같이 강력한 힘을 필요로 하는 이동 수단에서는 제트엔진과 같은 터빈을 이용한 엔진이 쓰이고 있다.

대표적인 내연기관이라 할 수 있는 휘발유를 연료로 하는 4행정 기관의 작동은 흡입, 압축폭발, 배기의 순으로 이루어진다. 연료와 산화제(대개는 공기)를 실린더 안으로 받아들여서(흡입), 실린더 안의 연료와 산화제의 혼합물은 피스톤에 의해 압축한다. 연료와 산화제의 혼합물은 전기방전에 의해 점화되어 급격한 발열 반응을 일으킨다. 이 때 발생하는 기체의 팽창으로 기관을 움직이는 힘을 얻는다(폭발). 마지막으로, 반응이 완료된 기체를 기관 밖으로 내보낸다.(배기)

내연기관은 행정의 수에 따라 2행정 기관과 4행정 기관 등 두 방식이 있다. <이하 생략>

읽고 나서 해 보기

1. 아래의 정의를 보고 이를 제품 정의의 기본 형식에 따라 분석하고, 이에 덧붙이거나 삭제해야 할 내용은 무엇인지에 대해 이야기해 봅시다.

① 하이브리드카

하이브리드카 | hybrid car 混血自動車(혼혈자동차)

기존의 일반 차량에 비해 유해가스 배출량을 획기적으로 줄인 차세대 환경자동차.

내연 엔진과 전기자동차의 배터리 엔진을 동시에 장착하거나, 차체의 무게를 획기적으로 줄여 공기의 저항을 최소화하는 등 기존의 일반 차량에 비해 연비(燃費) 및 유해가스 배출량을 획기적으로 줄인 차세대 자동차를 말한다.

많을 경우 유해가스를 기존의 차량보다 90% 이상 줄일 수 있고, 대도시의 공기와 주변 환경을 개선할 수 있으며, 교통통제·도로계획 등과도 잘 맞기 때문에 환경자동차(eco-car)로도 부른다.

2000년형 인사이트 MORE

일본 도요타[豊田]의 프리우스(Prius)와 혼다[本田]의 인사이트(Insight)가 대표적인 차종으로, 프리우스는 2000년 말 세계 최초로 양산화에 성공하였다. 연료 효율이 높고, 가솔린 엔진과 전기 엔진의 장점만을 결합해 운전하면서 도로와 주변 환경에 알맞게 자동으로 가솔린 엔진과 전기 엔진의 변환이 가능하다. 2009년 3월 현재 총 125만여 대가 판매되었고, 특히 미국의 뉴욕주(州)와 뉴저지주 등이 건설·복지·환경·교통 등과 관련해 공공 기관들의 공용차량으로 구매하는 등 인기를 끌고 있다.

인사이트는 가솔린 엔진이기는 하지만, 차체를 알루미늄으로 만들어 기존의 차량보다 40% 정도 무게가 가볍고, 세계 최경량인 1리터 린번VTEC 엔진을 사용해 공기의 저항을 획기적으로 줄였다. 무급유로 1423.3㎞의 주행기록을 세웠고, 1리터당 32㎞라는 연비 성능을 입증함으로써 차세대 환경 스포츠카로 자리 잡았다. 한편, 국내에서도 2009년 현대자동차의 아반떼 LPI와 기아자동차의 포르테 LPI가 출시되었다.

② "유해 기체 알람시계"

"유해 기체 알람시계"란 공기 중의 유해 기체의 농도를 체크해 사용자에게 주위환경의 위험도를 알려주는 시계입니다. 이 시계는 기존의 시계와는 달리 사용자의 건강을 책임지는 시계이며, 무선 통신을 이용한 의료기관과의 직접적인 관계를 구축해 유해 기체에 노출되기 쉬운 현대인들에게 효과적인 제품입니다.

③ 압력식 물내림 발판

압력식 물내림 발판이란, 발로 압력을 가하는 것을 이용해서 소변기에서 자동으로 물이 내려가게 하는 제품이다. 압력식 물내림 발판은 기존 소변기에서 터치스크린의 방식을 추가한 것인데, 이는 자동 물내림 장치의 사용이 필요치 않을 경우에도 쓰이는 물의 양을 줄이는 효과가 있으며, 가격 면으로도 보통 터치스크린의 경우에는 접촉 위치를 x, y좌표로 변환해 나타내야 하지만 이 장치의 경우는 굳이 접촉 위치가 필요 없이 설치되어 있기에 기존 터치스크린의 방식을 이용한 설비의 설치 비용보다 싸며, 무분별한 물의 사용을 줄임으로써 물을 아낄 수 있다.

먼저 압력식 물내림 발판의 배선과 투명 막을 설치한 후에 배선과 함께 LCD 설치를 활용한 모형으로, 압력식 물내림 발판은 터치스크린과 같은 방식으로 일반 화장실 바닥과 같은 높이의 발판을 설치한 후 LCD 위에 센서 감지막(투명 전도막)을 이용해서 소변기의 물 내림 센서와 연결을 한다. 압력식 물내림 발판은 기존 자동소변기와 같은 센서를 작동하되 앞에 물체(혹은 사람)(이)가 있을 때 물을 내리는 것이 아니라 그 센서가 발판이 전달해 주는 정보를 받아서 물을 내리게 하는 것이다. 간단히 정리하자면 발판을 이용해 물 낭비를 줄이고 편리하게 물을 내릴 수 있게 하는 제품이라고 할 수 있다.

2. 제품 정의의 기본 형식을 참고해, 자신이 새롭게 설계한 제품에 대해 정의하는 글을 써 봅시다.

〈주의 사항〉

① 제품을 정의하기 전에 자신이 개발한 제품의 명칭을 정한다.
제품의 이름은 그 제품의 특성을 잘 나타낼 수 있는 것으로 정하되, 너무 길거나 복잡해서 부르기에 불편하지 않도록 정한다. 제품의 명칭이 불분명하거나 너무 복잡한 이유는 제품을 정의하고자 하는 사람이 제품에 대해 명확한 개념을 갖고 있지 못한 경우가 대부분이다. 따라서 제품을 정의하기 전에 제품에 적절한 명칭을 정하는 일은 매우 중요하다.

② 제품을 정의하기 전에 제품 정의의 목적과 대상 독자에 대해 생각한다.
새로운 제품을 개발하고 이를 특허 신청이나 투자 제안을 목적으로 전공자와 준 전공자를 대상으로 작성한다고 가정하고 작성한다.

③ 제품의 용도, 외관, 구조, 기능, 작동 방식, 사용 사례, 유사 제품과의 비교 등의 내용 중 제품의 특성을 한마디로 나타낼 때, 가장 중요한 것이 무엇인지를 생각해 글의 순서와 내용을 정한다.

■ 제품에 대해 기술하기(Description of a mechanism)

자기가 개발하고자 하는 제품의 외적·내적 구조를 독자가 이해할 수 있게 정확하고 명료하게 기술하는 것은 단지 제품 제안서에서뿐만 아니라 모든 공학글쓰기에 있어 가장 기초가 되는 일이다. 제품에 대해 기술하는 것은 제품의 외형적 특성에 대한 기술은 물론 그것을 구성하는 각 부분의 특징과 기능에 대한 기술도 포함한다. 기술하기의 일반적 규칙을 바탕으로 하면서 공학적 제품 기술을 위해 특별히 유의해야 할 점을 생각하면서 제품의 외형적 특징, 구조, 기능에 대하여 기술해 보도록 한다.

1) 기술하기

기술하기란 사물 또는 상황을 관찰하고 그 관찰한 결과를 글로 재현하는 것을 말한다. 다시 말해, 정확하고 객관적인 언어로 그림을 그리는 것이라고 할 수 있다. 글만 보고서도 사물이나 대상이 머릿속에 그려질 수 있도록 있는 그대로 사실적으로 표현하는 것이 중요하다. 기술하기는 일정한 공간에 존재하지만 시간적으로 정지되어 있는 대상에 대해 설명하는 것이므로 기술의 순서는 공간적 순서에 따라 행해지는 것이 일반적이다.

2) 독자와 기술의 목적

다른 글쓰기와 마찬가지로 기술하기도 어떤 목적으로 누구를 대상으로 기술문을 작성할 것인지에 대한 고려가 중요하다. 기술의 대상이나 목적에 따라 기술문의 내용과 형식이 달라질 수 있기 때문이다. 기술의 내용은 독자의 지식 수준에 따라 대상의 크기나 모양, 재질, 색깔 등 외형적 특징에 대해 기술하는 정도에서 대상의 각 부분별 기능과 작동 원리, 더 나아가서는 작동과 관련된 매개변인 등에 대한 설명까지 확장될 수 있으며 아래와 같은 목적에 따라 기술의 순서나 방향 등에 따라 달리 정해질 수 있다.

〈기술의 목적에 따른 기술의 종류〉

- 인식을 위한 기술 : 한 번도 본적이 없는 새로운 대상에 대한 인식을 목적으로 한 기술
- 구별을 위한 기술 : 여러 가지 유사한 대상들의 구별을 목적으로 한 기술
- 조작을 위한 기술 : 구조와 기능을 이해하고, 그것을 조작할 수 있게 하기 위한 기술

- 반복을 위한 기술 : 조립이나 해체 등 동일한 순서나 규칙에 따라 동일한 과정을 반복할 수 있게 하기 위해 대상을 기술
- 방향 제공을 위한 기술 : 길 찾기와 같이 방향을 지향하며 행하는 행동을 위한 기술

3) 기술의 순서와 내용

(1) 기술하기는 정지되어 있는 대상에 대한 글쓰기로, 일정한 공간적 순서에 따라 글의 순서를 배열한다.

기술의 순서는,

① 전체에서 부분으로
② 일반적인 것에서 세부적인 것으로
③ 큰 것에서 작은 것으로
④ 위에서 아래로
⑤ 왼쪽에서 오른쪽으로
⑥ 조작이나 작동이 가능한 것의 경우 작동의 순서에 따라 정하는 것이 일반적이다.

(2) 기술의 내용은 기술 대상에 대해 아래와 같은 내용을 중심으로 구성하되, 대상이나 대상의 특성에 따라 내용을 선별해 기술한다.

① 무엇인가? : 대상이 속해 있는 기초 범주나 부류를 한정한다.
② 무엇을 하는가? : 대상의 기능에 대해 기술한다.
③ 어떻게 보이는가? : 대상의 외형적 특징을 척도와 방향을 활용해 기술한다.
④ 무엇으로 만들어졌는가? : 대상의 소재나 재질을 기술한다.
⑤ 어떻게 작동하는가? : 각 부분들을 그것이 작동되어지는 순서에 따라 기술한다.
⑥ 어떻게 구성되었는가? : 전체와 부분을 조립의 순서에 따라 구분해 기술한다.

아래의 예1)은 위의 내용 중 ①대상에 대해 정의하고 ③대상의 외형과 구조 ⑤각 부분의 작동순서에 따라 피펫 밸브에 대해 기술한 예이다.

한편, 예2)는 전반부에는 ③제품의 외관을 구체적 척도를 사용해 기술하고 후반부에서는 ②기능과 ⑤작동 순서를 중심으로 기술한 예이다.

예 1] 피펫 벌브

피펫 벌브는 수동으로 작동하는 실험실용 펌프로 벌브에 일정한 가압점에 압력이 가해졌을 때 액체를 빨아올리거나 배출하는 기구이다.(정의)

이것은 큰 벌브와 작은 벌브, 외부로부터의 가압점에 대응하는 내부 밸브 그리고 이런 부분들을 접속하는 축부로 되어 있다. 이 도구는 전체 길이가 약 20센티미터이다. 이것은 크게 두 부분으로 이루어져 있다. 윗부분은 큰 벌브와 부속 부분으로 구성되어 있다. 아랫부분은 L자 모양의 갈래와 작은 벌브로 구성되어 있다.(전체에서 부분으로)

윗부분의 큰 벌브는 직경이 2.5인치이며 진공 효과를 조절하기 위해 공기를 비우거나 채우는 저장소 역할을 한다. 공기 및 액체의 흐름은 A, E 그리고 S로 표기된 밸브에 의해 조절된다. 양방향 밸브 A는 윗부분 큰 벌브 위에 나와 있는 축 부분에 있고, 공기의 흡입 및 배출을 조절한다. 밸브 S는 큰 벌브의 아래 쪽 축 2센티미터 아래 있는데 구체에서 진공 쪽 통로를 열고 닫음으로써 피펫으로부터 액체를 흡입하거나 배출하는 것을 조절한다. 벨브 E는 L자 연결부의 갈래로부터 2센티미터 아래에 있고 바깥 공기가 전달되는 것을 조절한다.(위에서 아래로, 작동 원리에 따라)

예 2] 열람실 좌석 시계

'열람실 좌석 시계'는 열람실 책상의 왼쪽 상단부에 위치한다. 열람실 좌석 시계의 외관에 대해 설명하면 일단 시계를 상단부와 하단부로 나뉜다. 시계의 상단부에는 디지털시계, 연장 횟수표시기, LED, 카드인식기가 왼쪽에서 오른쪽으로 차례로 있다. 시계의 하단부에는 사용자 정보 버튼, 연장 버튼, 퇴실 버튼이 왼쪽에서 오른쪽으로 차례로 있다.

열람실 좌석 시계의 전체 외관은 가로 16cm, 세로 11cm이며 시계의 상단부에 가장 왼쪽에 위치한 디지털시계는 가로 8cm, 세로 9cm, 그 오른쪽 바로 옆의 연장횟수표시기는 가로 1.5cm, 세로 1.5cm다. 연장횟수표시기의 바로 밑에 위치한 LED는 1cm의 지름을 가진 원통형이고 연장횟수표시기의 오른쪽 바로 옆의 카드인식기는 가로 6cm, 세로 9cm의 사각형이다(이 때 기준이 되는 카드는 학생증으로 학생증은 가로 8.5cm, 세로 5.4cm임). 시계의 하단부의 가장 왼쪽에 위치한 사용자 정보 버튼은 가로 7cm, 세로 1cm이고 사용자 버튼의 오른쪽에 위치한 연장 버튼은 가로 2.5cm, 세로 1cm이며 연장 버튼의 오른쪽에 위치한 퇴실 버튼은 가로 2.5cm, 세로 1cm이다.

'열람실 좌석 시계'는 가로, 세로, 두께 16 x 11 x 1(cm)의 직사각형 모양으로, 열람실 좌석마다 하나씩 붙어 있어 그 좌석의 남은 시간을 표시해 가장 빨리 맡을 수 있는 좌석을 쉽게 알 수 있도록 만든 시계이다.

이 제품은 크게 남은 시간, 남은 연장 횟수를 나타내는 화면과 카드인식부분, 그리고 버튼 3개로 구성되어 있다. 먼저 카드인식기 부분에 학생증 또는 회원증을 대면, 빈자리 불빛이 꺼지면서 자동으로 남은 시간이 3시간으로, 남은 연장 횟수가 2번으로 된다. 연장은 남은 시간 30분 전부터만 가능하게 해서 자리 독점을 약간이나마 방지할 수 있다. 용무를 마친 후 퇴실 버튼을 누르면 남은 시간과 남은 연장 횟수가 리셋되고, 빈자리 불빛이 켜진다. 이때 퇴실 후 30분간 같은 자리에 다시 못 앉도록 했는데, 이 또한 자리 독점을 방지하기 위함입니다. 마지막으로 사용자 정보 버튼을 누르게 되면 마지막 사용자의 학번 또는 회원증번호가 남은 시간 화면에 뜨게 되는데, 이것은 자신의 책을 자리에 그냥 두고 나가서 다른 사람이 못 쓰게 하도록 하는 사람들을 막기 위한 것이다.

4) 기술하기에 대한 유의 사항

어떤 대상에 대해 기술할 때는 다음과 같은 점에 유의할 필요가 있다.

(1) 알기 쉽게 쓴다.

그 대상을 한 번도 보지 못한 사람을 위해 그림을 그리듯이 쓴다고 생각하고 가능하면 상세하면서도 알기 쉽게 쓴다.

(2) 정확하고 객관적인 언어로 쓴다.

크기, 형태, 빛깔, 재질 등은 구체적 수치로 나타내고 중의적인 의미를 갖지 않는 구체적이고 명료한 단어를 사용한다. 문장의 길이는 가능하면 짧게 하고 주어와 술어의 호응이 잘 이루어졌는지 점검한다. 기술문의 주어로는 항상 3인칭 단수 무생물 주어를 사용하고 서술어는 직설법, 현재형이 오도록 한다.

(3) 계통을 세운 조직화 패턴을 사용한다.

공간적 순서에 따라 기술할 때는 전체에서 부분으로 기술의 순서를 정하고, 큰 범주로 나눈 후 각 범주의 하위 범주별로 기술하는 등 계층적 패턴을 사용하거나, 위에서 아래, 왼쪽에서 오른쪽, 외부에서 내부로 등 선조적 패턴을 사용해 기술하되 일정한 방향성을 유지하면서 기술한다.

조립이나 사용 순서에 따라 기술할 때는 각 단계별로 가장 단순한 단계에서 복잡한 단계로 기술하고 각 부분과 부분 사이 기능적 관계에 대해 상술한다.

읽고 나서 해 보기

1. 아래의 예1), 2), 3)을 읽고, 이를 제품 기술의 원리에 따라 순서와 내용면으로 나누어 분석하고 수정하거나 보완해야 할 내용은 무엇인지 이야기해 봅시다.

예 1] 씨앗방울 제조기

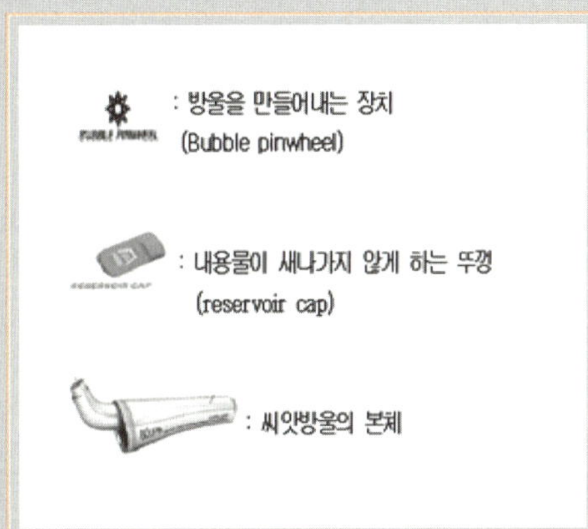

이것은 담뱃대처럼 생긴 기다란 원통 모양의 파이프로, 길이는 약 40cm이며 외관상으로 볼 때 자전거 뒷바퀴 반지름과 거의 같은 길이를 갖는다.

구조는 크게 물과 씨앗 용제를 투입하는 파이프와 이 입구를 막는 reservoir cap, 그리고 이 파이프를 둘러싼 또 다른 공기 투입 파이프로 이루어져 있다.

물과 씨앗 용제를 투입하는 파이프는 투입을 용이하게 하기 위해 입구가 하늘로 향해 굽어 있다. 자전거 주행 시에는 내용물이 새어 나가는 것을 막기 위해 내용물 보전 마개를 씌운다. 물 씨앗 투입용 파이프는 공기 투입용 파이프보다 외관상으로는 길어 보이지만 중간에 버블 핀 휠이 있는 부분이 이 파이프의 끝이다. 이 지점은 공기 투입용 파이프에서 공급된 공기와 물, 씨앗 용제가 한데 섞여 공기 방울을 만들어내는 곳이다. 버블 핀 휠은 별 모양으로 바퀴살이 촘촘히 나있는데 물과 씨앗 용제가 이 바퀴살에 걸치고 이를 바람이 밀쳐내면 물방울이 만들어진다. 씨앗 용제는 물방울을 만드는 데 용이하도록 씨앗과 점성이 있는 비눗물을 섞어 만든다.

예 2] 무지개 저금통

무지개 저금통은 기존의 저금통과 달리 금액의 목표 설정치를 설정할 수 있으며, 돈을 함부로 빼지 못하기 때문에 계획성 있는 저축을 하기 원하는 이들에게 도움을 주는 제품이다. 저축통은 현재 돈의 액수를 나타내는 화면, 지폐를 넣을 수 있는 지폐 투입부, 동전을 넣을 수 있는 동전 투입부, 비밀번호 및 목표 금액을 설정할 수 있는 키보드와, 양쪽으로 목표 금액 설정 버튼, 목표 달성 돈 꺼내기 버튼으로 구성되어 있다. 외관은 가로 10cm 세로 15cm 높이 12cm 로 되어있으며, 아이들이 좋아할 수 있도록 6가지의 색상이 있다.

화면 부분은 가로 4cm, 세로 2cm로 비밀번호 입력 및 목표 금액 설정 입력을 하게 되는데, 평상시에는 저축통 안의 금액 상태를 표시하는 역할을 한다. 지폐 투입부는 음료수 자판기의 지폐 투입부 직경과 같은 가로 7cm, 높이 1mm로 되어 있으며, 기존 저금통의 지폐를 구기는 불편함을 없애준다. 동전 투입부는 500원짜리 동전을 기준으로 가로 3mm 높이 3cm로 되어 있다. 키보드의 각 숫자 버튼은 가로 1cm 세로 1cm로 구성되어 있고, 숫자 버튼 오른쪽으로는 가로 2cm 세로 1cm의 Back space 버튼과 Enter 버튼이 있다. 그리고 저축통의 정면을 기준으로 왼편에 있는 빨간 버튼은 목표 금액 설정 버튼으로, 가로 1cm 세로 2cm이다. 버튼의 색상이 빨간색인 이유는 중요성을 표시하기 위해서이다. 저축통의 정면을 기준으로 오른편에 있는 빨간 버튼은 목표 금액을 달성한 후 저금통을 열 수 있게 해 주는 목표 달성 돈 꺼내기 버튼으로 가로 1cm, 세로 2cm이다.

A : 화면
B-1: 숫자 버튼
B-2: enter 버튼
C-1: 동전 투입구
C-2: 지폐 투입구
D-1: 목표 금액 설정 버튼
D-2: 출금 버튼

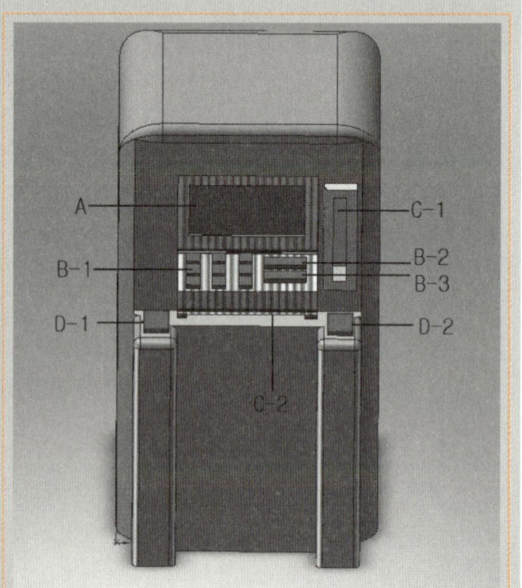

예 3] 밑창 교체형 운동화

밑창 교체형 운동화는 사이즈 260mm를 기준으로 전체 무게는 260g이고 발끝에서 뒤꿈치까지의 길이가 270mm, 발볼의 폭이 100mm, 운동화 뒤쪽 폭이 80mm, 높이가 100mm이다. 발이 들어가는 부분의 폭은 60mm이고 길이는 100mm이다. 전체적인 외형은 기존의 운동화와 같으며, 신발끈이 안 보인다는 점과 뒤꿈치에 밑창을 고정시키는 잠금 장치가 있는 것이 특징이다. 신발의 색상은 소비자의 취향에 맞게 다양하게 제작할 수 있다.

밑창 교체형 운동화는 외피와 중창, 밑창으로 구성되어 있는데, 외피는 신발의 가장 겉 부분으로 발과 맞닿는 부분이다. 외피의 무게는 60g이고 크기는 발끝에서 뒤꿈치까지의 길이가 270mm, 발볼의 폭이 100mm, 운동화 뒤쪽 폭이 80mm, 높이가 90mm이다. 소재는 가벼우면서도 내구성이 강한 탄소 섬유와 방수성과 통기성을 함께 갖춘 고어텍스를 사용하였다. 외피가 신발끈 위를 덮어주는 디자인을 사용해 운동 중 신발끈을 밟아 끈이 풀리는 것을 방지하였다. 외피 안쪽에는 면과 함께 은 이온을 적용해 땀을 흡수하고 냄새 제거, 곰팡이 발생을 억제하는 역할을 하도록 하였다. 외피 안에 들어가는 깔창은 충격 흡수 기능이 우수한 파일론(압축스펀지)으로 제작되었다.

중창은 외피와 중창을 연결해 주는 부분으로, 외피와 서멀본딩이라는 열 부착 과정을 통해 단단히 고정된다. 중창의 무게는 110g으로 전체적인 길이는 발끝에서 뒤꿈치까지의 길이가 268mm, 발볼의 폭이 98mm, 신발 뒤쪽 폭이 86mm로, 외피보다 2mm 작게 만들어져 밑창으로 들어갈 수 있게 제작되었다. 중창 앞쪽의 높이는 10mm(핀 높이 포함)이고 뒤꿈치 쪽은 15mm이다. 중창의 전체 소재는 내구성과 유연성을 갖춘 TPU(열 경화성 수지)로 되어있다. 중창의 밑부분을 보면 앞쪽에는 밑창과의 고정 역할을 하는 핀이 있다. 핀은 총 5개로, 섬유 보강재를 사용해 내구성이 강력한 섬유 강화 플라스틱(FRP)으로 되어 있다. 핀은 ㄴ자 모양으로 그 끝이 발끝을 향해 뻗어 있다. 모든 핀의 높이는 5mm이고 두께는 2.5mm이다. 발끝에 있는 핀의 폭은 10mm, 길이는 5mm이고 나머지 핀들의 폭은 5mm, 길이는 10mm이다. 뒤꿈치에는 밑창과의 부착과 분리기능을 수행하는 잠금 장치가 있다. 뒤꿈치 부분에 지름 5mm의 잠금 핀이 들어가는 구멍이 있고, 아킬레스건 부분에는 잠금 장치가 있는데 돌리는 부분은 지름 15mm의 플라스틱으로 되어 있고, 중창 안쪽으로 잠금 나사가 연결되어 있다. 이것을 돌려 밑창을 고정시키거나 풀 수 있다. 잠금 장치 내부는 정밀 제작이 가능한 마그네슘으로 되어 있다. 잠금 장치 내부의 잠금 나사는 지름이 2mm, 길이가 5mm로 밑창의 잠금 핀에 맞물려 들어가 단단히 고정시키는 역할을 한다.

밑창은 지면과 맞닿는 부분으로, 운동화의 기능에 맞는 형태와 색상으로 다양하게 제작되지만 중창과 접하는 부분의 형태는 모두 동일하다. 평범한 운동화 밑창을 기준으로 하면 발끝에서 뒤꿈치까지의 길이가 270mm, 발볼의 폭이 100mm, 신발 뒤쪽 폭이 80mm이고, 높이가 15mm이다. 밑창의 무게는 90g이며, 합성고무로 만들어진다. 밑창은 중창보다 가로 세로 길이가 2mm 크게 제작되어 중창이 밑창 안쪽으로 10mm 정도 들어올 수 있도록 되어 있다. 밑창 윗부분에는 중창의 고정 핀이 삽입되는 홈이 밑창 안쪽으로 파여 있는데, 플라스틱으로 덧대어 강도를 높였다. 발끝의 홈은 가로세로 길이가 10mmx 2.5mm이고 나머지 홈의 크기는 5mm 2.5mm이다. 홈의 내부 크기는 핀과 딱 맞도록 핀 크기와 같다. 뒤꿈치에는 중창의 구멍에 들어가는 잠금 핀이 있다. 이 핀은 마그네슘으로 되어 있으며, 지름이 5mm이고 높이는 10mm이다. 잠금 핀에는 밑창으로부터 5mm되는 지점에 아킬레스건 방향으로 지름 2mm의 구멍이 뚫려 있는데 이 구멍은 중창의 잠금 나사가 들어가 볼트와 너트처럼 잠기는 부분이다. 또한, 밑창의 둘레에 5mm두께의 실리콘이 둘러져 있는데, 이는 중창과 밑창이 고정되면서 그 틈으로 흙먼지나 물이 들어오는 것을 방지하는 역할을 한다.

사용법은 스키 부츠와 유사하다. 중창이 부착된 외피를 밑창과 고정 핀을 맞추어 끼운 후에 뒤꿈치를 내려 잠금 핀과 구멍을 맞추어 끼운 뒤 아킬레스건 쪽의 잠금 나사를 돌려 고정시켜 사용한다. 끼우고, 맞추고, 돌리는 세 가지 과정으로 간단하기 때문에 모든 연령에서 사용하기에 적합한 제품이다.

2. 제품에 대해 기술하기의 기본 형식을 참고해, 자신이 새롭게 설계한 제품의 구조와 기능에 대해 기술해 봅시다.

■ 제품의 제작 과정과 사용 방법 쓰기(Descrpition of Process)

개발하고자 하는 제품의 특성을 정의하고, 그것의 형태와 기능을 기술함으로써 "무엇을" 설계하고자 하는가를 정리한 후에는 이것이 어떤 원리에 따라 어떤 순서로 제작되고 작동되며 사용될 수 있는지에 대한 설명이 필요하다. 제품의 제작 과정이나 작동 원리, 사용 방법에 대한 기술은 과정 기술하기의 글쓰기 방식으로 작성한다. 과정 기술하기의 방식은 어떤 대상이나 현상을 있는 그대로 그림을 그리듯 기술한다는 면에서는 제품 기술하기와 동일하지만 정지되어 있는 대상이 아닌 시간의 흐름에 따라 진행되는 과정을 기술한다는 면에서, 그리고 그 과정이 어떤 행동 주체에 의해 진행된다는 면에서 차이가 있다. 제품에 대한 기술이 제품의 물리적 속성에 중점을 두는 것과는 달리 과정 기술하기는 대상의 각 부분의 기능과 작동하는 원리에 기술의 중점을 둔다. 따라서 과정 기술의 순서는 시간의 순서 즉 과정 진행 순서에 따라 정해지고 각 과정마다 행위자가 기억해야 할 주의나 경고에 대한 내용들이 덧붙여진다.

1) 과정 기술하기

과정 기술하기는 시간의 순서에 따라 일어난 일에 대하여 기술하는 글쓰기 방식으로 행위의 주체를 무엇으로 정해 기술하느냐에 따라 크게 3가지로 나누어 볼 수 있다.

(1) 내가 그것을 어떻게 했는가?

반드시 글의 주어가 1인칭으로 표시되지 않는다고 하더라도 과정에서의 행위의 주체를 글쓰는 이로 생각하고 쓰이는 과정 기술 방식으로, 실험 보고서나 프로젝트 수행 계획서 등이 여기에 속한다. 이는 글을 쓰는 이나 혹은 글쓰는 이를 포함한 일련의 주체들이 심리적 주체가 행한 일에 대해 읽는 이가 같은 상황에 처했을 때, 같은 과정을 반복할 수 있도록 기술하는 방식이다.

▣ 보고서, 계획서에서의 과정 기술 요령

① 독자의 수준에 맞게 글의 내용과 용어 사용 등을 고려해 쓴다.
② 모든 문장은 직설법 현재형이나 과거형으로 쓴다.
- 회상법, 추측법, 감탄법 등의 서법은 쓰지 않고 시제도 과거형과 현재형으로 통일
③ 본격적으로 과정을 기술하기 전에, 진행 과정의 배경이나 목적, 유의점 등을 기술한다.
④ 기술할 과정을 논리적 단계에 따라 나누고 시간적 순서에 따라 각 단계를 설명한다.
⑤ 반드시 각 단계를 세부 단계로 나누어 설명한다.
⑥ 읽는 사람의 경험에 맞춰 진행 과정에 필요한 모든 단계를 제공한다.
⑦ 단계를 나타내 주는 연결 표지를 적극적으로 사용한다.
(첫째, 둘째/ 먼저, 다음으로, 마지막으로/ ①②③ 등등)

(2) 당신이 그것을 어떻게 할 수 있는가?

이것은 앞의 (1)과는 대조적으로 독자를 사건의 주체로 상정하고, 독자 입장에서 사건을 주도하게 될 경우 어떻게 해야 하는가에 중점을 두고 기술하는 방식이다. 따라서 읽는 이가 아직 접하지 않은 과정에서 어떻게 행동할 것인가에 초점을 두고 기술하는 방식으로, 주로 제작안내서, 사용설명서 등을 작성할 때 이러한 방식이 쓰인다.

▣ 제작 과정 및 사용설명서의 과정 기술 요령

① 독자의 수준에 맞게 글의 내용과 용어 사용 등을 고려해 쓴다.
② 문장은 '-한다', '-할 것' 등 다양한 방식의 어미를 사용하되 의미는 명령의 의미를 갖도록 하며 시제는 현재형을 사용한다.
③ 과정을 기술하기 전에 진행과정의 배경이나 목적, 유의점 등을 기술한다.
④ 과정을 기술하기 전에 재료나 부품에 대해 설명한다.
⑤ 기술할 과정을 논리적 단계에 따라 나누고 시간적 순서에 따라 각 단계를 설명한다. 반드시 각 단계를 세부 단계로 나누어 설명한다.
⑥ 제작자 혹은 사용자의 경험에 맞춰 진행 과정에 필요한 모든 단계를 제공한다.
⑦ 단계를 나타내 주는 연결 표지를 적극적으로 사용한다.
(첫째, 둘째 / 먼저, 다음으로, 마지막으로 / ①②③ 등등)
⑧ 경고, 주의, 위험 신호 및 유의 사항에 대해 알린다.
⑨ 그림과 도표를 적절히 활용한다.

(3) 그 일이 어떻게 발생했는가?

앞의 (1)과 (2)가 어떤 주체가 행했거나 행하게 될 행위에 중점을 두고 그 행위자의 입장에서 과정을 설명하는 것이라면 (3)의 과정 기술은 행위자의 행위가 아닌 사건의 과정 자체를 분석해 기술하는 방식으로, 과정 자체를 분석하고 이것을 주어로 해서 글을 작성하는 과정 기술이다. 현장 보고서나 연구 보고서, 신문 기사문 등이 여기에 속한다. 가장 전형적인 과정 분석의 방법은 어떤 결과에 대한 원인을 분석하거나 여러 가지 현상을 종합해 결과를 예측하는 인과적 과정 분석으로, 연구 보고서나 문제해결식 정책 제안서 등 다양한 텍스트에서 이러한 글쓰기 방식이 활용된다.

▣ **인과 관계로 과정 기술하기 요령**

① 결과에 대해 정확히 기술한다.
② 결과의 시작점을 정한다.
③ 변화의 전과 후에 무슨 일이 일어났는지 정리한다.
④ 시작과 결과의 단계에 개입한 사건이나 현상들을 모두 정리한다.
⑤ 사건이나 현상들을 분류한다.
 직접 원인과 간접 원인, 내적 원인과 외적 원인, 기여 원인, 필요 원인, 충분 원인 등
⑥ 일정한 기준에 따라 배열해 기술한다.
⑦ 전후 관계와 인과관계를 혼동하지 않도록 유의한다.

2) 제작 과정 기술하기

제작 과정에 대한 기술은 과정 기술하기의 유형 중 두 번째 형식인 '당신은 그것을 어떻게 할 수 있는가?'에 해당하는 글쓰기 방식이다. 제작 과정 기술은 앞서 제시한 일반적 요령에 따라 작성하되, 내용 구성은 그것을 제작하게 될 본격적인 과정 기술에 앞서 ①제작을 위해 필요한 재료와 준비물, ②각 부분별 기능과 목적에 대해 기술하고 ③각 단계별 제작 과정을 시간적 순서에 따라 기술하는 방식으로 구성한다.

예] "유해 가스 탐지 알람시계" 제작 과정 기술하기

1. 제품의 재료

재료 이름	기능	가격
전자손목시계	기본적인 전자손목시계로 일반적인 시계 기능을 갖춤	₩ 1000
NO2센서	NO2 농도 측정	$ 2.12
SO2센서	SO2 농도 측정	$ 52.26
마이크로 콘트롤러(MCU)	전자제품의 두뇌 역할	$ 12
ezl-90 (무선통신단말기)	사용자와 의료기관이 무선통신을 이용해 서로의 자료를 주고받는다.	$ 13.41
합 계		₩ 92995.35

2. 각 부분의 기능과 목적

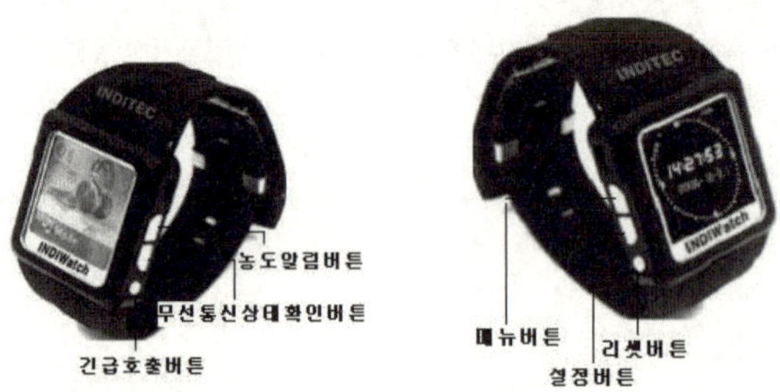

유해 기체 알림시계는 화면 부분과 밴드, 메뉴버튼, 설정버튼, 리셋버튼, 농도알림버튼, 무선통신상태 확인버튼, 긴급호출버튼으로 구성되어 있다. 시계의 디자인은 날짜와 시간을 볼 수 있는 일반모드와 농도에 따라 위험, 경고, 안전 모드, 무선통신 환경 상태 확인 모드가 있다.

시계의 정면을 기준으로 좌측에는 3개의 버튼이 있다. 이중 맨 위의 버튼은 메뉴버튼으로 시계의 메뉴를 선택할 수 있는 역할을 한다. 중간의 버튼은 설정버튼이며 시계의 시간 등의 설정을 바꾸는 역할을 한다. 마지막 버튼은 리셋버튼으로 시계의 설정을 리셋하는 역할이다. 우측에도 버튼이 3개 있다. 맨 위의 버튼은 농도알림버튼으로 현재의 농도 및 위험도를 확인할 수 있는 역할을 한다. 중간버튼은 무선통신상태 확인버튼으로 현재 장소의 무선통신 상태를 확인하는 역할이다. 마지막에 있는 버튼은 긴급호출버튼이며 위험 농도에 노출되어 있을 시 이 버튼을 누르면 무선통신을 이용해 의료기관의 도움을 받을 수 있는 버튼이다. 긴급호출버튼은 중요도를 나타내기 위해 빨간색으로 되어 있다.

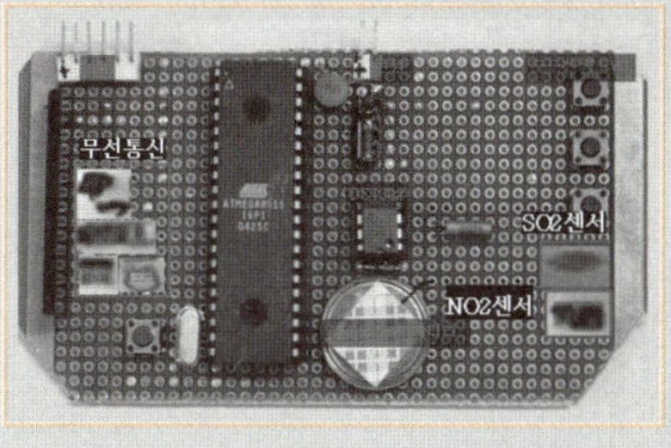

시계의 내부 구조는 크게 마이크로콘트롤러(MCU)와 건전지로 구성되어 있다. 세부적으로 가장 왼쪽에는 무선통신단말기(ezi90)가 부착되어 있다. 중간부분에는 전자시계의 기본 장치들과 건전지가 부착되어 있다. 가장 오른쪽에는 센서가 부착되어 있다. 위에는 공기 중의 SO2를 측정할 수 있는 SO2센서가 부착되어 있고, 아래쪽에는 NO2를 측정하기 위한 NO2센서가 부착되어 있다.

3. 단계별 제작 과정

먼저, 기본적인 시계의 기능이 프로그래밍되어 있는 MCU기판의 왼쪽에 무선통신단말기(ezi90)를 부착한다. 다음으로, 무선통신단말기의 왼쪽 아래에 쓰여 있는 숫자 순서대로 위에서부터 아래로 부착한다. 납땜을 해 부품이 떨어지지 않도록 한다. 세 번째 단계로 오른쪽 위부분에는 공기 중의 SO2를 측정하기 위한 SO2센서를 납땜한다. 이 때 센서는 겉에 인쇄된 글자가 정방향으로 보이는 것이 정면이다. SO2센서의 바로 아래 부분에 NO2를 측정하기 위한 NO2센서를 납땜해 장착하는데, 이것 또한 SO2센서와 정방향을 구분하는 방법은 같다. 이와 같은 방법으로 기판이 모두 완성되면, 마지막으로 시계의 뚜껑을 닫고 시곗줄을 연결한다.

3) 사용 방법에 대해 기술하기

사용 방법에 대한 기술 역시 '당신은 그것을 어떻게 할 수 있는가?'에 해당하는 글쓰기 방식으로, 위에 제시한 일반적 작성 요령에 따라 작성하되, 내용 구성은 그것을 제작하게 될 본격적인 과정 기술에 앞서 ①각 부품의 기능과 특징에 대해 기술하고 ③작동 방법을 각 단계별로 시간적 순서에 따라 기술한다.

예] "열람실 좌석 시계" 사용 방법 기술하기

(1) 각 부분의 기능과 목적

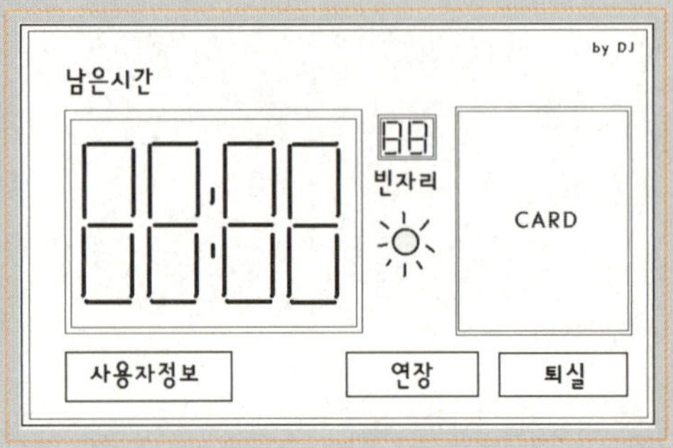

이 제품은 크게 남은 시간, 남은 연장 횟수를 나타내는 화면과 카드인식부분, 그리고 버튼 3개로 구성되어 있다. 먼저 카드인식기 부분에 학생증 또는 회원증을 대면, 빈자리 불빛이 꺼지면서 자동으로 남은 시간이 3시간으로, 남은 연장횟수가 2번으로 된다. 연장은 남은 시간 30분 전부터만 가능하게 해서 자리 독점을 약간이나마 방지하게 했다. 용무를 마친 후 퇴실버튼을 누르면 남은 시간과 남은 연장 횟수가 리셋되고, 빈자리 불빛이 켜진다. 이 때 퇴실 후 30분간 같은 자리에 다시 못 앉도록 했는데, 이 또한 자리 독점을 방지하기 위함이다. 마지막으로 사용자정보버튼을 누르게 되면 마지막 사용자의 학번 또는 회원증 번호가 남은 시간 화면에 뜨게 되는데, 이것은 자신의 책을 자리에 그냥 두고 나가서 다른 사람이 못 쓰게 하도록 하는 사람들을 막기 위해 만든 기능이다. 좌석을 쓰려는데 책이 놓여 있고 빈자리 불빛이 켜져 있다면, 사용자 정보를 알아내 열람실 관리자를 통해 책을 주인에게 돌려주되 벌점을 주어, 그 사람에게 불이익이 되도록 할 수 있다.

(2) 사용법의 단계별 제시

1) 본인의 자리에 찾아가 열람실 좌석 시계의 카드인식기 부분에 학생증을 댄다.
   2-1) 정해진 시간 동안에 좌석을 이용한 후 이용을 마칠 때에는 퇴실버튼을 누른다.
   2-2) 정해진 시간 동안 좌석을 이용한 후 더 좌석을 이용하길 원할 경우에는 연장버튼을 누른다.
3) 2번의 연장까지 마친 후 퇴실버튼을 눌러 좌석 이용을 마친다.
5) 연장을 다 사용한 후에도 열람실을 이용하고 싶다면 다른 좌석을 찾거나, 그 좌석의 이용 종료 후 30분이 지나길 기다린다.(30분이 지나기 전에 다른 사람이 그 좌석을 이용한다면 그 사람은 다른 좌석을 이용해야만 한다.)

(3) 주의, 경고, 유의사항

1) 퇴실 후 30동안 같은 자리에 앉을 수 없음을 주의해야 한다.
2) 이용할 좌석을 찾을 때, 좌석의 LED에 불이 들어오는지 확인해 보아야 한다. 불이

들어오지 않는 좌석은 이미 주인이 있는 좌석이므로 주의해야 한다.
3) 자리가 비어 있는 좌석을 확인할 때에 사용자 이용 버튼을 누르면 좌석 사용자의 간단한 인적 사항과 남은 시간을 알 수 있다.

읽고 나서 해 보기

* 자신이 개발한 제품의 제작 과정 및 사용 방법을 과정 기술하기 방식으로 작성하고 이를 다음의 평가 기준에 따라 평가한 후 수정해 봅시다.

〈제작 과정과 사용 방법 작성에 대한 평가표〉

평가 내용	그렇다	그렇지 않다	기타
① 글의 내용과 용어가 이해하기 쉽게 쓰여 있는가? ② 문장 시제와 서법이 적절한가? ③ 서두에 과정에 대한 개괄, 목적, 유의점 등이 기술되었는가? ④ 재료나 부품에 대한 설명이 있는가? ⑤ 과정이 상위 단계와 세부 단계로 나뉘어져 설명되고 있는가? ⑥ 제작자, 사용자의 경험에 맞춰 진행 과정에 필요한 모든 단계가 상술되었는가? ⑦ 단계를 나타내 주는 연결 표지가 적절히 사용되었는가? ⑧ 경고, 주의, 위험 신호 및 유의 사항이 제시되었는가?			

<총평>

■ 제품 비교하기

제품 개발과 그에 대한 설명을 모두 마친 후 마지막 단계로, 개발된 제품들을 제품 간의 유사점과 차이점을 중심으로 비교하고 평가하는 과정이 필요하다. 이러한 과정을 거쳐 제품의 장점과 단점을 확인하고 제품의 보완과 개선 방향을 모색해 볼 수 있기 때문이다.

1) 비교하기

현상이나 대상을 파악하고 그것에서 새로운 점을 발견해 설명하는 과정에서 가장 많이 쓰이는 방식 중의 하나가 비교하기이다. 비교는 그 목적에 따라 두 개의 대상이 갖는 유사점을 중심으로 하는 비교와 두 대상의 차이점을 중심으로 하는 대조의 방법이 가능하다. 예로부터 새로운 사물이나 현상을 인식할 때 사람들은 이미 알고 있는 사물이나 현상과의 차이점과 유사점을 찾아 새로운 것을 이해하는 방법을 보편적으로 사용해 왔는데, 유사점을 중심으로 새로운 것을 설명하거나 논증하는 방법으로 유비 추론(analogy)이나 직유나 은유의 방법이 널리 쓰이고 있다.

2) 비교의 방법

(1) 비교의 목적을 정한다.

예를 들어 한 대상의 특성을 설명하기 위해 다른 대상과 비교하려는 것인지, 두 대상의 특징을 동등하게 다루고자 하는 것인지, 혹은 두 대상의 차이를 중심으로 두 대상 중 더 우월한 것을 선택하려고 하는 것인지를 먼저 생각한다.

(2) 대응점 찾기

- 유사점에 중점을 둔 비교를 할지 차이점에 중점을 둔 대조 방식을 취할지 정한다.
- 두 대상 모두에 적용될 일관된 기준점을 잡는다.

(3) 순서와 구성 방식 정하기

- 선정한 기준의 중요도에 입각해 차례를 정하고 일관된 순서에 따라 비교한다.
- 비교의 목적에 따라 분리 방식과 교차 방식 중 하나를 선택해 글을 구성한다.

비교의 두 방식	
블록형 분리 방식	교차 방식
비교하고자 하는 대상을 중심으로 일정한 기준에 따라 한 대상에 대해 설명하고, 다시 나머지 대상을 동일한 기준에 따라 설명하는 방식	비교의 기준을 중심으로 각 기준에 따라 두 대상을 비교하는 방식
I. 대상 1 a. 기준 1 b. 기준 2 c. 기준 3 II. 대상 2 a. 기준 1 b. 기준 2 c. 기준 3	I. 기준 1 a. 대상 1. b. 대상 2. II. 기준 2. a. 대상 1. b. 대상 2. III. 기준 3. a. 대상 1. b. 대상 2.

(4) 문단 구분과 적절한 연결어 사용을 통해 글을 논리적으로 전개하기

- 비교의 방식에 따라 나뉘는 각각의 정보 단위를 문단으로 구별한다. 문단의 첫 문장에 '－한 기준에 따라 a와 b를 비교하면'과 같은 방식으로 기준과 비교 대상을 명료하게 제시하고, 이들 간의 차이나 유사점을 화제문으로 제시해 글의 전개를 명확히 한다.
- 적절한 연결어를 사용해 대조나 비교의 뜻을 명확히 한다.

읽고 나서 해 보기

* 자신들이 쓴 제품 제작 과정과 사용 방법에 대한 글을 동료들과 바꾸어 읽으며, 창의성 · 구현 가능성 · 적정성의 기준에 따라 두 제품을 비교 분석해 봅시다.

1. 각 항목마다 제품의 성격에 따라 평가의 지표가 될 만한 하위 항목을 상정하고, 이를 표로 정리해 봅시다.

2. 표로 정리된 내용을 비교하기 방식의 글로 풀어서 두 제품에 대한 비교 평가서를 작성해 봅시다.

평가표 예시

평가 기준	평가 세부 항목	L사 A제품	S사 B제품
창의성	디자인 재료 기능 장비 생산 공정 작동 방식 등등		
공학적 구현 가능성	재료 장비 생산 공정 단가 등등		
적정성	• 사용자 측면 - 소비가격, A/S 등 • 생산자 측면 - 생산 환경 및 생산 비용 • 사회적 측면 - 환경, 에너지, 소비 효과 등등		
총평			

04. 제품 소개하기: 발표 자료 만들기

들은 것은 잊어버리고 본 것은 기억만 되나 직접 해 본 것은 이해된다.

– 공자

학 | 습 | 목 | 표

1. 과학 기술 분야의 의사소통에 필요한 시각 자료의 성격을 이해한다.
2. 과학적 연구·개발의 성과를 발표하기 위한 발표 자료를 만드는 방법을 익힌다.

과학 기술과 관련된 영역에서 발표는 중요한 정보 전달 수단이다. 발표는 글로 된 문서만 전달하거나 단순히 연설만을 하는 것보다 훨씬 더 효과적으로 의사소통의 역할을 수행할 수 있게 해준다. 과학 기술자가 자신의 연구·개발의 성과를 제대로 타인에게 인식시키는 가장 중요한 통로가 바로 발표이다.

발표의 내용이 제대로 전달되지 않으면 개인적으로 자신의 연구, 개발 성과를 인정받기 어려울 뿐 아니라 사회적으로도 큰 손실이 발생할 수 있다. 한 예로 2003년 우주왕복선 콜롬비아호 폭발 사건의 조사위원회는 콜롬비아호 담당 연구자들이 프레젠테이션의 자료를 제대로 만들지 못해서 NASA와 의사소통이 잘 이루어지지 않았기 때문에 문제점을 제대로 고치지 못하고 발사를 강행하게 되었다고 결론 내렸다. 이처럼 과학기술 분야에서 발표를 통한 정확한 의사소통은 매우 중요하다.

■ 발표 자료 만들기

발표는 글로 된 문서와는 달리 다채로운 시각 자료, 특히 동영상과 같이 청중의 흥미를 끄는 전달 수단을 다양하게 사용할 수 있다는 점에서 효율적인 의사소통이 가능하다. 그러나 발표자의 작은 말실수나 잠깐의 착각만으로도 큰 오해를 불러일으킬 수 있다는 점이나 청중이 발표 내용을 놓칠 경우 다시 확인할 기회가 주어지지 않는다는 점에서 더 많은 준비와 배려가 필요하다. 발표에서 이러한 제약을 극복하고 장점을 극대화하기 위해서는 발표 자료의 구조와 내용을 적절히 구성하는 것이 필요하다.

■ 발표 자료의 구성

발표 자료는 일반적으로 크게 첫 장 표지, 도입, 본론, 마무리, 마지막 장 표지의 다섯 부분으로 구성된다. 각각의 장을 구성하는 방법은 다음과 같다.

① **첫 장 표지**

발표 자료의 맨 앞표지에 해당하는 첫 장에는 제목, 저자, 소속을 밝히고 필요할 경우 발표 내용과 관련된 이미지 자료를 넣을 수 있다.

② **도입**

도입 부분에서는 발표의 전체 내용을 개괄해 청자에게 전달할 수 있도록 한다. 도입 부분에서 전달해야 할 가장 핵심적인 세 가지 내용은 다음과 같다.

· 발표 주제 : 무엇에 대하여 발표할 것인가.
· 발표 의의 : 발표할 내용이 중요한 이유는 무엇인가.
· 발표 진행 : 어떤 순서로 발표할 것인가.

도입부에서는 청중의 관심과 집중을 이끌어내는 것이 중요하므로 청중이 주제에 흥미를 가질 수 있도록 질문을 던지거나 필요할 경우 흥미로운 영상을 보여주는 것도 좋은 방법이다. 또 발표 전체의 구성과 발표에 소요될 시간을 미리 알려주는 것도 청중이 발표 시간 동안 집중할 수 있도록 돕는다.

③ 본론

발표의 중심부에 해당하는 본론에서는 자신의 주장을 입증할 수 있는 근거가 충분히 제시될 수 있도록 한다.

④ 마무리

마무리 부분에서는 본론에서 전달한 내용의 요점을 다시 한 번 정리하고 발표자의 의도와 발표의 의의를 명확하게 전달하도록 한다. 일반적으로 청중은 발표의 본론 부분보다는 발표의 처음과 마지막에서 전달한 내용을 더 잘 기억하는 경향이 있으므로, 청중에게 전달하고자 하는 가장 핵심적인 결론 메시지를 기억하기 좋은 간결한 문구나 도표, 이미지 등으로 만들어서 마무리 부분에 배치하는 것이 좋다.

⑤ 마지막 장 표지

마지막 장 표지의 경우에는 청중의 질문을 유도하거나 발표를 들어준 데 대한 감사의 내용을 표하는 간단한 문장과 이미지로 구성한다.

■ 발표 자료 만들 때 주의할 점

- ○ 발표 슬라이드 한 장에 하나의 개념, 혹은 중심 내용만이 담기도록 한다.
- ○ 글자는 가능한 한 24포인트 이상으로 하고 충분한 여백을 주어 내용이 잘 전달될 수 있도록 한다.
- ○ 발표 슬라이드 한 장에 내용이 6줄, 6단어를 넘지 않게 한다.
- ○ 하나의 자료에 글자색이나 바탕색을 2개 이상 넘지 않도록 한다.
- ○ 표나 그림의 제목은 간결하게 제시해서 그러한 시각 자료를 제시한 목적이 바로 드러나도록 한다.

읽고 나서 해 보기

1. 발표 전에 다음의 평가표의 내용을 중심으로 자신의 발표 내용을 점검해 봅시다.

〈제품 발표 평가표〉

평가 내용					
내용 25	주제가 참신하고 흥미로운가?				
	주제와 목차의 내용이 일치하는가?				
	제품 개발의 배경과 필요성, 기대 효과가 명확히 제시되었는가?				
	제품의 모양과 구조, 기능이 구체적으로 설명되었는가?				
	제품의 제작과 작동 원리가 독자의 입장에서 상세히 설명되었는가?				
진행 15	발표를 제시간에 시작하고 시간 안에 마쳤는가?				
	발표의 내용과 순서에 대해 예고하였는가?				
	발표의 속도와 진행 방법이 적절하였는가?				
청중 고려 15	청중과 눈맞춤과 상호 작용을 하기 위해 노력하였는가?				
	청중을 존중하는 태도와 언어를 선택하였는가?				
	청중의 질문을 정확히 파악해 적절한 답을 하였는가?				
전달 25	열의와 자신감 있는 태도를 보였는가?				
	말의 속도와 크기가 적절하였는가?				
	불필요한 간투사나 군말을 사용하지 않았는가?				
	발표자가 내용을 충분히 이해하고 자신 있게 전달하였는가?				
	발표가 끝난 후에도 제품에 대한 내용이 명료하게 기억되는가?				
시각 자료 20	도표나 그림이 제품 이해를 위해 적절히 제시되었는가?				
	시각 자료의 시연이 순조롭게 진행되었는가?				
	색, 레이아웃, 글씨의 크기가 적절한가?				
	하나의 슬라이드에 전달된 내용의 양이 적절한가?				
	총점(100)/ ABC(인상적 점수)				
총평					

2. 동료들의 발표를 〈제품 발표 평가표〉의 기준에 따라 평가해 봅시다.

부록 1. 한글 맞춤법

제1장 총　　칙

제1항　한글 맞춤법은 표준어를 소리대로 적되, 어법에 맞도록 함을 원칙으로 한다.
제2항　문장의 각 단어는 띄어 씀을 원칙으로 한다.
제3항　외래어는 '외래어 표기법'에 따라 적는다.

제2장 자　　모

제4항　한글 자모의 수는 스물넉 자로 하고, 그 순서와 이름은 다음과 같이 정한다.

ㄱ(기역)　ㄴ(니은)　ㄷ(디귿)　ㄹ(리을)　ㅁ(미음)
ㅂ(비읍)　ㅅ(시옷)　ㅇ(이응)　ㅈ(지읒)　ㅊ(치읓)
ㅋ(키읔)　ㅌ(티읕)　ㅍ(피읖)　ㅎ(히읗)
ㅏ(아)　ㅑ(야)　ㅓ(어)　ㅕ(여)　ㅗ(오)
ㅛ(요)　ㅜ(우)　ㅠ(유)　ㅡ(으)　ㅣ(이)

[붙임 1]　위의 자모로써 적을 수 없는 소리는 두 개 이상의 자모를 어울러서 적되, 그 순서와 이름은 다음과 같이 정한다.

ㄲ(쌍기역)　ㄸ(쌍디귿)　ㅃ(쌍비읍)　ㅆ(쌍시옷)　ㅉ(쌍지읒)
ㅐ(애)　ㅒ(얘)　ㅔ(에)　ㅖ(예)　ㅘ(와)　ㅙ(왜)
ㅚ(외)　ㅝ(워)　ㅞ(웨)　ㅟ(위)　ㅢ(의)

[붙임 2]　사전에 올릴 적의 자모 순서는 다음과 같이 정한다.

자　음: ㄱ　ㄲ　ㄴ　ㄷ　ㄸ　ㄹ　ㅁ　ㅂ
ㅃ　ㅅ　ㅆ　ㅇ　ㅈ　ㅉ　ㅊ　ㅋ
ㅌ　ㅍ　ㅎ

모　음: ㅏ　ㅐ　ㅑ　ㅒ　ㅓ　ㅔ　ㅕ　ㅖ
ㅗ　ㅘ　ㅙ　ㅚ　ㅛ　ㅜ　ㅝ　ㅞ
ㅟ　ㅠ　ㅡ　ㅢ　ㅣ

제3장 소리에 관한 것

제1절 된소리

제5항　한 단어 안에서 뚜렷한 까닭 없이 나는 된소리는 다음 음절의 첫소리를 된소리로 적는다.

1. 두 모음 사이에서 나는 된소리

소쩍새	어깨	오빠	으뜸	아끼다
기쁘다	깨끗하다	어떠하다	해쓱하다	가끔
거꾸로	부썩	어찌	이따금	

2. 'ㄴ, ㄹ, ㅁ, ㅇ' 받침 뒤에서 나는 된소리

산뜻하다	잔뜩	살짝	훨씬	담뿍
움찔	몽땅	엉뚱하다		

다만, 'ㄱ, ㅂ' 받침 뒤에서 나는 된소리는, 같은 음절이나 비슷한 음절이 겹쳐 나는 경우가 아니면 된소리로 적지 아니한다.

국수	깍두기	딱지	색시	싹둑(~싹둑)
법석	갑자기	몹시		

제 2 절 구개음화

제 6 항 'ㄷ, ㅌ' 받침 뒤에 종속적 관계를 가진 '- 이(-)'나 '- 히 -'가 올 적에는, 그 'ㄷ, ㅌ'이 'ㅈ, ㅊ'으로 소리나더라도 'ㄷ, ㅌ'으로 적는다.(ㄱ을 취하고, ㄴ을 버림.)

ㄱ	ㄴ	ㄱ	ㄴ
맏이	마지	핥이다	할치다
해돋이	해도지	걷히다	거치다
굳이	구지	닫히다	다치다
같이	가치	묻히다	무치다
끝이	끄치		

제 3 절 'ㄷ' 소리 받침

제 7 항 'ㄷ' 소리로 나는 받침 중에서 'ㄷ'으로 적을 근거가 없는 것은 'ㅅ'으로 적는다.

덧저고리	돗자리	엇셈	웃어른	핫옷
무릇	사뭇	얼핏	자칫하면	뭇[衆]
옛	첫	헛		

제 4 절 모 음

제 8 항 '계, 례, 몌, 폐, 혜'의 'ㅖ'는 'ㅔ'로 소리나는 경우가 있더라도 'ㅖ'로 적는다.(ㄱ을 취하고, ㄴ을 버림.)

ㄱ	ㄴ	ㄱ	ㄴ
계수(桂樹)	게수	혜택(惠澤)	헤택
사례(謝禮)	사레	계집	게집
연몌(連袂)	연메	핑계	핑게
폐품(廢品)	페품	계시다	게시다

다만, 다음 말은 본음대로 적는다.
게송(偈頌)　　게시판(揭示板)　　휴게실(休憩室)

제9항 '의'나, 자음을 첫소리로 가지고 있는 음절의 'ㅢ'는 'ㅣ'로 소리나는 경우가 있더라도 'ㅢ'로 적는다.(ㄱ을 취하고, ㄴ을 버림.)

ㄱ	ㄴ		ㄱ	ㄴ
의의(意義)	의이		닁큼	닝큼
본의(本義)	본이		띄어쓰기	띠어쓰기
무늬[紋]	무니		씌어	씨어
보늬	보니		틔어	티어
오늬	오니		희망(希望)	히망
하늬바람	하니바람		희다	히다
늴리리	닐리리		유희(遊戲)	유히

제5절 두음 법칙

제10항 한자음 '녀, 뇨, 뉴, 니'가 단어 첫머리에 올 적에는, 두음 법칙에 따라 '여, 요, 유, 이'로 적는다.(ㄱ을 취하고, ㄴ을 버림.)

ㄱ	ㄴ		ㄱ	ㄴ
여자(女子)	녀자		유대(紐帶)	뉴대
연세(年歲)	년세		이토(泥土)	니토
요소(尿素)	뇨소		익명(匿名)	닉명

다만, 다음과 같은 의존 명사에서는 '냐, 녀' 음을 인정한다.
냥(兩) 냥쭝(兩-)　　년(年)(몇 년)

[붙임 1] 단어의 첫머리 이외의 경우에는 본음대로 적는다.
남녀(男女)　　당뇨(糖尿)　　결뉴(結紐)　　은닉(隱匿)

[붙임 2] 접두사처럼 쓰이는 한자가 붙어서 된 말이나 합성어에서, 뒷말의 첫소리가 'ㄴ' 소리로 나더라도 두음 법칙에 따라 적는다.
신여성(新女性)　　공염불(空念佛)　　남존여비(男尊女卑)

[붙임 3] 둘 이상의 단어로 이루어진 고유 명사를 붙여 쓰는 경우에도 붙임 2에 준하여 적는다.
한국여자대학　　대한요소비료회사

제11항 한자음 '랴, 려, 례, 료, 류, 리'가 단어의 첫머리에 올 적에는, 두음 법칙에 따라 '야, 여, 예, 요, 유, 이'로 적는다.(ㄱ을 취하고, ㄴ을 버림.)

ㄱ	ㄴ		ㄱ	ㄴ
양심(良心)	량심		용궁(龍宮)	룡궁
역사(歷史)	력사		유행(流行)	류행
예의(禮儀)	례의		이발(理髮)	리발

다만, 다음과 같은 의존 명사는 본음대로 적는다.
리(里): 몇 리냐?
리(理): 그럴 리가 없다.

[붙임 1] 단어의 첫머리 이외의 경우에는 본음대로 적는다.
개량(改良) 선량(善良) 수력(水力) 협력(協力)
사례(謝禮) 혼례(婚禮) 와룡(臥龍) 쌍룡(雙龍)
하류(下流) 급류(急流) 도리(道理) 진리(眞理)

다만, 모음이나 'ㄴ' 받침 뒤에 이어지는 '렬, 률'은 '열, 율'로 적는다.(ㄱ을 취하고, ㄴ을 버림.)

ㄱ	ㄴ		ㄱ	ㄴ
나열(羅列)	나렬		분열(分裂)	분렬
치열(齒列)	치렬		선열(先烈)	선렬
비열(卑劣)	비렬		진열(陳列)	진렬
규율(規律)	규률		선율(旋律)	선률
비율(比率)	비률		전율(戰慄)	전률
실패율(失敗率)	실패률		백분율(百分率)	백분률

[붙임 2] 외자로 된 이름을 성에 붙여 쓸 경우에도 본음대로 적을 수 있다.
신립(申砬) 최린(崔麟) 채륜(蔡倫) 하륜(河崙)

[붙임 3] 준말에서 본음으로 소리나는 것은 본음대로 적는다.
국련(국제연합) 대한교련(대한교육연합회)

[붙임 4] 접두사처럼 쓰이는 한자가 붙어서 된 말이나 합성어에서, 뒷말의 첫소리가 'ㄴ' 또는 'ㄹ' 소리로 나더라도 두음 법칙에 따라 적는다.
역이용(逆利用) 연이율(年利率) 열역학(熱力學)
해외여행(海外旅行)

[붙임 5] 둘 이상의 단어로 이루어진 고유 명사를 붙여 쓰는 경우나 십진법에 따라 쓰는 수(數)도 붙임 4에 준하여 적는다.
서울여관 신흥이발관 육천육백육십육(六千六百六十六)

제12항 한자음 '라, 래, 로, 뢰, 루, 르'가 단어의 첫머리에 올 적에는, 두음 법칙에 따라 '나, 내, 노, 뇌, 누, 느'로 적는다.(ㄱ을 취하고, ㄴ을 버림.)

ㄱ	ㄴ	ㄱ	ㄴ
낙원(樂園)	락원	뇌성(雷聲)	뢰성
내일(來日)	래일	누각(樓閣)	루각
노인(老人)	로인	능묘(陵墓)	릉묘

[붙임 1] 단어의 첫머리 이외의 경우에는 본음대로 적는다.

쾌락(快樂) 극락(極樂) 거래(去來) 왕래(往來)
부로(父老) 연로(年老) 지뢰(地雷) 낙뢰(落雷)
고루(高樓) 광한루(廣寒樓) 동구릉(東九陵) 가정란(家庭欄)

[붙임 2] 접두사처럼 쓰이는 한자가 붙어서 된 단어는 뒷말을 두음 법칙에 따라 적는다.

내내월(來來月) 상노인(上老人) 중노동(重勞動)
비논리적(非論理的)

제 6 절 겹쳐 나는 소리

제13항 한 단어 안에서 같은 음절이나 비슷한 음절이 겹쳐 나는 부분은 같은 글자로 적는다.(ㄱ을 취하고, ㄴ을 버림.)

ㄱ	ㄴ	ㄱ	ㄴ
딱딱	딱닥	꼿꼿하다	꼿곳하다
쌕쌕	쌕색	놀놀하다	놀롤하다
씩씩	씩식	눅눅하다	눙눅하다
똑딱똑딱	똑닥똑닥	밋밋하다	민밋하다
쓱싹쓱싹	쓱삭쓱삭	싹싹하다	싹삭하다
연연불망(戀戀不忘)	연련불망	쌉쌀하다	쌉살하다
유유상종(類類相從)	유류상종	씁쓸하다	씁슬하다
누누이(屢屢-)	누루이	짭짤하다	짭잘하다

제 4 장 형태에 관한 것

제 1 절 체언과 조사

제14항 체언은 조사와 구별하여 적는다.

떡이	떡을	떡에	떡도	떡만
손이	손을	손에	손도	손만
팔이	팔을	팔에	팔도	팔만
밤이	밤을	밤에	밤도	밤만

집이	집을	집에	집도	집만
옷이	옷을	옷에	옷도	옷만
콩이	콩을	콩에	콩도	콩만
낮이	낮을	낮에	낮도	낮만
꽃이	꽃을	꽃에	꽃도	꽃만
밭이	밭을	밭에	밭도	밭만
앞이	앞을	앞에	앞도	앞만
밖이	밖을	밖에	밖도	밖만
넋이	넋을	넋에	넋도	넋만
흙이	흙을	흙에	흙도	흙만
삶이	삶을	삶에	삶도	삶만
여덟이	여덟을	여덟에	여덟도	여덟만
곬이	곬을	곬에	곬도	곬만
값이	값을	값에	값도	값만

제 2 절 어간과 어미

제15항 용언의 어간과 어미는 구별하여 적는다.

먹다	먹고	먹어	먹으니
신다	신고	신어	신으니
믿다	믿고	믿어	믿으니
울다	울고	울어	(우니)
넘다	넘고	넘어	넘으니
입다	입고	입어	입으니
웃다	웃고	웃어	웃으니
찾다	찾고	찾아	찾으니
좇다	좇고	좇아	좇으니
같다	같고	같아	같으니
높다	높고	높아	높으니
좋다	좋고	좋아	좋으니
깎다	깎고	깎아	깎으니
앉다	앉고	앉아	앉으니
많다	많고	많아	많으니
늙다	늙고	늙어	늙으니
젊다	젊고	젊어	젊으니
넓다	넓고	넓어	넓으니
훑다	훑고	훑어	훑으니
읊다	읊고	읊어	읊으니
옳다	옳고	옳아	옳으니

없다	없고	없어	없으니
있다	있고	있어	있으니

[붙임 1] 두 개의 용언이 어울려 한 개의 용언이 될 적에, 앞말의 본뜻이 유지되고 있는 것은 그 원형을 밝히어 적고, 그 본뜻에서 멀어진 것은 밝히어 적지 아니한다.

(1) 앞말의 본뜻이 유지되고 있는 것

넘어지다	늘어나다	늘어지다	돌아가다	되짚어가다
들어가다	떨어지다	벌어지다	엎어지다	접어들다
틀어지다	흩어지다			

(2) 본뜻에서 멀어진 것

드러나다　사라지다　쓰러지다

[붙임 2] 종결형에서 사용되는 어미 '-오'는 '요'로 소리나는 경우가 있더라도 그 원형을 밝혀 '오'로 적는다.(ㄱ을 취하고, ㄴ을 버림.)

ㄱ	ㄴ
이것은 책이오.	이것은 책이요.
이리로 오시오.	이리로 오시요.
이것은 책이 아니오.	이것은 책이 아니요.

[붙임 3] 연결형에서 사용되는 '이요'는 '이요'로 적는다.(ㄱ을 취하고, ㄴ을 버림.)

ㄱ	ㄴ
이것은 책이요, 저것은 붓이요, 또 저것은 먹이다.	이것은 책이오, 저것은 붓이오, 또 저것은 먹이다.

제16항 어간의 끝음절 모음이 'ㅏ, ㅗ'일 때에는 어미를 '-아'로 적고, 그 밖의 모음일 때에는 '-어'로 적는다.

1. '-아'로 적는 경우

나아	나아도	나아서
막아	막아도	막아서
얇아	얇아도	얇아서
돌아	돌아도	돌아서
보아	보아도	보아서

2. '-어'로 적는 경우

개어	개어도	개어서
겪어	겪어도	겪어서

되어	되어도	되어서
베어	베어도	베어서
쉬어	쉬어도	쉬어서
저어	저어도	저어서
주어	주어도	주어서
피어	피어도	피어서
희어	희어도	희어서

제17항 어미 뒤에 덧붙는 조사 '-요'는 '-요'로 적는다.

읽어	읽어요
참으리	참으리요
좋지	좋지요

제18항 다음과 같은 용언들은 어미가 바뀔 경우, 그 어간이나 어미가 원칙에 벗어나면 벗어나는 대로 적는다.

1. 어간의 끝 'ㄹ'이 줄어질 적

갈다:	가니	간	갑니다	가시다	가오
놀다:	노니	논	놉니다	노시다	노오
불다:	부니	분	붑니다	부시다	부오
둥글다:	둥그니	둥근	둥급니다	둥그시다	둥그오
어질다:	어지니	어진	어집니다	어지시다	어지오

[붙임] 다음과 같은 말에서도 'ㄹ'이 준 대로 적는다.

마지못하다	마지않다	(하)다마다	(하)자마자
(하)지 마라	(하)지 마(아)		

2. 어간의 끝 'ㅅ'이 줄어질 적

긋다:	그어	그으니	그었다
낫다:	나아	나으니	나았다
잇다:	이어	이으니	이었다
짓다:	지어	지으니	지었다

3. 어간의 끝 'ㅎ'이 줄어질 적[2)]

2) 고시본에서 보였던 용례 중 '그럽니다, 까맙니다, 동그랍니다, 퍼럽니다, 하얍니다'는 1994 년 12 월 16 일에 열린 국어 심의회의 결정에 따라 삭제하기로 하였다. '표준어 규정' 제17항이 자음 뒤의 '-습니다'를 표준어로 정함에 따라 '그렇습니다, 까맣습니다, 동그랗습니다, 퍼렇습니다, 하얗습니다'가 표준어가 되는 것과 상충하기 때문이다.

그렇다:	그러니	그럴	그러면	그러오
까맣다:	까마니	까말	까마면	까마오
동그랗다:	동그라니	동그랄	동그라면	동그라오
퍼렇다:	퍼러니	퍼럴	퍼러면	퍼러오
하얗다:	하야니	하얄	하야면	하야오

4. 어간의 끝 'ㅜ, ㅡ'가 줄어질 적

푸다:	퍼	펐다	뜨다:	떠	떴다
끄다:	꺼	껐다	크다:	커	컸다
담그다:	담가	담갔다	고프다:	고파	고팠다
따르다:	따라	따랐다	바쁘다:	바빠	바빴다

5. 어간의 끝 'ㄷ'이 'ㄹ'로 바뀔 적

걷다[步]:	걸어	걸으니	걸었다
듣다[聽]:	들어	들으니	들었다
묻다[問]:	물어	물으니	물었다
싣다[載]:	실어	실으니	실었다

6. 어간의 끝 'ㅂ'이 'ㅜ'로 바뀔 적

깁다:	기워	기우니	기웠다
굽다[炙]:	구워	구우니	구웠다
가깝다:	가까워	가까우니	가까웠다
괴롭다:	괴로워	괴로우니	괴로웠다
맵다:	매워	매우니	매웠다
무겁다:	무거워	무거우니	무거웠다
밉다:	미워	미우니	미웠다
쉽다:	쉬워	쉬우니	쉬웠다

다만, '돕-, 곱-'과 같은 단음절 어간에 어미 '-아'가 결합되어 '와'로 소리나는 것은 '-와'로 적는다.

돕다[助]:	도와	도와서	도와도	도왔다
곱다[麗]:	고와	고와서	고와도	고왔다

7. '하다'의 활용에서 어미 '-아'가 '-여'로 바뀔 적

하다:	하여	하여서	하여도	하여라	하였다

8. 어간의 끝음절 '르' 뒤에 오는 어미 '-어'가 '-러'로 바뀔 적

이르다[至]:	이르러	이르렀다

노르다: 노르러 노르렀다
누르다: 누르러 누르렀다
푸르다: 푸르러 푸르렀다

9. 어간의 끝음절 '르'의 'ㅡ'가 줄고, 그 뒤에 오는 어미 '- 아/- 어'가 '- 라/- 러'로 바뀔 적

가르다:	갈라	갈랐다	부르다:	불러	불렀다
거르다:	걸러	걸렀다	오르다:	올라	올랐다
구르다:	굴러	굴렀다	이르다:	일러	일렀다
벼르다:	별러	별렀다	지르다:	질러	질렀다

제 3 절 접미사가 붙어서 된 말

제19항 어간에 '- 이'나 '- 음/- ㅁ'이 붙어서 명사로 된 것과 '- 이'나 '- 히'가 붙어서 부사로 된 것은 그 어간의 원형을 밝히어 적는다.

1. '- 이'가 붙어서 명사로 된 것

길이 깊이 높이 다듬이 땀받이 달맞이
먹이 미닫이 벌이 벼훑이 살림살이 쇠붙이

2. '- 음/- ㅁ'이 붙어서 명사로 된 것

걸음 묶음 믿음 얼음 엮음 울음
웃음 졸음 죽음 앎 만듦

3. '- 이'가 붙어서 부사로 된 것

같이 굳이 길이 높이 많이 실없이
좋이 짓궂이

4. '- 히'가 붙어서 부사로 된 것

밝히 익히 작히

다만, 어간에 '- 이'나 '- 음'이 붙어서 명사로 바뀐 것이라도 그 어간의 뜻과 멀어진 것은 원형을 밝히어 적지 아니한다.

굽도리 다리[髢] 목거리(목병) 무녀리
코끼리 거름(비료) 고름[膿] 노름(도박)

[붙임] 어간에 '- 이'나 '- 음' 이외의 모음으로 시작된 접미사가 붙어서 다른 품사로 바뀐 것은 그 어간의 원형을 밝히어 적지 아니한다.

(1) 명사로 바뀐 것

귀머거리　까마귀　너머　뜨더귀　마감
마개　마중　무덤　비렁뱅이　쓰레기
올가미　주검

(2) 부사로 바뀐 것
거뭇거뭇　너무　도로　뜨덤뜨덤　바투
불긋불긋　비로소　오긋오긋　자주　차마

(3) 조사로 바뀌어 뜻이 달라진 것
나마　부터　조차

제20항 명사 뒤에 '-이'가 붙어서 된 말은 그 명사의 원형을 밝히어 적는다.

1. 부사로 된 것
곳곳이　낱낱이　몫몫이　샅샅이　앞앞이　집집이

2. 명사로 된 것
곰배팔이　바둑이　삼발이　애꾸눈이
육손이　절뚝발이/절름발이

[붙임] '-이' 이외의 모음으로 시작된 접미사가 붙어서 된 말은 그 명사의 원형을 밝히어 적지 아니한다.
꼬락서니　끄트머리　모가치　바가지　바깥
사타구니　싸라기　이파리　지붕　지푸라기　짜개

제21항 명사나 혹은 용언의 어간 뒤에 자음으로 시작된 접미사가 붙어서 된 말은 그 명사나 어간의 원형을 밝히어 적는다.

1. 명사 뒤에 자음으로 시작된 접미사가 붙어서 된 것
값지다　홑지다　넋두리　빛깔　옆댕이　잎사귀

2. 어간 뒤에 자음으로 시작된 접미사가 붙어서 된 것
낚시　늙정이　덮개　뜯게질
갉작갉작하다　갉작거리다　뜯적거리다　뜯적뜯적하다
굵다랗다　굵직하다　깊숙하다　넓적하다
높다랗다　늙수그레하다　얽죽얽죽하다

다만, 다음과 같은 말은 소리대로 적는다.

(1) 겹받침의 끝소리가 드러나지 아니하는 것

할짝거리다	널따랗다	널찍하다	말끔하다
말쑥하다	말짱하다	실쭉하다	실큼하다
얄따랗다	얄팍하다	짤따랗다	짤막하다
실컷			

(2) 어원이 분명하지 아니하거나 본뜻에서 멀어진 것

넙치	올무	골막하다	납작하다

제22항 용언의 어간에 다음과 같은 접미사들이 붙어서 이루어진 말들은 그 어간을 밝히어 적는다.

1. '-기-, -리-, -이-, -히-, -구-, -우-, -추-, -으키-, -이키-, -애-'가 붙는 것

맡기다	옮기다	웃기다	쫓기다	뚫리다
울리다	낚이다	쌓이다	핥이다	굳히다
굽히다	넓히다	앉히다	얽히다	잡히다
돋구다	솟구다	돋우다	갖추다	곧추다
맞추다	일으키다	돌이키다	없애다	

다만, '-이-, -히-, -우-'가 붙어서 된 말이라도 본뜻에서 멀어진 것은 소리대로 적는다.

도리다(칼로 ~)	드리다(용돈을 ~)	고치다
바치다(세금을 ~)	부치다(편지를 ~)	거두다
미루다	이루다	

2. '-치-, -뜨리-, -트리-'가 붙는 것

놓치다	덮치다	떠받치다	받치다	밭치다
부딪치다	뻗치다	엎치다	부딪뜨리다/부딪트리다	
쏟뜨리다/쏟트리다		젖뜨리다/젖트리다		
찢뜨리다/찢트리다		흩뜨리다/흩트리다		

[붙임] '-업-, -읍-, -브-'가 붙어서 된 말은 소리대로 적는다.

미덥다	우습다	미쁘다

제23항 '-하다'나 '-거리다'가 붙는 어근에 '-이'가 붙어서 명사가 된 것은 그 원형을 밝히어 적는다.(ㄱ을 취하고, ㄴ을 버림.)

ㄱ	ㄴ		ㄱ	ㄴ
깔쭉이	깔쭈기	|	살살이	살사리
꿀꿀이	꿀꾸리	|	쌕쌕이	쌕쌔기

눈깜짝이	눈깜짜기	|	오뚝이	오뚜기
더펄이	더퍼리	|	코납작이	코납자기
배불뚝이	배불뚜기	|	푸석이	푸서기
삐죽이	삐주기	|	홀쭉이	홀쭈기

[붙임] '- 하다'나 '- 거리다'가 붙을 수 없는 어근에 '- 이'나 또는 다른 모음으로 시작되는 접미사가 붙어서 명사가 된 것은 그 원형을 밝히어 적지 아니한다.

개구리	귀뚜라미	기러기	깍두기	꽹과리
날라리	누더기	동그라미	두드러기	딱따구리
매미	부스러기	뻐꾸기	얼루기	칼싹두기

제24항 '- 거리다'가 붙을 수 있는 시늉말 어근에 '- 이다'가 붙어서 된 용언은 그 어근을 밝히어 적는다.(ㄱ을 취하고, ㄴ을 버림.)

ㄱ	ㄴ		ㄱ	ㄴ
깜짝이다	깜짜기다	|	속삭이다	속사기다
꾸벅이다	꾸버기다	|	숙덕이다	숙더기다
끄덕이다	끄더기다	|	울먹이다	울머기다
뒤척이다	뒤처기다	|	움직이다	움지기다
들먹이다	들머기다	|	지껄이다	지꺼리다
망설이다	망서리다	|	퍼덕이다	퍼더기다
번득이다	번드기다	|	허덕이다	허더기다
번쩍이다	번쩌기다	|	헐떡이다	헐떠기다

제25항 '- 하다'가 붙는 어근에 '- 히'나 '- 이'가 붙어서 부사가 되거나, 부사에 '- 이'가 붙어서 뜻을 더하는 경우에는 그 어근이나 부사의 원형을 밝히어 적는다.

1. '- 하다'가 붙는 어근에 '- 히'나 '- 이'가 붙는 경우

급히　꾸준히　도저히　딱히　어렴풋이　깨끗이

[붙임] '- 하다'가 붙지 않는 경우에는 소리대로 적는다.

갑자기　반드시(꼭)　슬며시

2. 부사에 '- 이'가 붙어서 역시 부사가 되는 경우

곰곰이　더욱이　생긋이　오뚝이　일찍이　해죽이

제26항 '- 하다'나 '- 없다'가 붙어서 된 용언은 그 '- 하다'나 '- 없다'를 밝히어 적는다.

1. '- 하다'가 붙어서 용언이 된 것

딱하다　숱하다　착하다　텁텁하다　푹하다

2. '- 없다'가 붙어서 용언이 된 것

부질없다 상없다 시름없다 열없다 하염없다

제4절 합성어 및 접두사가 붙은 말

제27항 둘 이상의 단어가 어울리거나 접두사가 붙어서 이루어진 말은 각각 그 원형을 밝히어 적는다.

국말이 꺾꽂이 꽃잎 끝장 물난리
밑천 부엌일 싫증 옷안 웃옷
젖몸살 첫아들 칼날 팥알 헛웃음
홀아비 홑몸 흙내
값없다 겉늙다 굶주리다 낮잡다 맞먹다
받내다 벋놓다 빗나가다 빛나다 새파랗다
샛노랗다 시꺼멓다 싯누렇다 엇나가다 엎누르다
엿듣다 옻오르다 짓이기다 헛되다

[붙임 1] 어원은 분명하나 소리만 특이하게 변한 것은 변한 대로 적는다.

할아버지 할아범

[붙임 2] 어원이 분명하지 아니한 것은 원형을 밝히어 적지 아니한다.

골병 골탕 끌탕 며칠 아재비
오라비 업신여기다 부리나케

[붙임 3] '이[齒, 虱]'가 합성어나 이에 준하는 말에서 '니' 또는 '리'로 소리날 때에는 '니'로 적는다.

간니 덧니 사랑니 송곳니 앞니
어금니 윗니 젖니 톱니 틀니
가랑니 머릿니

제28항 끝소리가 'ㄹ'인 말과 딴 말이 어울릴 적에 'ㄹ' 소리가 나지 아니하는 것은 아니 나는 대로 적는다.

다달이(달 - 달 - 이) 따님(딸 - 님) 마되(말 - 되)
마소(말 - 소) 무자위(물 - 자위) 바느질(바늘 - 질)
부나비(불 - 나비) 부삽(불 - 삽) 부손(불 - 손)
소나무(솔 - 나무) 싸전(쌀 - 전) 여닫이(열 - 닫이)
우짖다(울 - 짖다) 화살(활 - 살)

제29항 끝소리가 'ㄹ'인 말과 딴 말이 어울릴 적에 'ㄹ' 소리가 'ㄷ' 소리로 나는 것은 'ㄷ'

으로 적는다.

반짇고리(바느질~)	사흗날(사흘~)	삼짇날(삼질~)
섣달(설~)	숟가락(술 ~)	이튿날(이틀 ~)
잗주름(잘~)	푿소(풀~)	섣부르다(설~)
잗다듬다(잘~) 잗다랗다(잘~)		

제30항 사이시옷은 다음과 같은 경우에 받치어 적는다.

1. 순 우리말로 된 합성어로서 앞말이 모음으로 끝난 경우

(1) 뒷말의 첫소리가 된소리로 나는 것

고랫재	귓밥	나룻배	나뭇가지	냇가
댓가지	뒷갈망	맷돌	머릿기름	모깃불
못자리	바닷가	뱃길	볏가리	부싯돌
선짓국	쇳조각	아랫집	우렁잇속	잇자국
잿더미	조갯살	찻집	쳇바퀴	킷값
핏대	햇볕	혓바늘		

(2) 뒷말의 첫소리 'ㄴ, ㅁ' 앞에서 'ㄴ' 소리가 덧나는 것

멧나물	아랫니	텃마당	아랫마을	뒷머리
잇몸	깻묵	냇물	빗물	

(3) 뒷말의 첫소리 모음 앞에서 'ㄴㄴ' 소리가 덧나는 것

도리깻열	뒷윷	두렛일	뒷일	뒷입맛
베갯잇	욧잇	깻잎	나뭇잎	댓잎

2. 순 우리말과 한자어로 된 합성어로서 앞말이 모음으로 끝난 경우

(1) 뒷말의 첫소리가 된소리로 나는 것

귓병	머릿방	뱃병	봇둑	사잣밥
샛강	아랫방	자릿세	전셋집	찻잔
찻종	촛국	콧병	탯줄	텃세
핏기	햇수	횟가루	횟배	

(2) 뒷말의 첫소리 'ㄴ, ㅁ' 앞에서 'ㄴ' 소리가 덧나는 것

곗날	제삿날	훗날	툇마루	양칫물

(3) 뒷말의 첫소리 모음 앞에서 'ㄴㄴ' 소리가 덧나는 것

가욋일	사삿일	예삿일	훗일

3. 두 음절로 된 다음 한자어

곳간(庫間)　　셋방(貰房)　　숫자(數字)　　찻간(車間)
툇간(退間)　횟수(回數)

제31항 두 말이 어울릴 적에 'ㅂ' 소리나 'ㅎ' 소리가 덧나는 것은 소리대로 적는다.

1. 'ㅂ' 소리가 덧나는 것

댑싸리(대ㅂ싸리)	멥쌀(메ㅂ쌀)	볍씨(벼ㅂ씨)
입때(이ㅂ때)	입쌀(이ㅂ쌀)	접때(저ㅂ때)
좁쌀(조ㅂ쌀)	햅쌀(해ㅂ쌀)	

2. 'ㅎ' 소리가 덧나는 것

머리카락(머리ㅎ가락)	살코기(살ㅎ고기)	수캐(수ㅎ개)
수컷(수ㅎ것)	수탉(수ㅎ닭)	안팎(안ㅎ밖)
암캐(암ㅎ개)	암컷(암ㅎ것)	암탉(암ㅎ닭)

제5절 준　말

제32항 단어의 끝모음이 줄어지고 자음만 남은 것은 그 앞의 음절에 받침으로 적는다.[3)]

(본말)	(준말)
기러기야	기럭아
어제그저께	엊그저께
어제저녁	엊저녁
가지고, 가지지	갖고, 갖지
디디고, 디디지	딛고, 딛지

제33항 체언과 조사가 어울려 줄어지는 경우에는 준 대로 적는다.

(본말)	(준말)
그것은	그건
그것이	그게
그것으로	그걸로
나는	난
나를	날
너는	넌
너를	널
무엇을	뭣을/무얼/뭘
무엇이	뭣이/무에

3) 고시본에서 보였던 '온갖, 온가지' 중 '온가지'는 '표준어 규정' 제14항에서 비표준어로 처리하였으므로 삭제하였다.

제34항 모음 'ㅏ, ㅓ'로 끝난 어간에 '-아/-어, -았-/-었-'이 어울릴 적에는 준 대로 적는다.

(본말)	(준말)	(본말)	(준말)
가아	가	가았다	갔다
나아	나	나았다	났다
타아	타	타았다	탔다
서어	서	서었다	섰다
켜어	켜	켜었다	켰다
펴어	펴	펴었다	폈다

[붙임 1] 'ㅐ, ㅔ' 뒤에 '-어, -었-'이 어울려 줄 적에는 준 대로 적는다.

(본말)	(준말)	(본말)	(준말)
개어	개	개었다	갰다
내어	내	내었다	냈다
베어	베	베었다	벴다
세어	세	세었다	셌다

[붙임 2] '하여'가 한 음절로 줄어서 '해'로 될 적에는 준 대로 적는다.

(본말)	(준말)	(본말)	(준말)
하여	해	하였다	했다
더하여	더해	더하였다	더했다
흔하여	흔해	흔하였다	흔했다

제35항 모음 'ㅗ, ㅜ'로 끝난 어간에 '-아/-어, -았-/-었-'이 어울려 'ㅘ/ㅝ, ㅘㅆ/ㅝㅆ'으로 될 적에는 준 대로 적는다.

(본말)	(준말)	(본말)	(준말)
꼬아	꽈	꼬았다	꽜다
보아	봐	보았다	봤다
쏘아	쏴	쏘았다	쐈다
두어	둬	두었다	뒀다
쑤어	쒀	쑤었다	쒔다
주어	줘	주었다	줬다

[붙임 1] '놓아'가 '놔'로 줄 적에는 준 대로 적는다.

[붙임 2] 'ㅚ' 뒤에 '-어, -었-'이 어울려 'ㅙ, ㅙㅆ'으로 될 적에도 준 대로 적는다.

(본말)	(준말)	(본말)	(준말)
괴어	괘	괴었다	괬다
되어	돼	되었다	됐다
뵈어	봬	뵈었다	뵀다

쇠어	쇄	쇠었다	쇘다
쐬어	쐐	쐬었다	쐤다

제36항 'ㅣ' 뒤에 '-어'가 와서 'ㅕ'로 줄 적에는 준 대로 적는다.

(본말)	(준말)	(본말)	(준말)
가지어	가져	가지었다	가졌다
견디어	견뎌	견디었다	견뎠다
다니어	다녀	다니었다	다녔다
막히어	막혀	막히었다	막혔다
버티어	버텨	버티었다	버텼다
치이어	치여	치이었다	치였다

제37항 'ㅏ, ㅕ, ㅗ, ㅜ, ㅡ'로 끝난 어간에 '-이-'가 와서 각각 'ㅐ, ㅖ, ㅚ, ㅟ, ㅢ'로 줄 적에는 준 대로 적는다.

(본말)	(준말)	(본말)	(준말)
싸이다	쌔다	누이다	뉘다
펴이다	폐다	뜨이다	띄다
보이다	뵈다	쓰이다	씌다

제38항 'ㅏ, ㅗ, ㅜ, ㅡ' 뒤에 '-이어'가 어울려 줄어질 적에는 준 대로 적는다.

(본말)	(준말)	(본말)	(준말)
싸이어	쌔어 싸여	뜨이어	띄어
보이어	뵈어 보여	쓰이어	씌어 쓰여
쏘이어	쐬어 쏘여	트이어	틔어 트여
누이어	뉘어 누여		

제39항 어미 '-지' 뒤에 '않-'이 어울려 '-잖-'이 될 적과 '-하지' 뒤에 '않-'이 어울려 '-찮-'이 될 적에는 준 대로 적는다.

(본말)	(준말)	(본말)	(준말)
그렇지 않은	그렇잖은	만만하지 않다	만만찮다
적지 않은	적잖은	변변하지 않다	변변찮다

제40항 어간의 끝음절 '하'의 'ㅏ'가 줄고 'ㅎ'이 다음 음절의 첫소리와 어울려 거센소리로 될 적에는 거센소리로 적는다.

(본말)	(준말)	(본말)	(준말)
간편하게	간편케	다정하다	다정타
연구하도록	연구토록	정결하다	정결타
가하다	가타	흔하다	흔타

[붙임 1] 'ㅎ'이 어간의 끝소리로 굳어진 것은 받침으로 적는다.

않다	않고	않지	않든지
그렇다	그렇고	그렇지	그렇든지
아무렇다	아무렇고	아무렇지	아무렇든지
어떻다	어떻고	어떻지	어떻든지
이렇다	이렇고	이렇지	이렇든지
저렇다	저렇고	저렇지	저렇든지

[붙임 2] 어간의 끝음절 '하'가 아주 줄 적에는 준 대로 적는다.

(본말)	(준말)	(본말)	(준말)
거북하지	거북지	넉넉하지 않다	넉넉지 않다
생각하건대	생각건대	못하지 않다	못지않다
생각하다 못해	생각다 못해	섭섭하지 않다	섭섭지 않다
깨끗하지 않다	깨끗지 않다	익숙하지 않다	익숙지 않다

[붙임 3] 다음과 같은 부사는 소리대로 적는다.

결단코	결코	기필코	무심코	아무튼	요컨대
정녕코	필연코	하마터면	하여튼	한사코	

제 5 장 띄어쓰기

제 1 절 조 사

제41항 조사는 그 앞말에 붙여 쓴다.

꽃이	꽃마저	꽃밖에	꽃에서부터	꽃으로만
꽃이나마	꽃이다	꽃입니다	꽃처럼	어디까지나
거기도	멀리는	웃고만		

제 2 절 의존 명사, 단위를 나타내는 명사 및 열거하는 말 등

제42항 의존 명사는 띄어 쓴다.

아는 것이 힘이다.	나도 할 수 있다.
먹을 만큼 먹어라.	아는 이를 만났다.
네가 뜻한 바를 알겠다.	그가 떠난 지가 오래다.

제43항 단위를 나타내는 명사는 띄어 쓴다.

한 개	차 한 대	금 서 돈	소 한 마리
옷 한 벌	열 살	조기 한 손	연필 한 자루
버선 한 죽	집 한 채	신 두 켤레	북어 한 쾌

다만, 순서를 나타내는 경우나 숫자와 어울리어 쓰이는 경우에는 붙여 쓸 수 있다.

두시 삼십분 오초	제일과	삼학년
육층	1446년 10월 9일	2대대
16동 502호	제1실습실	80원
10개	7미터	

제44항 수를 적을 적에는 '만(萬)' 단위로 띄어 쓴다.

십이억 삼천사백오십육만 칠천팔백구십팔

12억 3456만 7898

제45항 두 말을 이어 주거나 열거할 적에 쓰이는 다음의 말들은 띄어 쓴다.

국장 겸 과장	열 내지 스물	청군 대 백군
책상, 걸상 등이 있다	이사장 및 이사들	사과, 배, 귤 등등

사과, 배 등속 부산, 광주 등지

제46항 단음절로 된 단어가 연이어 나타날 적에는 붙여 쓸 수 있다.

그때 그곳 좀더 큰것 이말 저말 한잎 두잎

제3절 보조 용언

제47항 보조 용언은 띄어 씀을 원칙으로 하되, 경우에 따라 붙여 씀도 허용한다.(ㄱ을 원칙으로 하고, ㄴ을 허용함.)

ㄱ	ㄴ
불이 꺼져 간다.	불이 꺼져간다.
내 힘으로 막아 낸다.	내 힘으로 막아낸다.
어머니를 도와 드린다.	어머니를 도와드린다.
그릇을 깨뜨려 버렸다.	그릇을 깨뜨려버렸다.
비가 올 듯하다.	비가 올듯하다.
그 일은 할 만하다.	그 일은 할만하다.
일이 될 법하다.	일이 될법하다.
비가 올 성싶다.	비가 올성싶다.
잘 아는 척한다.	잘 아는척한다.

다만, 앞말에 조사가 붙거나 앞말이 합성 동사인 경우, 그리고 중간에 조사가 들어갈 적에는 그 뒤에 오는 보조 용언은 띄어 쓴다.

잘도 놀아만 나는구나!	책을 읽어도 보고…….
네가 덤벼들어 보아라.	강물에 떠내려가 버렸다.

그가 올 듯도 하다.　　　　잘난 체를 한다.

제 4 절　고유 명사 및 전문 용어

제48항　성과 이름, 성과 호 등은 붙여 쓰고, 이에 덧붙는 호칭어, 관직명 등은 띄어 쓴다.

김양수(金良洙)　　　서화담(徐花潭)　　　채영신 씨
최치원 선생　　　박동식 박사　　　충무공 이순신 장군

다만, 성과 이름, 성과 호를 분명히 구분할 필요가 있을 경우에는 띄어 쓸 수 있다.

남궁억/남궁 억　　　독고준/독고 준
황보지봉(皇甫芝峰)/황보 지봉

제49항　성명 이외의 고유 명사는 단어별로 띄어 씀을 원칙으로 하되, 단위별로 띄어 쓸 수 있다.(ㄱ을 원칙으로 하고, ㄴ을 허용함.)

ㄱ	ㄴ
대한 중학교	대한중학교
한국 대학교 사범 대학	한국대학교 사범대학

제50항　전문 용어는 단어별로 띄어 씀을 원칙으로 하되, 붙여 쓸 수 있다.(ㄱ을 원칙으로 하고, ㄴ을 허용함.)

ㄱ	ㄴ
만성 골수성 백혈병	만성골수성백혈병
중거리 탄도 유도탄	중거리탄도유도탄

제 6 장　그 밖의 것

제51항　부사의 끝음절이 분명히 '이'로만 나는 것은 '-이'로 적고, '히'로만 나거나 '이'나 '히'로 나는 것은 '-히'로 적는다.

1. '이'로만 나는 것

가붓이	깨끗이	나붓이	느긋이	둥긋이
따뜻이	반듯이	버젓이	산뜻이	의젓이
가까이	고이	날카로이	대수로이	번거로이
많이	적이	헛되이		
겹겹이	번번이	일일이	집집이	틈틈이

2. '히'로만 나는 것

극히	급히	딱히	속히	작히
족히	특히	엄격히	정확히	

3. '이, 히'로 나는 것

솔직히	가만히	간편히	나른히	무단히
각별히	소홀히	쓸쓸히	정결히	과감히
꼼꼼히	심히	열심히	급급히	답답히
섭섭히	공평히	능히	당당히	분명히
상당히	조용히	간소히	고요히	도저히

제52항 한자어에서 본음으로도 나고 속음으로도 나는 것은 각각 그 소리에 따라 적는다.

(본음으로 나는 것)	(속음으로 나는 것)
승낙(承諾)	수락(受諾), 쾌락(快諾), 허락(許諾)
만난(萬難)	곤란(困難), 논란(論難)
안녕(安寧)	의령(宜寧), 회령(會寧)
분노(忿怒)	대로(大怒), 희로애락(喜怒哀樂)
토론(討論)	의논(議論)
오륙십(五六十)	오뉴월, 유월(六月)
목재(木材)	모과(木瓜)
십일(十日)	시방정토(十方淨土), 시왕(十王), 시월(十月)
팔일(八日)	초파일(初八日)

제53항 다음과 같은 어미는 예사소리로 적는다.(ㄱ을 취하고, ㄴ을 버림.)

ㄱ	ㄴ
-(으)ㄹ거나	-(으)ㄹ꺼나
-(으)ㄹ걸	-(으)ㄹ껄
-(으)ㄹ게	-(으)ㄹ께
-(으)ㄹ세	-(으)ㄹ쎄
-(으)ㄹ세라	-(으)ㄹ쎄라
-(으)ㄹ수록	-(으)ㄹ쑤록
-(으)ㄹ시	-(으)ㄹ씨
-(으)ㄹ지	-(으)ㄹ찌
-(으)ㄹ지니라	-(으)ㄹ찌니라
-(으)ㄹ지라도	-(으)ㄹ찌라도
-(으)ㄹ지어다	-(으)ㄹ찌어다
-(으)ㄹ지언정	-(으)ㄹ찌언정
-(으)ㄹ진대	-(으)ㄹ찐대
-(으)ㄹ진저	-(으)ㄹ찐저
-올시다	-올씨다

다만, 의문을 나타내는 다음 어미들은 된소리로 적는다.

- (으)ㄹ까? - (으)ㄹ꼬? - (스)ㅂ니까?
- (으)리까? - (으)ㄹ쏘냐?

제54항 다음과 같은 접미사는 된소리로 적는다.(ㄱ을 취하고, ㄴ을 버림.)

ㄱ	ㄴ	ㄱ	ㄴ
심부름꾼	심부름군	귀때기	귓대기
익살꾼	익살군	볼때기	볼대기
일꾼	일군	판자때기	판잣대기
장꾼	장군	뒤꿈치	뒷굼치
장난꾼	장난군	팔꿈치	팔굼치
지게꾼	지겟군	이마빼기	이맛배기
때깔	땟갈	코빼기	콧배기
빛깔	빛갈	객쩍다	객적다
성깔	성갈	겸연쩍다	겸연적다

제55항 두 가지로 구별하여 적던 다음 말들은 한 가지로 적는다.(ㄱ을 취하고, ㄴ을 버림.)

ㄱ	ㄴ
맞추다(입을 맞춘다. 양복을 맞춘다.)	마추다
뻗치다(다리를 뻗친다. 멀리 뻗친다.)	뻐치다

제56항 '- 더라, - 던'과 '- 든지'는 다음과 같이 적는다.

1. 지난 일을 나타내는 어미는 '- 더라, - 던'으로 적는다.(ㄱ을 취하고, ㄴ을 버림.)

ㄱ	ㄴ
지난 겨울은 몹시 춥더라.	지난 겨울은 몹시 춥드라.
깊던 물이 얕아졌다.	깊든 물이 얕아졌다.
그렇게 좋던가?	그렇게 좋든가?
그 사람 말 잘하던데!	그 사람 말 잘하든데!
얼마나 놀랐던지 몰라.	얼마나 놀랐든지 몰라.

2. 물건이나 일의 내용을 가리지 아니하는 뜻을 나타내는 조사와 어미는 '(-)든지'로 적는다.(ㄱ을 취하고, ㄴ을 버림.)

ㄱ	ㄴ
배든지 사과든지 마음대로 먹어라.	배던지 사과던지 마음대로 먹어라.
가든지 오든지 마음대로 해라.	가던지 오던지 마음대로 해라.

제57항 다음 말들은 각각 구별하여 적는다.

가름	둘로 가름.
갈음	새 책상으로 갈음하였다.

거름	풀을 썩인 거름.
걸음	빠른 걸음.
거치다	영월을 거쳐 왔다.
걷히다	외상값이 잘 걷힌다.
걷잡다	걷잡을 수 없는 상태.
겉잡다	겉잡아서 이틀 걸릴 일.
그러므로(그러니까)	그는 부지런하다. 그러므로 잘 산다.
그럼으로(써)	그는 열심히 공부한다. 그럼으로(써)
(그렇게 하는 것으로)	은혜에 보답한다.
노름	노름판이 벌어졌다.
놀음(놀이)	즐거운 놀음.
느리다	진도가 너무 느리다.
늘이다	고무줄을 늘인다.
늘리다	수출량을 더 늘린다.
다리다	옷을 다린다.
달이다	약을 달인다.
다치다	부주의로 손을 다쳤다.
닫히다	문이 저절로 닫혔다.
닫치다	문을 힘껏 닫쳤다.
마치다	벌써 일을 마쳤다.
맞히다	여러 문제를 더 맞혔다.
목거리	목거리가 덧났다.
목걸이	금 목걸이, 은 목걸이.
바치다	나라를 위해 목숨을 바쳤다.
받치다	우산을 받치고 간다.
	책받침을 받친다.
받히다	쇠뿔에 받혔다.
밭치다	술을 체에 밭친다.

반드시	약속은 반드시 지켜라.
반듯이	고개를 반듯이 들어라.
부딪치다	차와 차가 마주 부딪쳤다.
부딪히다	마차가 화물차에 부딪혔다.
부치다	힘이 부치는 일이다.
	편지를 부친다.
	논밭을 부친다.
	빈대떡을 부친다.
	식목일에 부치는 글.
	회의에 부치는 안건.
	인쇄에 부치는 원고.
	삼촌 집에 숙식을 부친다.
붙이다	우표를 붙인다.
	책상을 벽에 붙였다.
	흥정을 붙인다.
	불을 붙인다.
	감시원을 붙인다.
	조건을 붙인다.
	취미를 붙인다.
	별명을 붙인다.
시키다	일을 시킨다.
식히다	끓인 물을 식힌다.
아름	세 아름 되는 둘레.
알음	전부터 알음이 있는 사이.
앎	앎이 힘이다.
안치다	밥을 안친다.
앉히다	윗자리에 앉힌다.
어름	두 물건의 어름에서 일어난 현상.
얼음	얼음이 얼었다.
이따가	이따가 오너라.
있다가	돈은 있다가도 없다.

저리다	다친 다리가 저린다.
절이다	김장 배추를 절인다.
조리다	생선을 조린다. 통조림, 병조림.
졸이다	마음을 졸인다.
주리다	여러 날을 주렸다.
줄이다	비용을 줄인다.
하노라고	하노라고 한 것이 이 모양이다.
하느라고	공부하느라고 밤을 새웠다.
- 느니보다(어미)	나를 찾아오느니보다 집에 있거라.
- 는 이보다(의존 명사)	오는 이가 가는 이보다 많다.
- (으)리만큼(어미)	나를 미워하리만큼 그에게 잘못한 일이 없다.
- (으)ㄹ 이만큼(의존 명사)	찬성할 이도 반대할 이만큼이나 많을 것이다.
- (으)러(목적)	공부하러 간다.
- (으)려(의도)	서울 가려 한다.
- (으)로서(자격)	사람으로서 그럴 수는 없다.
- (으)로써(수단)	닭으로써 꿩을 대신했다.
- (으)므로(어미)	그가 나를 믿으므로 나도 그를 믿는다.
(- ㅁ, - 음)으로(써)(조사)	그는 믿음으로(써) 산 보람을 느꼈다.

문장 부호

문장 부호의 이름과 그 사용법은 다음과 같이 정한다.

Ⅰ. 마침표[終止符]

1. 온점(.), 고리점(︒)

가로쓰기에는 온점, 세로쓰기에는 고리점을 쓴다.

(1) 서술, 명령, 청유 등을 나타내는 문장의 끝에 쓴다.

젊은이는 나라의 기둥이다.
황금 보기를 돌같이 하라.
집으로 돌아가자.

다만, 표제어나 표어에는 쓰지 않는다.

압록강은 흐른다(표제어)
꺼진 불도 다시 보자(표어)

(2) 아라비아 숫자만으로 연월일을 표시할 적에 쓴다.

1919. 3. 1. (1919 년 3 월 1 일)

(3) 표시 문자 다음에 쓴다.

1. 마침표　　ㄱ. 물음표　　가. 인명

(4) 준말을 나타내는 데 쓴다.

서. 1987. 3. 5. (서기)

2. 물음표(?)

의심이나 물음을 나타낸다.

(1) 직접 질문할 때에 쓴다.

이제 가면 언제 돌아오니?
이름이 뭐지?

(2) 반어나 수사 의문(修辭疑問)을 나타낼 때 쓴다.

제가 감히 거역할 리가 있습니까?
이게 은혜에 대한 보답이냐?
남북 통일이 되면 얼마나 좋을까?

(3) 특정한 어구 또는 그 내용에 대하여 의심이나 빈정거림, 비웃음등을 표시할 때, 또는 적절한 말을 쓰기 어려운 경우에 소괄호 안에 쓴다.

그것 참 훌륭한(?) 태도야.
우리 집 고양이가 가출(?)을 했어요.

[붙임 1] 한 문장에서 몇 개의 선택적인 물음이 겹쳤을 때에는 맨 끝의 물음에만 쓰지만, 각각 독립된 물음인 경우에는 물음마다 쓴다.

너는 한국인이냐, 중국인이냐?
너는 언제 왔니? 어디서 왔니? 무엇하러?

[붙임 2] 의문형 어미로 끝나는 문장이라도 의문의 정도가 약할 때에는 물음표 대신 온점(또는 고리점)을 쓸 수도 있다.

이 일을 도대체 어쩐단 말이냐.
아무도 그 일에 찬성하지 않을 거야. 혹 미친 사람이면 모를까.

3. 느낌표(!)

감탄이나 놀람, 부르짖음, 명령 등 강한 느낌을 나타낸다.

(1) 느낌을 힘차게 나타내기 위해 감탄사나 감탄형 종결 어미 다음에 쓴다.

앗!
아, 달이 밝구나!

(2) 강한 명령문 또는 청유문에 쓴다.

지금 즉시 대답해!
부디 몸조심하도록!

(3) 감정을 넣어 다른 사람을 부르거나 대답할 적에 쓴다.

춘향아!
예, 도련님!

(4) 물음의 말로써 놀람이나 항의의 뜻을 나타내는 경우에 쓴다.

이게 누구야!
내가 왜 나빠!

[붙임] 감탄형 어미로 끝나는 문장이라도 감탄의 정도가 약할 때에는 느낌표 대신 온점(또는 고리점)을 쓸 수도 있다.

개구리가 나온 것을 보니, 봄이 오긴 왔구나.

II. 쉼표[休止符]

1. 반점(,), 모점(、)

가로쓰기에는 반점, 세로쓰기에는 모점을 쓴다.
문장 안에서 짧은 휴지를 나타낸다.

(1) 같은 자격의 어구가 열거될 때에 쓴다.

근면, 검소, 협동은 우리 겨레의 미덕이다.
충청도의 계룡산, 전라도의 내장산, 강원도의 설악산은 모두 국립 공원이다.

다만, 조사로 연결될 적에는 쓰지 않는다.

매화와 난초와 국화와 대나무를 사군자라고 한다.

(2) 짝을 지어 구별할 필요가 있을 때에 쓴다.

닭과 지네, 개와 고양이는 상극이다.

(3) 바로 다음의 말을 꾸미지 않을 때에 쓴다.

슬픈 사연을 간직한, 경주 불국사의 무영탑.
성질 급한, 철수의 누이동생이 화를 내었다.

(4) 대등하거나 종속적인 절이 이어질 때에 절 사이에 쓴다.

콩 심으면 콩 나고, 팥 심으면 팥 난다.
흰 눈이 내리니, 경치가 더욱 아름답다.

(5) 부르는 말이나 대답하는 말 뒤에 쓴다.

얘야, 이리 오너라.
예, 지금 가겠습니다.

(6) 제시어 다음에 쓴다.

빵, 빵이 인생의 전부이더냐?
용기, 이것이야말로 무엇과도 바꿀 수 없는 젊은이의 자산이다.

(7) 도치된 문장에 쓴다.

이리 오세요, 어머님.
다시 보자, 한강수야.

(8) 가벼운 감탄을 나타내는 말 뒤에 쓴다.

아, 깜빡 잊었구나.

(9) 문장 첫머리의 접속이나 연결을 나타내는 말 다음에 쓴다.

첫째, 몸이 튼튼해야 된다.
아무튼, 나는 집에 돌아가겠다.

다만, 일반적으로 쓰이는 접속어(그러나, 그러므로, 그리고, 그런데 등) 뒤에는 쓰지 않음을 원칙으로 한다.

그러나 너는 실망할 필요가 없다.

(10) 문장 중간에 끼어든[1] 구절 앞뒤에 쓴다.

나는, 솔직히 말하면, 그 말이 별로 탐탁하지 않소.
철수는 미소를 띠고, 속으로는 화가 치밀었지만, 그들을 맞았다.

(11) 되풀이를 피하기 위하여 한 부분을 줄일 때에 쓴다.

여름에는 바다에서, 겨울에는 산에서 휴가를 즐겼다.

(12) 문맥상 끊어 읽어야 할 곳에 쓴다.

갑돌이가 울면서, 떠나는 갑순이를 배웅했다.
갑돌이가, 울면서 떠나는 갑순이를 배웅했다.
철수가, 내가 제일 좋아하는 친구이다.
남을 괴롭히는 사람들은, 만약 그들이 다른 사람에게 괴롭힘을 당해 본다면, 남을 괴

---

1) 이 경우, '끼어들다'냐 '끼여들다'냐에 대하여 논란의 여지가 있으나, 여기에서는 고시본대로 두기로 한다. 이하 같다.

롭히는 일이 얼마나 나쁜 일인지 깨달을 것이다.

(13) 숫자를 나열할 때에 쓴다.

1, 2, 3, 4

(14) 수의 폭이나 개략의 수를 나타낼 때에 쓴다.

5, 6 세기　　　　　　　　　6, 7 개

(15) 수의 자릿점을 나타낼 때에 쓴다.

14,314

2. 가운뎃점(·)

열거된 여러 단위가 대등하거나 밀접한 관계임을 나타낸다.

(1) 쉼표로 열거된 어구가 다시 여러 단위로 나누어질 때에 쓴다.

철수·영이, 영수·순이가 서로 짝이 되어 윷놀이를 하였다.
공주··논산, 천안·아산 등 각 지역구에서 2 명씩 국회의원을 뽑는다.
시장에 가서 사과·배·복숭아, 고추·마늘·파, 조기·명태·고등어를 샀다.

(2) 특정한 의미를 가지는 날을 나타내는 숫자에 쓴다.

3·1 운동　　　　　　　　　8··15 광복

(3) 같은 계열의 단어 사이에 쓴다.

경북 방언의 조사·연구
충북·충남 두 도를 합하여 충청도라고 한다.
동사·형용사를 합하여 용언이라고 한다.

3. 쌍점(:)

(1) 내포되는 종류를 들 적에 쓴다.

문장 부호: 마침표, 쉼표, 따옴표, 묶음표 등.
문방 사우: 붓, 먹, 벼루, 종이.

(2) 소표제 뒤에 간단한 설명이 붙을 때에 쓴다.

일시: 1984 년 10 월 15 일 10 시.
마침표: 문장이 끝남을 나타낸다.

(3) 저자명 다음에 저서명을 적을 때에 쓴다.

정약용: 목민심서, 경세유표.
주시경: 국어 문법, 서울 박문 서관, 1910.

(4) 시(時)와 분(分), 장(章)과 절(節) 따위를 구별할 때나, 둘 이상을 대비할 때에 쓴다.

오전 10:20 (오전 10 시 20 분)
요한 3:16 (요한 복음 3 장 16 절)[2)]
대비 65:60 (65 대 60)

4. **빗금(/)**

(1) 대응, 대립되거나 대등한 것을 함께 보이는 단어와 구, 절 사이에 쓴다.

남궁만/남궁 만 　　　백이십오 원/125 원
착한 사람/악한 사람 　　　맞닥뜨리다/맞닥트리다

(2) 분수를 나타낼 때에 쓰기도 한다.

3/4 분기 　　　3/20

III. 따옴표[引用符]

1. **큰따옴표(" "), 겹낫표(『 』)**

가로쓰기에는 큰따옴표, 세로쓰기에는 겹낫표를 쓴다.
대화, 인용, 특별 어구 따위를 나타낸다.

(1) 글 가운데서 직접 대화를 표시할 때에 쓴다.

"전기가 없었을 때는 어떻게 책을 보았을까?"
"그야 등잔불을 켜고 보았겠지."

(2) 남의 말을 인용할 경우에 쓴다.

예로부터 "민심은 천심이다."라고 하였다.
"사람은 사회적 동물이다."라고 말한 학자가 있다.

---

2) 이 규정집에서 '편(編)·부(部)·장(章)·항(項)'이 아라비아 숫자와 결합하여 쓰이는 경우 등은 편의상 띄어쓰기의 허용 쪽을 따라 붙여 썼으나,(일러두기의 3 번을 참조함.) 이 용례는 고시 본대로 보이기로 한다.

2. 작은따옴표(' '), 낫표(「 」)

가로쓰기에는 작은따옴표, 세로쓰기에는 낫표를 쓴다.

(1) 따온 말 가운데 다시 따온 말이 들어 있을 때에 쓴다.

"여러분! 침착해야 합니다. '하늘이 무너져도 솟아날 구멍이 있다.'고 합니다."

(2) 마음 속으로 한 말을 적을 때에 쓴다.

'만약 내가 이런 모습으로 돌아간다면, 모두들 깜짝 놀라겠지.'

[붙임] 문장에서 중요한 부분을 두드러지게 하기 위해 드러냄표 대신에 쓰기도 한다.

지금 필요한 것은 '지식'이 아니라 '실천'입니다.
'배부른 돼지'보다는 '배고픈 소크라테스'가 되겠다.

Ⅳ. 묶음표[括弧符]

1. 소괄호(( ))

(1) 원어, 연대, 주석, 설명 등을 넣을 적에 쓴다.

커피(coffee)는 기호 식품이다.
3·1 운동(1919) 당시 나는 중학생이었다.
'무정(無情)'은 춘원(6·25 때 납북)의 작품이다.
니체(독일의 철학자)는 이렇게 말했다.

(2) 특히 기호 또는 기호적인 구실을 하는 문자, 단어, 구에 쓴다.

(1) 주어 (ㄱ) 명사 (라) 소리에 관한 것

(3) 빈 자리임을 나타낼 적에 쓴다.

우리 나라의 수도는 ( )이다.

2. 중괄호({ })

여러 단위를 동등하게 묶어서 보일 때에 쓴다.

주격 조사 { 이 / 가 }   국가의 3 요소 { 국토 / 국민 / 주민 }

3. 대괄호([ ])

(1) 묶음표 안의 말이 바깥 말과 음이 다를 때에 쓴다.

나이[年歲]　　낱말[單語]　　手足[손발]

(2) 묶음표 안에 또 묶음표가 있을 때에 쓴다.
명령에 있어서의 불확실[단호(斷乎)하지 못함]은 복종에 있어서의 불확실[모호(模糊)함]을 낳는다.

Ⅴ. 이음표[連結符]

1. 줄표 (—)

이미 말한 내용을 다른 말로 부연하거나 보충함을 나타낸다.

(1) 문장 중간에 앞의 내용에 대해 부연하는 말이 끼여들 때 쓴다.

그 신동은 네 살에 — 보통 아이 같으면 천자문도 모를 나이에 — 벌써 시를 지었다.

(2) 앞의 말을 정정 또는 변명하는 말이 이어질 때 쓴다.

어머님께 말했다가 — 아니, 말씀드렸다가 — 꾸중만 들었다.
이건 내 것이니까 — 아니, 내가 처음 발견한 것이니까 — 절대로 양보할 수가 없다.

2. 붙임표(-)

(1) 사전, 논문 등에서 합성어를 나타낼 적에, 또는 접사나 어미임을 나타낼 적에 쓴다.

겨울 - 나그네　　불 - 구경　　손 - 발
휘 - 날리다　　슬기 - 롭다　　- (으)ㄹ걸

(2) 외래어와 고유어 또는 한자어가 결합되는 경우에 쓴다.

나일론 - 실　　디 - 장조　　빛 - 에너지　　염화 - 칼륨

3. 물결표(~)

(1) '내지'라는 뜻에 쓴다.

9 월 15 일 ~ 9 월 25 일

(2) 어떤 말의 앞이나 뒤에 들어갈 말 대신 쓴다.

새마을:　　~ 운동　　~ 노래
- 가(家):　　음악~　미술~

Ⅵ. 드러냄표[顯在符]

1. 드러냄표(˙, ˚)[3]

· 이나 ◦ 을 가로쓰기에는 글자 위에, 세로쓰기에는 글자 오른쪽에 쓴다.
문장 내용 중에서 주의가 미쳐야 할 곳이나 중요한 부분을 특별히 드러내 보일 때 쓴다.

한글의 본 이름은 훈민정음이다.

중요한 것은 왜 사느냐가 아니라 어떻게 사느냐 하는 문제이다.

[붙임] 가로쓰기에서는 밑줄(____)을 치기도 한다.
다음 보기에서 명사가 <u>아닌</u> 것은?

Ⅶ. 안드러냄표[潛在符]

1. 숨김표(××, ○○)

알면서도 고의로 드러내지 않음을 나타낸다.

(1) 금기어나 공공연히 쓰기 어려운 비속어의 경우, 그 글자의 수효만큼 쓴다.

배운 사람 입에서 어찌 ○○○란 말이 나올 수 있느냐?
그 말을 듣는 순간 ×××란 말이 목구멍까지 치밀었다.

(2) 비밀을 유지할 사항일 경우, 그 글자의 수효만큼 쓴다.

육군 ○○ 부대 ○○○ 명이 작전에 참가하였다.
그 모임의 참석자는 김×× 씨, 정×× 씨 등 5 명이었다.

2. 빠짐표(□)

글자의 자리를 비워 둠을 나타낸다.

(1) 옛 비문이나 서적 등에서 글자가 분명하지 않을 때에 그 글자의 수효만큼 쓴다.

大師爲法主□□賴之大□薦 (옛 비문)

(2) 글자가 들어가야 할 자리를 나타낼 때 쓴다.

훈민정음의 초성 중에서 아음(牙音)은 □□□의 석 자다.

---

3) 고시본에는 (˚,˙)의 순으로 되어 있으나, 사용법에 대한 규정문이나 용례에서 '˙'을 앞세웠으므로 이와 같이 제시하였다.

3. 줄임표(……)

(1) 할 말을 줄였을 때에 쓴다.

"어디 나하고 한번……."
하고 철수가 나섰다.

(2) 말이 없음을 나타낼 때에 쓴다.

"빨리 말해!"
"……."

부록 2. 상용 한자어

ㄱ

가공(架空)	可矜(가긍)	可能性(가능성)	可憐(가련)	苛斂(가렴)
假說(가설)	價値(가치)	各自(각자)	恪別(각별)	覺醒(각성)
簡潔(간결)	艱難(간난)	干涉(간섭)	懇切(간절)	看做(간주)
間接(간접)	看板(간판)	間歇(간헐)	葛藤(갈등)	渴症(갈증)
感覺(감각)	監督(감독)	感謝(감사)	減殺(감쇄)	鑑賞(감상)
減少(감소)	感歎(감탄)	强烈(강렬)	講演(강연)	鋼鐵(강철)
降下(강하)	槪括(개괄)	槪念(개념)	開放(개방)	個性(개성)
開拓(개척)	改革(개혁)	客觀的(객관적)	擧國的(거국적)	巨大(거대)
去來(거래)	距離(거리)	拒否(거부)	凱旋(개선)	改悛(개전)
開拓(개척)	坑道(갱도)	更生(갱생)	醵出(갹출)	怯懦(겁나)
揭示(게시)	揭載(게재)	乾燥(건조)	建築(건축)	檢査(검사)
激勵(격려)	堅固(견고)	見聞(견문)	堅忍(견인)	譴責(견책)
缺如(결여)	決裁(결재)	缺點(결점)	兼備(겸비)	謙遜(겸손)
境界(경계)	警告(경고)	經費(경비)	警備(경비)	輕蔑(경멸)
經歷(경력)	慶事(경사)	經營(경영)	境遇(경우)	競爭(경쟁)
更新(경신/갱신)	驚愕(경악)	經濟(경제)	傾向(경향)	更正(경정)
更迭(경질)	契機(계기)	啓發(계발)	計算(계산)	繼續(계속)
系列(계열)	計劃(계획)	苦惱(고뇌)	考慮(고려)	孤陋(고루)
孤立(고립)	雇用(고용)	苦悶(고민)	曲線(곡선)	困難(곤란)
攻擊(공격)	供給(공급)	滑稽(골계)	汨沒(골몰)	鞏固(공고)
共通(공통)	恭遜(공손)	貢獻(공헌)	誇示(과시)	過剩(과잉)
過程(과정)	誇張(과장)	課題(과제)	科學(과학)	寬待(관대)
關係(관계)	慣習(관습)	觀察(관찰)	管轄(관할)	刮目(괄목)
廣告(광고)	鑛山(광산)	狂亂(광란)	傀儡(괴뢰)	乖離(괴리)
壞滅(괴멸)	攪亂(교란)	橋梁(교량)	交流(교류)	敎唆(교사)
膠著(교착)	交換(교환)	狡猾(교활)	敎訓(교훈)	句讀(구두)
購買(구매)	構成(구성)	拘束(구속)	區域(구역)	拘碍(구애)
具體的(구체적)	救恤(구휼)	國際(국제)	局限(국한)	軌道(궤도)
屈折(굴절)	窮極的(궁극적)	權威(권위)	勸奬(권장)	詭辯(궤변)
軌道(궤도)	歸還(귀환)	龜鑑(귀감)	規範(규범)	均衡(균형)
糾明(규명)	糾合(규합)	龜裂(균열)	克服(극복)	根據(근거)
根源(근원)	勤勉(근면)	近況(근황)	金錢(금전)	禁止(금지)
矜持(긍지)	肯定(긍정)	期間(기간)	機械(기계)	技巧(기교)
記錄(기록)	基本(기본)	技術(기술)	起案(기안)	基源(기원)
基準(기준)	基礎(기초)	旗幟(기치)	忌避(기피)	嗜好(기호)
企劃(기획)	緊密(긴밀)	緊急(긴급)	緊張(긴장)	吉凶(길흉)

ㄴ

懦弱(나약) 懶惰(나타) 懶怠(나태) 拿捕(나포) 落島(낙도)
烙印(낙인) 難澁(난삽) 難易(난이) 捺印(날인) 捏造(날조)
濫觴(남상) 納稅(납세) 拉致(납치) 來往(내왕) 內容(내용)
努力(노력) 老衰(노쇠) 露骨的(노골적) 賂物(뇌물) 惱殺(뇌쇄)
論文(논문) 論評(논평) 弄談(농담) 農業(농업) 累積(누적)
漏泄(누설) 陋醜(누추) 訥辯(눌변) 能率(능률) 凜凜(늠름)

ㄷ

茶菓(다과) 多數(다수) 斷念(단념) 單獨(단독) 團欒(단란)
鍛鍊(단련) 單純(단순) 團體(단체) 短篇(단편) 踏襲(답습)
達成(달성) 踏査(답사) 當爲(당위) 撞着(당착) 待遇(대우)
代替(대체) 對峙(대치) 代表(대표) 道路(도로) 島嶼(도서)
圖書館(도서관) 陶冶(도야) 挑戰(도전) 到着(도착) 陶醉(도취)
倒置(도치) 逃避(도피) 淘汰(도태) 讀書(독서) 瀆職(독직)
獨擅(독천) 督促(독촉) 同僚(동료) 同盟(동맹) 冬眠(동면)
同伴(동반) 頭腦(두뇌) 等級(등급) 遁走(둔주) 登載(등재)
鈍濁(둔탁) 登攀(등반)

ㅁ

莫逆(막역) 滿腔(만강) 晩年(만년) 萬一(만일) 蔓延(만연)
滿足(만족) 網羅(망라) 亡身(망신) 埋沒(매몰) 賣買(매매)
罵倒(매도) 魅力(매력) 邁進(매진) 魅惑(매혹) 驀進(맥진)
萌芽(맹아) 面貌(면모) 蔑視(멸시) 明朗(명랑) 明瞭(명료)
瞑想(명상) 明晳(명석) 明澄(명징) 冒瀆(모독) 模倣(모방)
模範(모범) 摸索(모색) 侮辱(모욕) 目的(목적) 木材(목재)
夢想(몽상) 夢昧(몽매) 夢幻(몽환) 杳然(묘연) 巫覡(무격)
武器(무기) 毋論(무론) 貿易(무역) 紊亂(문란) 物件(물건)
問題(문제) 文盲(문맹) 微塵(미진) 未來(미래) 迷惑(미혹)
未洽(미흡) 民族(민족) 民主(민주) 蜜月(밀월)

ㅂ

拍手(박수) 博士(박사) 撲殺(박살) 剝奪(박탈) 半島(반도)
反論(반론) 伴侶(반려) 反駁(반박) 反撥(반발) 反復(반복)
反省(반성) 反芻(반추) 頒布(반포) 返還(반환) 發達(발달)
發展(발전) 發電機(발전기) 潑剌(발랄) 勃發(발발) 拔萃(발췌)
拔擢(발탁) 跋扈(발호) 醱酵(발효) 發揮(발휘) 勃興(발흥)
訪問(방문) 尨大(방대) 方式(방식) 彷徨(방황) 防衛(방위)
方向(방향) 妨害(방해) 背景(배경) 賠償(배상) 排斥(배척)
配匹(배필) 排泄(배설) 拜謁(배알) 排除(배제) 煩惱(번뇌)
番號(번호) 繁盛(번성) 伐木(벌목) 犯罪(범죄) 變更(변경)
辨別(변별) 變化(변화) 病弊(병폐) 報告(보고) 普及(보급)
報酬(보수) 保障(보장) 補塡(보전) 保護(보호) 複雜(복잡)
本論(본론) 俸給(봉급) 奉仕(봉사) 封鎖(봉쇄) 負擔(부담)
附屬(부속) 否認(부인) 付託(부탁) 敷衍(부연) 附着(부착)
腐敗(부패) 復活(부활) 復興(부흥) 分泌(분비) 分析(분석)
奔走(분주) 粉碎(분쇄) 不眠(불면) 不朽(불후) 崩壞(붕괴)
比較(비교) 沸騰(비등) 秘密(비밀) 誹謗(비방) 否塞(비색)
匕首(비수) 悲哀(비애) 卑賤(비천) 卑劣(비열) 批判(비판)
飛行機(비행기) 貧窮(빈궁) 頻數(빈삭) 嚬蹙(빈축) 憑藉(빙자)
氷河(빙하)

ㅅ

事故(사고) 思考(사고) 詐欺(사기) 思慕(사모) 些少(사소)
私立(사립) 砂漠(사막) 思想(사상) 使用(사용) 社員(사원)
飼育(사육) 寫眞(사진) 使嗾(사주) 社稷(사직) 奢侈(사치)
索寞(삭막) 數數(삭삭) 山脈(산맥) 産業(산업) 撒水(살수)
撒布(살포) 森林(삼림) 三昧(삼매) 芟除(삼제) 相剋(상극)
相逢(상봉) 想像(상상) 常識(상식) 相殺(상쇄) 上梓(상재)
傷處(상처) 狀態(상태) 相互(상호) 狀況(상황) 索引(색인)
省略(생략) 逝去(서거) 序論(서론) 西洋(서양) 棲息(서식)
石炭(석탄) 羨望(선망) 先塋(선영) 旋律(선율) 選擇(선택)
宣布(선포) 說明(설명) 閃光(섬광) 殲滅(섬멸) 纖維(섬유)
攝取(섭취) 性格(성격) 成功(성공) 省墓(성묘) 聖人(성인)
盛衰(성쇠) 聲討(성토) 世界(세계) 貰金(세금) 勢力(세력)

洗滌(세척) 遡及(소급) 所得(소득) 消耗(소모) 消費(소비)
蘇生(소생) 騷擾(소요) 所謂(소위) 召集(소집) 小幅(소폭)
召喚(소환) 速度(속도) 損害(손해) 贖罪(속죄) 率先(솔선)
殺到(쇄도) 受動的(수동적) 首肯(수긍) 睡眠(수면) 搜索(수색)
修業(수업) 需要(수요) 收拾(수습) 羞恥(수치) 收穫(수확)
數爻(수효) 熟達(숙달) 純粹(순수) 順從(순종) 循環(순환)
巡廻(순회) 崇拜(숭배) 膝下(슬하) 濕氣(습기) 習慣(습관)
拾得(습득) 勝利(승리) 乘用車(승용차) 承認(승인) 昇華(승화)
視覺(시각) 時計(시계) 猜忌(시기) 是非(시비) 施設(시설)
示唆(시사) 始初(시초) 試驗(시험) 植物(식물) 辛辣(신랄)
迅速(신속) 信仰(신앙) 呻吟(신음) 身體(신체) 信號(신호)
失敗(실패) 實驗室(실험실) 深刻(심각) 心理(심리) 審判(심판)

ㅇ

兒童(아동) 亞鉛(아연) 阿諂(아첨) 惡辣(악랄) 惡臭(악취)
齷齪(악착) 惡化(악화) 眼鏡(안경) 顔面(안면) 安寧(안녕)
巖石(암석) 暗誦(암송) 軋轢(알력) 斡旋(알선) 謁見(알현)
壓力(압력) 壓迫(압박) 隘路(애로) 曖昧(애매) 哀愁(애수)
愛玩(애완) 液體(액체) 厄運(액운) 惹起(야기) 若干(약간)
略圖(약도) 約束(약속) 弱點(약점) 掠奪(약탈) 兩面(양면)
良心(양심) 抑制(억제) 語彙(어휘) 抑鬱(억울) 言論(언론)
嚴肅(엄숙) 掩蔽(엄폐) 業績(업적) 濾過(여과) 閭閻(여염)
餘韻(여운) 餘裕(여유) 歷史(역사) 逆轉(역전) 役割(역할)
逆行(역행) 軟膏(연고) 煙氣(연기) 研究(연구) 連絡(연락)
聯邦(연방) 燃燒(연소) 延長(연장) 鉛筆(연필) 悅樂(열락)
涅槃(열반) 熱中(열중) 列車(열차) 染色(염색) 厭症(염증)
永劫(영겁) 領袖(영수) 領收證(영수증) 永遠(영원) 詠嘆(영탄)
靈魂(영혼) 榮光(영광) 預金(예금) 銳敏(예민) 豫防(예방)
藝術(예술) 例外(예외) 禮節(예절) 叡智(예지) 傲氣(오기)
懊惱(오뇌) 娛樂(오락) 誤謬(오류) 傲慢(오만) 汚物(오물)
嗚咽(오열) 惡寒(오한) 誤解(오해) 玉石(옥석) 沃土(옥토)
穩健(온건) 訛傳(와전) 渦中(와중) 完了(완료) 完全(완전)
緩衝(완충) 緩和(완화) 歪曲(왜곡) 要求(요구) 要塞(요새)
窯業(요업) 夭折(요절) 凹凸(요철) 慾心(욕심) 勇氣(용기)
容器(용기) 容易(용이) 愚鈍(우둔) 雨傘(우산) 友情(우정)

宇宙(우주)	友好(우호)	憂患(우환)	運轉(운전)	運河(운하)
鬱蒼(울창)	雄壯(웅장)	雄渾(웅혼)	原因(원인)	怨恨(원한)
慰勞(위로)	違反(위반)	委員(위원)	委囑(위촉)	位置(위치)
危險(위험)	儒敎(유교)	悠久(유구)	有名(유명)	柔弱(유약)
紐帶(유대)	誘發(유발)	誘因(유인)	唯一(유일)	遊說(유세)
遺跡(유적)	幼稚(유치)	愉快(유쾌)	誘惑(유혹)	育成(육성)
倫理(윤리)	潤澤(윤택)	融合(융합)	隱匿(은닉)	隱遁(은둔)
隱然(은연)	隱現(은현)	吟味(음미)	凝結(응결)	應急(응급)
凝視(응시)	意見(의견)	依賴(의뢰)	疑問(의문)	意味(의미)
義捐(의연)	移徙(이사)	以上(이상)	利益(이익)	二重(이중)
弛緩(이완)	匿名(익명)	溺死(익사)	隣近(인근)	湮滅(인멸)
印象(인상)	吝嗇(인색)	印刷(인쇄)	因襲(인습)	一括(일괄)
一貫性(일관성)	一般(일반)	一致(일치)	一擲(일척)	逸品(일품)
一切(일체/일절)	一毫(일호)	賃貸(임대)	剩餘(잉여)	

ㅈ

刺戟(자극)	自矜(자긍)	磁氣場(자기장)	藉藉(자자)	資本(자본)
自然(자연)	姿態(자태)	自暴(자포)	作業(작업)	綽綽(작작)
殘額(잔액)	殘業(잔업)	潛水艦(잠수함)	暫時(잠시)	箴言(잠언)
暫定(잠정)	帳幕(장막)	將帥(장수)	莊嚴(장엄)	掌握(장악)
裝置(장치)	裝塡(장전)	狙擊(저격)	詛呪(저주)	沮止(저지)
抵抗(저항)	寂寞(적막)	戰慄(전율)	塡充(전충)	傳播(전파)
截斷(절단)	正鵠(정곡)	靜謐(정밀)	再起(재기)	栽培(재배)
著書(저서)	沮止(저지)	貯蓄(저축)	抵抗(저항)	專門(전문)
傳說(전설)	電話(전화)	轉換(전환)	絶叫(절규)	漸次(점차)
接受(접수)	接續(접속)	接觸(접촉)	程度(정도)	情報(정보)
征服(정복)	政府(정부)	頂上(정상)	定義(정의)	政策(정책)
定型(정형)	正確(정확)	堤防(제방)	除外(제외)	製造(제조)
提出(제출)	制覇(제패)	制限(제한)	彫刻(조각)	早期(조기)
條件(조건)	眺望(조망)	照明(조명)	造船所(조선소)	稠密(조밀)
造詣(조예)	調節(조절)	組織(조직)	存在(존재)	措置(조치)
種類(종류)	綜合(종합)	左右(좌우)	週末(주말)	綢繆(주무)
周邊(주변)	晝夜(주야)	躊躇(주저)	駐車場(주차장)	主催(주최)
住宅(주택)	蠢動(준동)	浚渫(준설)	仲介(중개)	中央(중앙)
重要(중요)	櫛比(즐비)	增加(증가)	證據(증거)	贈呈(증정)

憎惡(증오)	第一(제일)	指導者(지도자)	脂肪(지방)	支佛(지불)
指示(지시)	知識(지식)	枝葉(지엽)	遲滯(지체)	智慧(지혜)
直線(직선)	直接(직접)	直轄(직할)	珍貴(진귀)	陳腐(진부)
診斷(진단)	眞術(진술)	眞實(진실)	進取的(진취적)	振興(진흥)
眞摯(진지)	桎梏(질곡)	質問(질문)	秩序(질서)	窒息(질식)
叱責(질책)	嫉妬(질투)	執拗(집요)	集團(집단)	執着(집착)
懲戒(징계)				

ㅊ

茶禮(차례)	差別(차별)	差異(차이)	錯覺(착각)	錯視(착시)
刹那(찰나)	慙愧(참괴)	參考(참고)	斬新(참신)	參與(참여)
參酌(참작)	懺悔(참회)	暢達(창달)	蒼氓(창맹)	漲溢(창일)
創造(창조)	創意的(창의적)	債權(채권)	彩色(채색)	採擇(채택)
責任(책임)	剔抉(척결)	尺度(척도)	刺殺(척살)	千萬(천만)
闡明(천명)	喘息(천식)	穿鑿(천착)	鐵絲(철사)	撤收(철수)
徹底(철저)	哲學(철학)	添加(첨가)	尖端(첨단)	捷徑(첩경)
請求(청구)	聽衆(청중)	體系(체계)	諦念(체념)	滯留(체류)
涕淚(체루)	涕泣(체읍)	體質(체질)	初期(초기)	招聘(초빙)
超越(초월)	焦點(초점)	焦燥(초조)	秒針(초침)	囑望(촉망)
促進(촉진)	促發(촉발)	忖度(촌탁)	寵愛(총애)	總裁(총재)
最善(최선)	催促(최촉)	推戴(추대)	追悼(추도)	墜落(추락)
追徵(추징)	推測(추측)	推薦(추천)	醜態(추태)	秋毫(추호)
縮小(축소)	縮約(축약)	蓄積(축적)	祝賀(축하)	出版(출판)
出衆(출중)	衝突(충돌)	沖年(충년)	充滿(충만)	衷心(충심)
脆弱(취약)	側面(측면)	熾烈(치열)	恥辱(치욕)	緻密(치밀)
沈沒(침몰)	沈默(침묵)	沈潛(침잠)	蟄居(칩거)	稱讚(칭찬)

ㅌ

墮落(타락)	打破(타파)	妥協(타협)	卓越(탁월)	琢磨(탁마)
拓本(탁본)	綻露(탄로)	誕辰(탄신)	彈劾(탄핵)	脫出(탈출)
耽溺(탐닉)	搭載(탑재)	蕩盡(탕진)	太極旗(태극기)	怠慢(태만)
胎生(태생)	颱風(태풍)	攄得(터득)	吐露(토로)	通過(통과)

慟哭(통곡) 洞察(통찰) 洞燭(통촉) 統合(통합) 推敲(퇴고)
堆積(퇴적) 頹廢(퇴폐) 投擲(투척) 透明(투명) 特秀(특수)

ㅍ

派遣(파견) 破壞(파괴) 派閥(파벌) 把握(파악) 破綻(파탄)
判斷(판단) 販賣(판매) 辦得(판득) 判別(판별) 霸權(패권)
敗北(패배) 澎湃(팽배) 膨脹(팽창) 偏見(편견) 便利(편리)
編輯(편집) 評價(평가) 平凡(평범) 平坦(평탄) 閉塞(폐색)
閉鎖(폐쇄) 抛棄(포기) 褒賞(포상) 暴惡(포악) 捕捉(포착)
褒貶(포폄) 暴虐(포학) 輻輳(폭주) 標示(표시) 標識(표지)
標準(표준) 表現(표현) 品質(품질) 風靡(풍미) 豊富(풍부)
諷刺(풍자) 被害(피해) 畢竟(필경) 必須的(필수적) 逼迫(핍박)

ㅎ

下請(하청) 虐待(학대) 限界(한계) 限定(한정) 寒波(한파)
割引(할인) 含蓄(함축) 涵養(함양) 合格(합격) 航空(항공)
行列(항렬) 項目(항목) 肛門(항문) 降伏(항복) 恒常(항상)
骸骨(해골) 解弛(해이) 海溢(해일) 解答(해답) 該當(해당)
解釋(해석) 核心(핵심) 行動(행동) 行爲(행위) 享樂(향락)
許可(허가) 虛空(허공) 許諾(허락) 憲法(헌법) 革新(혁신)
革命(혁명) 絢爛(현란) 現象(현상) 現況(현황) 嫌惡(혐오)
脅迫(협박) 協力(협력) 協同(협동) 荊棘(형극) 亨通(형통)
形態(형태) 亨通(형통) 豪奢(호사) 呼吸(호흡) 或是(혹시)
屹然(홀연) 混濁(혼탁) 洪水(홍수) 貨物(화물) 火焰(화염)
和暢(화창) 確實(확실) 擴大(확대) 廓然(확연) 確認(확인)
廓正(확정) 環境(환경) 幻滅(환멸) 歡迎(환영) 幻想(환상)
豁達(활달) 活潑(활발) 滑走(활주) 恍惚(황홀) 懷古(회고)
灰色(회색) 會議(회의) 回復(회복) 灰燼(회신) 膾炙(회자)
獲得(획득) 橫暴(횡포) 嚆矢(효시) 效果(효과) 效率(효율)
嗅覺(후각) 厚德(후덕) 後裔(후예) 後悔(후회) 毁損(훼손)
彙報(휘보) 揮發油(휘발유) 携帶(휴대) 麾下(휘하) 休息(휴식)
黑白(흑백) 痕迹(흔적) 欣快(흔쾌) 恰似(흡사) 洽足(흡족)
犧牲(희생) 稀少(희소) 詰難(힐난)